ケアワーク入門

成清　美治　著

学　文　社

はじめに

本書（『ケアワーク入門』）では，社会福祉専門職であるケアワーカー（介護福祉士）が他領域（医療・看護・家政等）と連携をとりながら，ケアを必要とする高齢者（あるいは障害者，児童）に対する質の高いケアサービスのあり方に対するケアワークの枠組みの構築を念頭において執筆した。そのため，これまで出版した『ケアワークを考える』（八千代出版，1996），『ケアワーク論』（学文社，1999），『新・ケアワーク論』（学文社，2003）等の内容を継承・発展させることに心がけた。

著者がケアワーク研究を始めるきっかけとなったのは，福祉専門学校時代に介護福祉士養成課程の卒業生からの「先生，介護福祉士の専門性とは何ですか？」という質問に対して，明快な回答が示すことができなかったことである。それ以来，ケアワークの理論構築について研究を続けてきた。

ところで，本書は，2部構成になっている。第Ⅰ部はケアワークの理論に関して，第Ⅱ部はケアワークに関する諸政策・諸制度に関連してである。

本書の第Ⅰ部は，第1章　ケア論について，第2章　ケアワーク―その概念と課題，第3章　ケアワークの原理と哲学・倫理，第4章　ケアワークの展開，第5章　対人援助としてのケア思想の展開，第6章　ケアワーカーの処遇問題。第Ⅱ部は，第7章　社会福祉基礎構造改革と介護保険制度，第8章　介護保険制度の改革とケアサービス，第9章　障害者福祉とケアサービス，第10章　地域福祉とケアサービス，第11章　ドイツの介護保険制度に影響を与えたオランダの特別医療費補償制度（AWBZ），第12章　日本の介護保険制度に影響を与えたドイツ介護保険制度と全体が12章構成となっている。

その概要についてのべると，第1章ではケア論に関する諸理論を紹介した。たとえば，著書『存在と時間』のなかで人間としてのケアの必要性を説いたハイデガーとケア論の関係，ケアの実践を解き明かしたメイヤロフとケア論の関係，そして，看護界の著名なケアリング研究者であるローチ等とケア論の関係である。また，日本の文化・社会とケアとの関係性を明らかにするため，ユング心理学の権威である河合隼雄，あるいは精神医学者で日本人の精神構造に造詣の深い土居健郎，そして，社会人類学者で日本人の社会構造の分析に独特の方法を試みた中根千枝の三氏の思想とケアの関係について論じた。つづいて，第2章　ケアワーク―その概念と課題では，ケアワークの概念を規定した。すなわち，その基本的属性と専門性，介護とケアの関係，ケアワーカーとナースの関係，ケアワーカーとソーシャルワーカーとの関係などである。第3章では，業務遂行の要となるケアワーカーの倫理性，第4章では，ケアワークの実践の展開の方法，また，第5章では，対人援助としてのケア思想の展開について明らかにした。第6章では，最近問題になっているケアワーカーの処遇問題について論じた。

第Ⅱ部第7章から第12章までは，介護保険制度あるいは障害者福祉，地域福祉とケアサービス，そして，ドイツの介護保険制度に影響を与えたオランダの特別医療費補償制度，わが国の介護保険制度設立に影響を与えたドイツ介護保険制度について述べている。

本書がケアワーク（介護福祉援助活動）に従事する人々にとって，業務の羅針盤となれば筆者としてこの上ない喜びである。最後に，出版にあたりこれまで，日々の研究を後方支援してくれた妻と家族に対して感謝するとともに，今回の出版にあたり，多大なる支援をいただいた学文社代表田中千津子氏にお礼を申しあげるしだいである。

2009年5月吉日

成清　美治

目　　次

第Ⅰ部　ケアワークとは

第1章　ケア論について

1．ケアの各理論

⑴　ハイデガーとケア理論

人類は誕生以来，生命維持・保持の基本的欲求のためあらゆる手段を講じてきた。それは人類の「生命」を脅かす疾病やケガ等に対する「闘争」に他ならなかった。原始・古代社会において疫病除けとして存在していたのが呪術や宗教的儀式（シャーマニズム）であるが，これは「悪霊」を体内から排除することを念頭に置いたもので「治癒」(Cure) とはまったく異なるものであった。しかしながら，病者・高齢者を近親者が「世話」(Care) するという行為は古代社会から存在していたのである。このことが，古代・中世社会の病者に対して，まだ医学というものが存在しない時代にあって，ケアの特徴である「世話」(介護・見守り) という行為が，身体的援助のみならず精神的苦痛の軽減にも役立ったのである。その後，18 世紀に入り，自然科学の発展が導火線となり近代医学が確立されることとなった。このことが科学的治療ならびに医薬品の開発につながり，人類の生命維持が飛躍的に発展することになる。しかし，20 世紀に入り，高齢化社会の出現が現代の医学万能主義の限界性を指摘することとなり，自己の治癒力の見直しが図られることとなった。つまり，キュア (治療) 重視からケア (介護) 尊重への転換である。

このケアに関して各思想家が論じているので紹介をする。まず，ケア思想家のなかでも「現代ケア論」に最も影響を与えた哲学者であるハイデガー (Heidegger Martin) の論について述べることにする。彼はドイツが生んだ世界的な実存主義哲学者であるが，この学説の創始者はキルケゴール（Kierkegaard, Sören）といわれている。キルケゴールの実存主義思想は，宗教的体験に基づいたものでヘーゲル哲学（観念哲学）を批判するところから成り立っている。彼はヘーゲルが唱える精神的（＝理性的）なものだけが現実的であるという考え方に異を唱え，信仰絶対主義の立場に立った。そして，個々の存在こそ現実的であり，最も大切なものは個人の主体性（＝意思決定）であり，自らの選択により，自己が形成されるとしている。キルケゴールの哲学はキリスト教的実存主義といわれているが，すなわち，キルケゴールの思想は，世界には抽象的なものは存在せず，個々の存在のみがあるとし，主体的なもののみが真理であるとした。彼の思想は，母国デンマークの高齢者福祉の3原則（「人生の継続性の尊重」「自己決定の尊重」「自己資源の活用」）に影響を及ぼしている。

キルケゴールの有神論的実存主義を否定しながら，無神論的実存主義を展開したのがドイツのハイデガーである。ハイデガーのケア論に関する論考は代表作『存在と時間（Sein und Zeit）』（1927）のなかにある。キルケゴールの実存主義の影響を受けた彼はフッサール（Edmund Husserl）の現象学（＝体系的経験分析によりすべてを現象として扱う）の方法を用いて人間そのものの存在の探究をした。つまり，人間としての存在のあり方について問いかけたのである。彼はこの著書の全体的構想のなかで人間の「存在の意味」を問うことを課題とした。そして，この課題を分析することができるなら「哲学」の正当性・歴史性ならびに限界性を明らかにできるとした。ここで，彼の論考とケアの関係について明らかにしていきたい。この著作の全体構成であるが，第1編は「現存在の準備的な基礎分析」，第2編は「現存在と時間性」，第3編は「時間と存在」（ただし，この編は未刊）となっており，第1編と第2編においてともに現存在（＝人間であること）を「時間性」（＝歴史性）であるとしている。彼は世界内存在（＝孤立した主体としての人間が対象世界と向かい合い，科学的認識を介してそれに迫ってゆくという近世哲学の構図を排し，自らが常に一定の具体的な世界のなかにいることを既成事実的に見出す人間のあり様を特徴づける

図表 1-1　実存主義

- 実存主義
  - 有神論的実存主義：キルケゴール，ヤスパース，マルセル
  - 無神論的実存主義：ニーチェ，ハイデガー，サルトル

図表 1-2　ハイデガーのケア理論の特徴（要約）

ケアは人間の実存性（＝存在）のあり方そのものを構成するものであり，我々においてケアが存在しなければ人間としての存在意義を失うことになる。すなわち，ケアすることは人間としての存在をあきらかにすることであり，他人への無関心，無頓着は実存に反することである。①荒木清『一冊で哲学の名著を読む』中経出版 2004，p.195 ②ハイデガー著／細谷貞雄訳『存在と時間（上・下）』ちくま書房 2002，2001 を参照

もの）(1) を構成するのが実存性，事実性，頽落性（たいらくせい）という３つの契機である。この３つの契機は「自分の存在が気になること」「すでに世界の内にあること」「世界の中で出会われる物の許にあること」というように換言されている。それらは，広義の意味で「気遣い・憂慮」を構成する。そして，これら３つの契機は自らに先んじてすでに世界の内に存在するとし世界のなかで出会い存在するものという形で統合され「気遣い（配慮）・憂慮（関心）」（＝ケア）となり，この存在が人間としてのあるべき姿であり(2)，現存在の存在は，おのれを関心（Sorge）としてあらわにする(3)，としている。したがって，ケアは人間の実在性（＝存在）のあり方そのものを構成するものであり，われわれにおいてケアが存在しなければ人間としての存在意義を失うことになると指摘している。

以上のように，キルケゴールやハイデガー等によって構築された実存主義は，その後サルトル（Sartre Jean-Paul）へと継承されていくのである。最後に実存を要約すると，実存とは英語の existence の訳語であるが，語源は ext（out 外の）と sister（to stand 立つ）である。すなわち，実存とは外に現れている存在のことであり，人間の存在そのものに焦点をあて，その真実性を明らかにすることであるといえる。

(2)　メイヤロフとベナー／ルーベルのケア理論

アメリカの哲学者であるメイヤロフ (Mayeroff, Milton) は，主著『ケアの本質 (*On Caring*)』(1971) のなかでケアについて次のように述べている。「一人の人格をケアするとは，最も深い意味で，その人が成長すること，自己実現することをたすけることである。―中略―他の人々をケアすることをとおして，他の人々に役立つことによって，その人は自身の生の真の意味を生きているのである。」[(4)] つまり，ケアすることは「される側」(ケアされること) のみならず「する側」(ケアすること) の人間の成長と生きがいを育成するのである。彼は同書のなかでケアの主要素として，①「知識」(Knowledge)：誰かをケアするためには，多くのことを知る必要がある。たとえば，その人がどんな人なのか，その人の限界はどれくらいなのか，その人の求めていることは何か，その人の成長の助けになることは一体何か，等である。②「リズム」(Rhythm) をかえること：ケアにおいては，１つの形に固執しない柔軟な対応が必要である。すなわち，単なる習慣に基づいてケアすることではなく，自分の過去の経験から学びとることが必要である。③「忍耐」(Patience)：ケアにおいて忍耐は，相手にとってよいときに，相手にそった方法で，相手を成長させることができる重要な要素である。すなわち，忍耐することによって利用者に時間を与え，利用者が自らの好機をみつけることができる。④「正直」(Honesty)：この正直という意味は嘘をつかないとか他人を故意にだまさないとかいうことでなく，自分自身に面と向い，心を開くことである。つまり，相手を受け入れることである。⑤「信頼」(Trust)：信頼はケアする相手の存在の独立性を尊重することである。相手を信頼することは，まかせることであり，危険な要素を含んではいるが，未知への跳躍につながるのである。たとえば，子どもをケアしすぎたり，過保護にはしる父親は，子どもを信頼していないのである。そのため，その父親が自分のしていることをどのように考えようとも，子どもの成長しようという欲求よりも，親自身の欲を優先しているのである。このような父親は子どもを信頼していないのであるから子どもから独立すべきである。⑥「謙遜」(Humility)：この意味は，ケアが自分の相手（利用者）の成長に対応していくものであるから，ケアは相手について継続的に学ばなければならないということである。⑦「希望」(Hope)：希望とはケアを通じて利用者が自己実現を可能にすることを意味する。すなわち，ケアを通して，相手が自立・自己実現を達成することを意味するのである。⑧「勇気」(Courage)：この勇気とは，相手（利用者）が成長すること，あるいはケアする能力の成長は今まで経験したことのない未知の世界（未体験・未経験）へ入って行く勇気がなければ，この２つを達成することは困難である。すなわち，ケアを通じて，今まで経験したことのない状況に身をおくことが必要である(5)。同書においてこのようなケアの主要素の指摘は，ケア実践の羅針盤的役割を果たしている。

そして，メイヤロフのケア概念の特徴は，医療・看護・福祉等の領域を超えて，人間として不可欠な本質的なものであるという視点に立っていることである。

また，アメリカでの看護教育や看護実践の研究者であるベナー（Benner, Patricia）とルーベル（Wrubel, Judith）は主著『現象学的人間論と看護（*The Primacy of Caring*）』(1989) のなかで「気づかい」(Caring) が大切であるとしている。著者は人間にとって気づかいが第一義的であるとしているが，その根拠として

図表 1-3　メイヤロフのケアの主要素

① 知識：利用者に対する知識
② リズム：ケアにおける柔軟な対応（１つのパターンに固執しない）
③ 忍耐：利用者に対する寛容な気持ち
④ 正直：自らの心を開く（相手を受け容れる）
⑤ 信頼：利用者を全面的に信頼する
⑥ 謙遜：利用者から学ぶ態度
⑦ 希望：ケアを通じて利用者が自己実現を可能にする
⑧ 勇気：利用者が成長すること，ケアする能力（未知の世界に入っていく勇気がなければこの２つを達成することは不可能である）

３つあげている。①「ある人にとって何が大事に思われるかを決めるのが気づかいであるから，その人が何をストレスと受けとめるか，それに対してどのような対処の選択肢を持ち合わせているかもその人の気づかいのありようによって決まってくる。気づかいは人に［体験と行為の］可能性をつくり出すのである。気づかいが第一義的であるという第一の意味はこれである。」②「(誰かを，また何かを) 気づかうことによって人は状況の内に身を置く。そのとき，世界のある側面が自分に関わりのあることとして際立ってくる。このことを通じて人は問題を発見し，可能な解決法を知り，それを実行することができる。例えば子どもを養育する『テクニック』は，ある基本的なレヴェルの愛着と気づかいが前提になければ発揮されない。養育のテクニックを人から教えられたとしても，親が気づかいを通じてすでに養育状況に関与していなければ，それは何の効果も持たず，それ以前にそもそも利用不可能である。」③「人に援助を与えうる条件と，人からの援助を受け容れうる条件が気づかいによって設定されるということにある。同じ行為でも，気づかいの中でなされる場合とそうでない場合とではまったく異なった結果をもたらすことがある。気づかうという関係は信頼という条件をつくり出し，看護を受ける者はこの信頼という条件の下で初めて，提供された援助を受け容れることができ，気づかわれていると感じることができる」。こうした著者の考えはハイデガーの現象学的人間論に立脚するものであり，病気と健康という人間の体験において生じるストレスの対処方法としての「気づかい」を看護実践の基本的様式であるとしている(6)。

(3)　ローチのケア理論

最後にメイヤロフの研究家で，看護研究者，教育者でありカトリック教会のシスターでもあるアメリカのローチ (Roach, M. Simone) のケア論について考察する。彼女は主著『アクト・オブ・ケアリング (*The Human Act of Caring*)』(1992) のなかで，ケア (一般的にケアは行為，ケアリングは理念 (道徳) と解されているが，「ケアは現象であり，ケアリングは行為である」(レイニンガー)

図表 1-4　ローチのケアリングの特徴

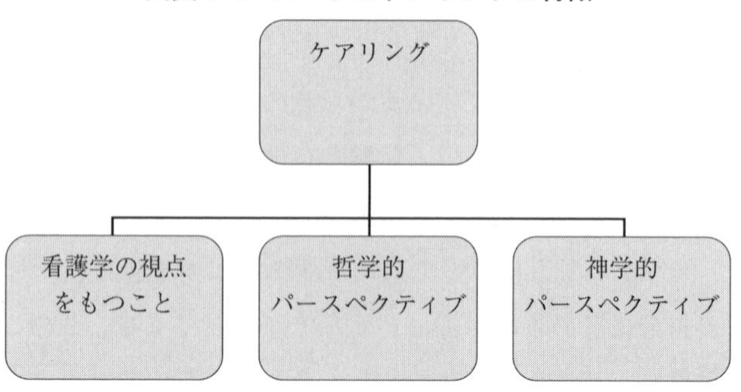

や「看護においてケアは行為をさし，ケアリングはむしろその基盤をなす態度や心をさす」(ワトソン) という認識もある) を神学的基盤と看護学の視座から次のように捉えている。

「ケアを受ける(7) ことは，人間存在の発達に対してばかりでなく，その人間存在のケアする能力 (Caring) の発達にとってもまた本質的な意味を持っている。乳児による知覚―愛とぬくもりの経験，あるいはその欠如の経験―が，成人後の他者との関わり方に影響を与え，これを形作っていく。もし，子どもがケアを受けることを通じてケアをすることを学んだならば，それは，十全な人間的発達へと至る道程の中で鍵となる教えを学んだことになる」(8) としている。また，注目すべきは彼女がケアリングを，① 看護学の視点，② 哲学的パースペクティブ (透視性)，③ 神学的パースペクティブの 3 つに分類していることである。

まず，① 看護学の視点であるが，ここではレイニンガー (Leininger, Madeleine M.) の「看護における知的，実践的な焦点の中で最も統合的且つ支配的なのはケアリングである」また「ケアリングへの欲求やケアリングの行動に関して看護学ほど直接的で密接な関係を持った学問は存在しない」という説を引用して看護学とケアリングの密接な関係性について追究している。その他ケアリングと看護学に関する学識を前進させたパトリシア (Benner, Patricia) や現象学的立場からアプローチを用いケアリングとして看護教育をとらえたディーケルマン (Dikelmann, Nancy) の説も紹介している(9)。次に② 哲学的パースペクティブであるが，ここでは文献レビューの形をとってケアの研究者の思想・理念を紹介している。最初に前述したメイヤロフの「ケアリングは他者を成長させる」というケアリングの理念について述べている。また，ロロ (Rollo, May) のベトナム戦争時における負傷兵に対するケア概念である「かくも原初的なレヴェルにおけるケア」(10) も紹介している。そして，これも既述した「ケアは人間存在の基本構成である」というハイデガーのケア論を重視しており，彼を哲学的パースペクティブの中心的存在として位置づけている。最後に③ 神学的パースペクティブであるが，彼女は「聖書において，神はその民と契約を結び，結びなおし，履行する存在である」(11) と規定している。すなわち，神は誠実であるがゆえにケアリングが存在するのである。また，彼女はトーマス (Thomas, Dubay) の神学的分析におけるケアリングを紹介している。そこで，「ケアリングは愛と同意語であり，ケアをするとき，人はその対象を愛する」というものであると同時に「知識と出会いの相互浸透」であるとする彼の説を詳解している(12)。

以上，各思想家・理論家とケア論の関連性について論述してきたが，今日の各思想家のケア理念に関する諸説が人間の生き方のヒントとなっている。なかでもハイデガーの無神論的実存主義哲学を布石としたケア論は人間存在の基本的構成として人類の存在のあり方そのものに影響を及ぼしている。

(4)　レイニンガーのケア理論

レイニンガーは看護の視点から主著『ケア：看護と健康の本質 (*Care: The Essence of Nursing and Health*)』(1984) のなかでケア理論について述べている。彼女はケア理論の主要概念を，① ケア，② ケアリング，③ 文化，④ 文化的価値観，⑤ 文化の多様性等であると指摘している。また，彼女は看護師が文化に無知であったり，衝撃を受けたり，負担を感じたり，民族的偏見をもっているならば，知識発見能力が大幅に減退し，患者に提供するケアも低下すると指摘している。彼女の指摘しているケア理論の主要概念を順次紹介すると次のようである。ケア（care）とは，「人間としての条件もしくは生活様式を改善したり高めようとする明白なニードをもつ他の個人に対して行われる援助的行動，指示的行動，あるいは能力を与えるような行動にかかわる現象」である。次に，ケアリング（caring）とは，「人間としての条件や生活様式を改善したり高めようとする明白なニードあるいは予測されるニードを持つ他の個人を援助したり，支援したり，あるいは能力を与えたりすることを目指す行為（action）」であるとし，ケアが「他者に対する援助の行動にかかわる現象である」としたのに対してケアリングは「他者に対する援助を目指す行為である」としている。すなわち，ケアを他者に対する援助の「本質」，ケアリングを他者に対する援助の「行い」と捉えている。そして，文化（culture）とは，「ある特定の集団の思考や意思決定や活動やパターン化された生活様式を左右する，学習され共有され伝達された価値観，信念，規範，生活習慣」をさしている。また，文化的ケア（cultural care）とは，「健康を維持したり，人間としての条件もしくは生活様式を高めたり，死や障害に向き合おうとする他の個人または集団を援助し，支持し，能力を与えるような意識化された価値観，信念，パターン化された表現」をいうと指摘している。そして，文化的価値観（cultural value）とは，「一つの文化が長期にわたってしばしば保持している非常に望ましいとされる行為のしかた，あるいはものごとの認識のしかたをいう」というとしている。最後に文化的ケアの多様性（cultural care diversity）であるが，「健康に向けて，あるいは人間としての条件や生活様式を高めるために，あるいは死に向き合うために，文化的に導き出されるケアの意味，パターン，価値観，シンボルなどの多様性」を指摘する(13)。以上のようにレイニンガーは，ケア理論における主要概念に関する仮説を唱えているが，彼女のケア理論に関する多面的な捉え方の根底には，ケア（＝ケアリング）というものは文化あるいは文化的価値との関係性のなかで捉えるべきであるという思考展開をみることができる。そのことが看護

図表1-5　レイニンガーのケア理論の主要概念

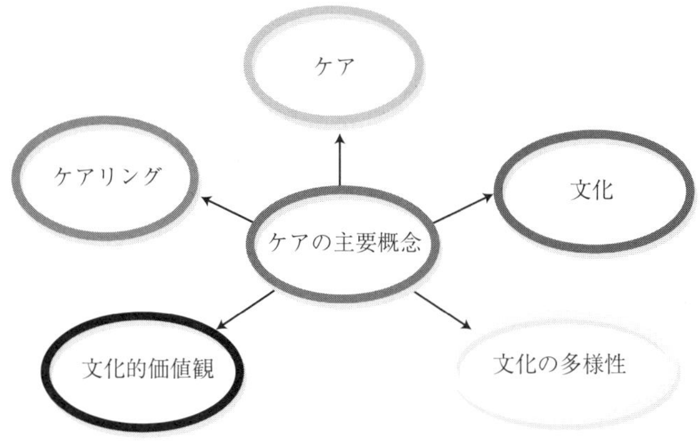

にとって重要であり，ケアは看護の本質であり，特性であると指摘している。

2．日本の文化・社会の特徴とケア

(1)　日本人の精神構造の特徴

第2次世界大戦中『菊と刀』(1946) を著し日本の文化の行動と思考を文化相対主義の立場に立脚して分析したのはアメリカの文化人類学者ベネディクト (Benedict, Ruth Fulton) であった。そのなかで彼女が日本文化を「恥」の文化，西洋の文化を「罪」の文化と規定したのはあまりにも有名である。すなわち彼女は日本社会の特徴が階級性並びに上下関係（恩情・人情に基づく呪縛）による支配関係社会であると指摘している。戦後，日本の民主主義教育の目標は子どもの自立性の尊重といわれている。しかし，日本人の精神構造の特徴は戦前とあまり変化しない状況にある。確かに戦後日本は新憲法のもとで個人の人権尊重を謳い，「イエ」(家) が法的に消滅したが，いまだにわれわれ日本人は精神的「イエ」意識の依存に固執している（たとえば，結婚は「婚姻は両性の合意に基づく」という新憲法の理念が無視され，「両家」という言葉がまだ使用されている。また，企業等では「企業ぐるみ」といわれ集団意識（「家」より大きな集団）が存在している）。

元来，日本人の精神構造は自己決定を尊重する実存主義的ではなく，没個性的，非自立・非自己決定思想が伝統的に培われてきた。それは封建制度（江戸幕府）のもとでの武家政権によって庇護された儒教的精神構造（個人の人格否定）の構築に基因している。この思考・思想は，戦後の新日本国憲法の発布に伴う民主主義思想の発展により消滅したかにみえるが，前述したようにその痕跡はまだ残されている。それが，日本人の精神構造の形成過程に影響していると思われる。そこで日本人の人格形成（自己構造）に多大なる影響を及ぼしている「個」と「家族」と「社会」の関係のプロセスを検証する。まず，個と家族の関係についてみることにする。戦後の高度経済成長のもとで国民は物質的に豊かとなり生活水準は向上したといえる（ただし，飽くなき拝金主義が蔓延ったのも事実である）。しかし，一方，国土に目を向けると効率優先・利益優先により国土は乱開発され，われわれに精神的やすらぎと安堵を与える光景が視界から消え去り，無味乾燥なコンクリートジャングルが出現した。しかも，社会環境ならびに自然環境の破壊は人々の精神的荒廃をも誘発することとなった。そうしたなか，家族関係は旧態以前とした従属関係を基調とした親子・夫婦関係と新たなる平等関係を基調とした親子・夫婦関係とが混在した状況となっている。それは「父性が『喪失』したかに見える社会」と「母性が『復権』しつつあるかに見える社会」との混在社会でもある（男尊女卑思想と男女平等思想が入り混じった社会）。

こうした混沌とした日本社会の精神構造のもとで，個と家族と社会の関係を検証すると次のようなことが判明する。「個」とは自己のことであるが，この個と家族の間の壁は非常に薄いといわざるを得ない。なぜならば，人生（運命）の転機にあたる進学・就職・結婚の問題に関して多くの日本人は家族の意見（「みんながこうしろ」，「他人がこうするから」等）を取り入れることになる。つまり，個を覆っている外皮（殻）が薄膜で破れやすい状態にあるので家族の意思・意見を容易に受け容れることになる。したがって，自我が確立しない依存型人間（＝「自分が存在しない」）が形成される。一方，欧米社会では常に自我が意識される社会の仕組みとなっている（＝「自分が存在する」）。また，家族と対社会との関係は身内と外敵の関係に換置することができる。ゆえに，家族は対社会の外皮は厚く外部者（余所者）が入り込む隙間がなく，むしろ遮断することが日常茶飯事となっている。こうした日本人独特の精神文化・人格形成の源流は原始・古代社会における相互扶助（家族・同族が血縁関係に基盤とした愛情・扶養・保護・義務等の関係）思想に基づいた援助関係による。同思想を基調としたわが国最初の公的救済制度として養老律令（718）がある。この救済制度はまず救済対象を近親者に扶助させ，近親者がいない場合のみ「公」が救済するというシステムをとっている。このシステム思想は明治期の恤救規則にも導入

図表 1-6　日本人の精神構造の特徴

戦前：鎌倉幕府以降の長期にわたる封建制度（江戸時代以降は儒教思想の影響が顕著となる）のもとで，伝統的に没個性的，非自立的，非自己決定的思想が培われてきた。

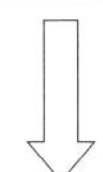

戦後：家族関係は①旧態依然とした上下関係基調とする夫婦関係と②新たなる平等・対等関係を基調とした親子・夫婦関係が混在化した社会（男尊女卑思想と男女平等思想が入り混じった社会）となっている。なお，「個」の尊重は疑問視。

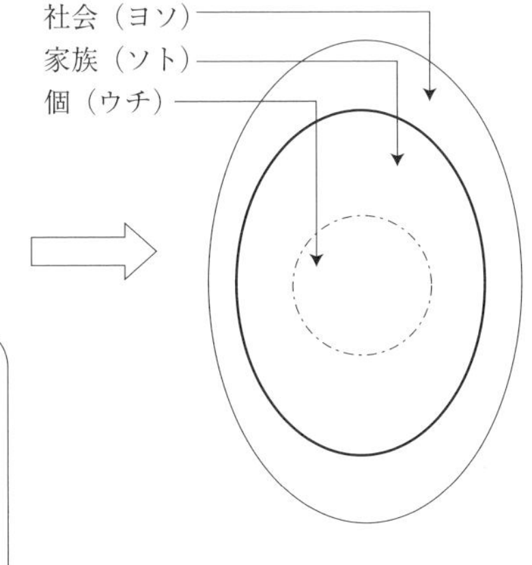

※個人と家族の壁が薄く，常に親等からの干渉があるため，自立を妨げられている。また，家族と社会の壁は厚く，遮断されているため，社会性が欠如しやすい。

されている。以後，この相互扶助は中世・近世の封建社会（上下関係）においても，為政者が住民を管理・抑圧する手段として，また住民自身が相互に援助し合う手段として長年の間実施され現在もその思想は生きている。当時の相互扶助は地域限定，排他的思想という一定の枠組のもとで援助が展開されたが，その行為にケア思想が介在すると理解するのが普遍的であろう。ただし，近世の徳川幕府を頂点とする「イエ社会」のもとでは自己実現は不可能であった。また，この思想は21世紀を迎えたわが国の社会・個々人の慣習・精神のなかにも未だに存在するのである。

(2) 母性原理社会とケア

ここでは，ユング派の心理療法家で日本の社会の構造を分析し，「母性原理社会」であるとした河合隼雄の説を明らかにする。著者はその代表作『母性社会日本の病理』(1976) のなかで「父性原理は『切断する』機能にその特性を示す。それはすべてのものを切断し分割する。主体と客体，善と悪，上と下などに分類し，母性がすべての子供を平等に扱うのに対して，子供をその能力や個性に応じて類別する。極端な表現をすれば，母性が『わが子はすべてよい子』という標語によって，すべての子を育てようとするのに対して，父性は『よい子だけわが子』という規範によって，子供を鍛えようとするのである。父性原理は，このようにして強いものをつくりあげてゆく建設的な面と，また逆に切断の力が強すぎて破壊に至る面と，両面をそなえている」[(14)] と述べ日本社会の特質を「母性原理」（絶対的平等観）と「父性原理」（個の権利を主張する）が対立しており，同氏は母性原理が優勢であるとしている。このことは西洋文化（キリスト教文化）が母性を否定しているのとは対照的である[(15)]。また，日本人の心性の特徴である「曖昧さ」と「極端さ」を表している。この点に関して著者は次のように述べている。「日本人の心性を論じる際に，そのあいまいさに特徴を見出す人と，逆に極端から極端に走る傾向を指摘する人があって，矛盾した感じを与えるが，これは上述（父性的倫理観と母性的倫理観の混乱）のような観点によるとよく理解されるのではないだろうか。」(16) このような母性原理と父性原理が混在して，しかも母性原理が優勢な社会は著者も指摘しているように自我の確立が困難な社会である。

ここで，母性原理の優勢な事例を紹介することにする。A 君は高校 2 年生であり，ひとりっ子のため家庭では母親に溺愛されている。彼の家庭は祖母，父（病気がちで常に入退院を繰り返している），母そして本人の 4 人家族である。常日頃から祖母，なかでも母に溺愛されているため身の回りのものは本人のいうままに購入することができる状況にあった。この理由として母親は「自分は母『祖母』に学生時代成績に関して常に厳しく管理された結果，学生時代は全く楽しくなかったので我が子だけは自由・贅沢にさせてあげたい」という気持が人一倍強いということであった。そのため，A 君は幼少の頃から甘やかされ，そのため少し環境に違和感が生じると耐えることができず小学校も 2 度転向した経験があり，飽き性で集中力に乏しい子どもとして母親に育てられてしまった，というケースである。

日本人として自己確立を実現する方策として今，母性原理と父性原理のバランス感覚が日本人にとって必要ではないであろうか。すなわち，ケアの理念である自己確立を日本人自らが獲得するには，戦前の回帰的思想に価値観を定めた「父権の復権」ではなく，母性原理の美点である平等思想を基盤とした国際的視野に基づいたバランス感覚の優れた母性＋父性原理＝新しい原理の創造が大切になると思われる。この点に関して著者は日本の神話が父性原理と母性原理の巧妙なバランスをつくりあげてきたが，これをふまえた第 3 の道を拓くことが大切であるとしている (17)。

図表 1-7　母性社会と父性社会

- 母性社会（日本）:「わが子はすべてよい子」（絶対的平等観）
- 父性社会（欧米）:「よい子だけわが子」（個の権利の主張）

(3) 「甘え」の構造とケア

次に，戦後の日本人の精神構造を分析した土居健郎の『「甘え」の構造』(1971) を取り上げることにする。

「甘え」の語意は『広辞苑(第6版)』によると「甘えること。また，その気持」とある。これをもう少し詳しくみると「相手や状況からの恩恵や働きを期待してこれに依存する態度。また，そのような期待をみたす相手たることを求め前提する態度。自身の意思決定にもとづいて他者に直接的に要求するのではなく，他者をまず前提しこれを媒介にして間接的に要求している点で，他者依存的・受身的であり，また主張として暗黙的・潜在的でもある」(岩波『哲学・思想事典』) とある。すなわち，「甘え」は依存的であり，依頼的行為であるが日本人にとって肯定的ことばである（この点に関して著者も「甘えは，人間交流を円滑にする，欠くべからずものであるという見方が成り立つと考えられるのである」(18) と肯定的に捉えている)。

ところで，同書で土居は日本人の心性を「甘え」の世界，「甘え」の論理，「甘え」の病理，「甘え」と現代社会に分類し，日本の社会並びに日本人のパーソナリティを分析している。そして，「甘え」は日本文化・社会の特徴であると結論づけている。そこで，日本社会独特の「甘え」の世界とケアの関連性について明らかにするため「甘え」の世界を構成する「義理と人情」「他人と遠慮」「内と外」を取り上げることにする。一般的に対立概念として義理と人情が捉えられるが，著者は「人情と義理は単に対立概念ではなく，二つの間に有機的な関係が存する」(19) ものであり，日本社会の支配的モラルであったと述べている。

ところで，ケアとの関係でみると「義理」は自然的感情に基づく親子・同朋関係でなく人為的に発生するものである。ゆえに意図的・意識的感情あるいは行為である。これに対して「人情」は人間に自然に備わった感情（愛情・慈しみ）に基づく行為である。すなわち，一般的には義理は非ケア的であるが，人情はケア的感情が備わったものと理解することができる。しかし，著者は「義理はいわば器で，その中身は人情」[20]であるとし，両者の関係自体は相対立するものではなく，共に甘えに深く立脚しているとする。すなわち，著者の言葉を借りれば，人情は依存性を歓迎するもので，義理は人々を依存的な関係に縛るものである。

次に「他人と遠慮」の関係についてみると，土居は「親子の間には遠慮がない」としている。その理由は，親子が他人ではなく，その関係が甘えに侵されているからである。それに反して他人に対しては「遠慮を求める傾向がある」[21]と指摘している。これは日本人の社会生活において甘えの心理が働いているからであるが，両者とケアとの関係は基本的に存在しない。しかし，ケアが他人への「関心」「配慮」等である以上，ケア関係が生じるといえる。また，「内と外」であるが著者は遠慮の有無が内と外という人間関係の種別を分ける目安となるという。つまり，遠慮が存在しない血縁関係者や縁者は「内」であり，遠慮のある義理の関係は「外」である[22]。この内と外とを使い分けるのが日本人の特徴であり，態度を変えることは日常茶飯事である。たとえば，内（身内）においては自分を曝け出し，外（社会）に対しては自分を繕ったりする。日本人は器用に内と外を使い分ける合理主義者に思えるが，実は内と外の区別ははっきりしているが，公（パブリック）と私（プライベート）の区別がないのである。こうした事柄の背景には，この節の最初に筆者が紹介したように日本人の人格形成のプロセスにおいて「個」を取り囲む外皮が薄いため，「家族」の意

図表 1-8　日本人の思想

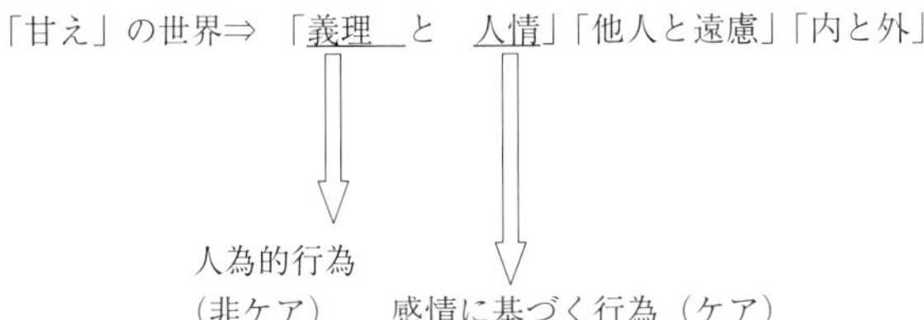

思・意見が外皮を破ることが容易となり「個」の確立が困難となるのである。

ここまで，土居の『「甘え」の構造』について，その一端を明らかにしてきた。精神医学者である著者が精神分析の視点で解明しているのが特徴である。そのなかで，歴史的な「甘え」の感情が日本の風土で培われ，われわれの社会生活全体を覆ってきたことが判明した。そこで，われわれ日本人が今後どうあるべきかということがポイントとなる。すなわち，この「甘え」の構造を払拭するには日本人が「個」と「家族」並びに「社会」との関係を明確にすることが「個」の確立および自立につながると同時にケアの理念である自己決定に継承されていくものと考える。

(4) タテ社会とケア

われわれは，今日の情報化社会における生活環境の変化と情報過多のもとで，その対応に苦慮している。社会生活あるいは日常生活において，情報を「取り込める人々」と「取り込めない人々」の間に生活の格差が生み出されている。すなわち，日常生活における利便性だけでなく，新たなる経済的格差（所得や就業機会）を創出していると同時に，わが国特有の平等主義・序列主義社会（年功序列・終身雇用）が後退している。この背景には日本経済の長期低迷，少子・高齢化社会，グローバリゼーション（世界の同質化）の波があり，社会的安全ネット（土地神話・日本型経営）も崩壊しつつある。そこで，われわれの日常生活に目を転じるとそこには伝統的な生活様式やしきたり（たとえば，結婚式での仲人を立てる風習や，日常的に着物を着る習慣など）が姿を消そうとしている。このように日本の社会ならびに生活様式は少しずつ変化しているが，その変化が日本の社会ならびに人間関係を本質的に変容させるのかどうか，またそのこととケアとの関連性はどうかを，中根千枝の『タテ社会の人間関係』(1967) から「タテ」社会のメカニズムを解明することによって明らかにしていきたい。

中根は，日本の社会あるいは文化を論ずる場合，ヨーロッパを主な対象とした研究から得られる理論を駆使して日本を分析する研究方法と日本にしかみられない諸現象を特色的に取り出して日本の社会を論ずる研究方法があるとしている。しかし，著者は上記のそれぞれの研究方法を批判して，日本社会の構造を最も適切にはかりうるモノサシとして，「社会構造」を探求することが重要であるとしている。この社会構造を解明する基本原理として，個人と個人，個人と集団，また個人からなる集団と集団の関係を挙げている(23)。

また，中根は集団分析をするキーは「資格」(保育士・看護師等）と「場」(地域・所属機関等）であるとし，どんな社会でも個人は「資格」と「場」による社会集団または社会層に属していると指摘している(24)。そして，日本人は集団意識を「場」においており，その対極にあるのがインド人で「資格」を重視している。ところで，日本社会は「場」を強調し，「ウチ」と「ソト」を強く意識する国民である。これは，われわれが他人に向かって自分が所属する「イエ」(家）の身内を「ウチ」といい，他人を「ソト」と位置づけていることからも，いかにわれわれの集団意識が「資格」でなく「場」を優先しているかがわかる。しかも，「場」は他者を冷遇する，すなわち余所者扱いするのが一般的である。ここでそれを実証する新聞記事を紹介しよう。「これは読者（数名）がドイツの名城を訪問したところ，先に同城を訪問していた日本人観光団がいた。その時，その団体の添乗員がガイドの説明を無料で聞く読者の姿を見てドイツ警備員に耳打ちをした。そこで，警備員は笑いながら読者に近づいてきたという」(「朝日新聞」2002・8・29)。このケースは「ウチ」の者が余所者をいかに除外しているかを示している具体的なケースである。

それでは，なぜわれわれは，所属する空間として「場」を強調または意識するのであろうか。それは，会社や学校等を「ウチ」と意識することが，集団認識において大きな役割を果たすからである。つまり，自己を他者に紹介する場合，個人の「資格」で名乗るより会社名あるいは所属機関等の「場」で名乗るほうが帰属意識が高まるからである。このようにして「場」によって構成された集団は，強い組織となるため成員の強い絆が必要となる。これは集団が大きくなる場合の必然的な条件である。このような組織が日本のあらゆる集団にみられる。著者は，こうした組織を「タテ」の組織と呼んでいる。この典型的なものは「親子」関係や上役・部下の関係であり，日本の土着の組織である親分・子分関係と，近代的な官僚組織とは原理的に軌を一にするものである。(25) また，著者はタテ組織に基づく社会を「タテ社会」といっている。この社会の特徴は年功序列型社会であり，能力とは無関係の終身雇用と能力平等観をもっている。今後，わが国において，「タテ社会」の利点（同一組織内の者に対する気配りや配慮―ケア的視点が具備された社会組織―が存在する社会）を生かしながら，「単一性社会の理論」(26) を備えた社会の構築が望まれる。

そこから，日本社会の特徴は母性原理を基調とした依存・依頼社会であり，自己決定が困難な社会であると結論づけることができる。

本章では，ケア論について欧米ならびに日本の著名な思想家・実践家等の説を明らかにしてきた。ケアの定義がそれぞれによって異なるが，そのポイントは人間としての存在に関わる基本的な概念であるということである。現代社会はさまざまな難題が日々に提起される社会である。それは地球上の生命に関する環境破壊の問題であり，宗教的あるいは民族紛争から発生する国際紛争でもある。これらの問題に対峙するため日頃対人間関係において隣人との良好な関係（コミュニケーション）を構築していくことが必要となる。すなわち他者に関する関心であり，配慮・思いやりでもある。このことが国際社会における国

図表 1-9　日本社会の構造

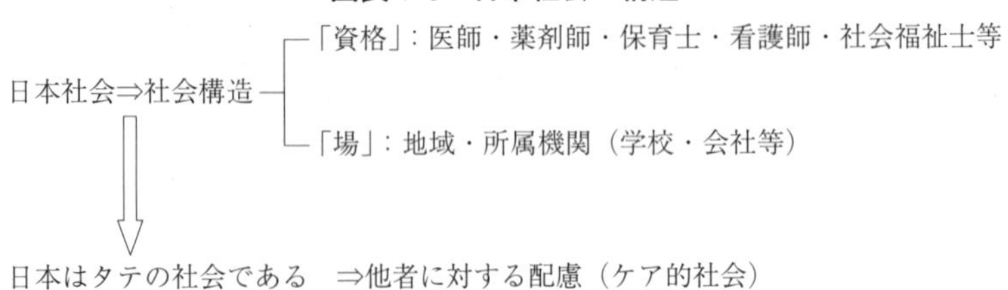

家間あるいは民族間また宗教間相互の不信・疑念を解消する一助となるのである。そのためには私たちは常日頃から人間としての存在の条件である他者に対する「ケア」あるいは「ケアリング」を心がけなければならないのである。ケアはどこでもいつでもまた，一人であるいはグループでも実践できるものである。これから，われわれがどれだけ「ケアの心」をもち，どれだけ実践できるかが課題となるであろう。

本章は，拙稿「ケア論―そのデッサン」『社会福祉学研究』第6号　2002（神戸女子大学社会福祉学会）を大幅に修正・加筆し掲載した。

[注]

（1）　廣松　渉他編『岩波哲学・思想事典』岩波書店　1998　p.936
（2）　高田珠樹『ハイデガー――存在の歴史』講談社　1996　pp.218-213
（3）　アルティン・ハイデガー／細谷貞雄訳『存在と時間（上）』ちくま学芸文庫　1994　p.386
（4）　ミルトン・メイヤロフ著／田村　真・向野宣之訳『ケアの本質―生きることの意味』ゆみる出版　1993　pp.13-15
（5）　同上書　pp.34-65
（6）　ベナー／ルーベ著／難波卓志訳『現象学的人間論と看護』医学書院　1999　序文，pp.1-6
（7）　シスター・M・シモーヌ・ローチ著／鈴木智之・操　華子・森岡　崇訳『アクト・オブ・ケアリング』ゆみる出版　1996　p.217
（8）　同上（6）p.22
（9）　同上（6）pp.30-31
（10）　同上（6）pp.34
（11）　同上（6）p.36
（12）　同上（6）p.37
（13）　レイニンガー著／都留伸子監訳『看護理論家とその業績（Nursing Theorists and Their Work）（第2版）』医学書院　1995　pp.430-431
（14）　河合隼雄『母性社会日本の病理』中央公論社　1976　p.10
（15）　同上（12）p.12
（16）　同上（12）p.14
（17）　同上（12）p.32
（18）　土居健郎『「甘え」の構造』弘文堂　1971　p.29

(19)　同上（16）p.29
(20)　同上（16）p.31
(21)　同上（17）pp.36-37
(22)　同上（17）p.38
(23)　中根千枝（22）『タテ社会の人間関係』講談社現代新書　1967　pp.10-19
(24)　同上（22）p.27
(25)　同上（22）p.127
(26)　同上（22）p.188

[参考文献]

中山　将・高橋隆雄編『ケア論の射程』九州大学出版会　2001
河合隼雄『日本人と日本社会のゆくえ 11』岩波書店　2002
上野千鶴子他編『ケアという思想』岩波書店　2008
木田　元『ハイデガーの思想』岩波新書　1993
成清美治『ケアワーク論―介護保険制度との関連性のなかで』学文社　1999
成清美治『新・ケアワーク論』学文社　2003
ミルトン・メイヤロフ著／田村真・向野宣之訳『ケアの本質―生きることの意味』ゆみる出版　1993

第2章　ケアワーク—その概念と課題

1．ケアとは何か

(1)　ケアの由来

ハイデガーは，ケアとは人間としての実存性（存在）のあり方そのものであり，私達においてケアは，人間としての存在意義そのものであると指摘しており，人間性の本質を問う事柄であるといえる。ケア（care）の語源はラテン語の「カルー」（caru）であり，悲しみ，悔やみ，心配の意味がある。よって，英語のケアの語意には，①「心配」「気がかり」「不安」「気苦労」「懸念」⇒心配，②「注意」「用心」「留意」「気配り」「心遣い」⇒配慮，③「世話」「保護」「看護」「介護」「養護」「監督」「管理」⇒見守り（『ランダムハウス英和辞典（第2版）』小学館）等がある。この語意から判明することは，ケアは，医療・看護・介護の上位概念であり，介護は下位概念の1つであるということである。ゆえにCare ≧介護の関係が成立する。

また，ケアという用語の由来であるが，このケアがカタカナで用いられるきっかけとなったのは，第2次世界大戦後，ボランティア救済事業としてアメリカ占領軍が日本に対してケア物資を提供して以来である。Cooperative for American Remittance to Everywhere, Inc. の頭文字をとってCAREで，それをケアといい「ケア物資」という言葉が日本に普及した。また，医療・看護の分野においてCareという概念が医学界に紹介されたのは，ハーバード大学医学部教授のピーボディ（Peabody, Francis W.）医師の論文 "The Care of the Patient"（JAMA, 1927, 88: 877-882）による[1]。

(2) ケアの対象規定

ケアワーカー（介護福祉士）が社会福祉専門職として社会的評価を得るためには，「ケアワークとは何か」という命題に応えることが必要である。その前提条件として「対象」「概念」「機能」「業務内容」の規定，「方法」の分析等が大切となる。

「社会福祉士法及び介護福祉士法」によれば，「『介護福祉士』とは，介護福祉士の名称を用いて，専門的知識及び技術をもつて，身体上又は精神上の障害があることにより日常生活を営むのに支障がある者につき心身の状況に応じた介護を行い，並びにその者及びその介護者に対して介護に関する指導を行うことを業とする者をいう」（第2条2項）とあり，その業務内容を規定している。しかしながら，対象に関しては「者」（＝人）とあるだけで，年齢規定も明らかでなく，その対象が大人だけなのか，子どもを含むのかあいまいとなっている。周知の通り，介護保険のサービス対象者（要支援，要介護者）が一部を除いて，65歳以上となっているので，現実的に対象者は高齢者となっている（ただし，介護保険制度の先輩国であるドイツ介護保険の対象者は原則として，0歳児を含む）。

ケアの視点は，人々が成長過程において習得してきた生活技術（身の回りの整備）の喪失に対する介助・介護のみならず，人間の発達過程にあって支援を必要としている乳児・児童を含むすべての年齢層を対象しなければならないのである。なぜならば，Careの語意が，世話・保護・養護・介護等その対象を子どもから老人までを包含しているからである。

ケアは，メディカルケア（医療），チャイルドケア（保育），ナーシングケア（看護），リハビリテーションケア（リハビリテーション），ターミナルケア（宗教），ホームケア（家政）等サービス内容が広範囲となっている。このように児童，高齢者，家族等の日常生活に対する対人援助（社会福祉サービス）を一般的にパーソナルサービス（personal social services），ソーシャルケアサービス

(social care services)，ヒューマンサービス (human services) と呼称し，それぞれのサービスが提供されている。イギリスにおいては社会サービスは，社会保障，国民保健サービスとパーソナルサービスにより構成されている。また，北欧の福祉先進諸国（スウェーデン，ノルウェー，デンマーク，アイスランド，フィンランド）では公共部門を提供主体として，ソーシャルケアサービスが展開されている(2)。

なお，欧米では一般的に無償でインフォーマルなケアサービスを行う者のことをケアラー (carer) と呼称し，有償でフォーマルなケアサービスを提供する者をケアワーカー (careworker) と呼んでいる。また，その対象は子どもから大人となっている。又，その対象は子どもから大人となっている。本書では，ケアワークの共通基盤である知識・技術・価値／倫理を具備した専門職が提供するサービスをケアワーク（介護福祉援助実践）とし，そのようなケアサービスを提供する者をケアワーカー（介護福祉士）と規定している。

2．ケアワークサービス

介護福祉サービスは「生活援助」業務，身体的援助業務並びにソーシャルワークの領域である心理的・精神的援助業務，社会的援助業務を通して，利用者に対する個別性・具体性・継続性を伴う人間性溢れる専門的人間福祉サービスである。この介護福祉サービスの目標は利用者の「自己決定」と「自己実現」である(3)。

わが国の福祉サービスは，戦後，公的責任のもとで一元的制度化が図られてきた。しかし，その後の高度経済成長並びに高齢化の進行による福祉ニーズの拡大化・多様化のもとでサービスの形態も変化してきた。具体的には施設入所型から在宅福祉型へ，経済的サービスから非経済的サービスへの転換である。しかし，その後の日本経済の長期低落傾向もあって，これまでの措置制度のもとでの公的福祉サービスに加えて，民間福祉サービスやインフォーマル・サービス（家族・近隣・ボランティア等）が導入・奨励されることとなった。こうした社会変化や福祉サービスの供給形態の変容に伴って，福祉マンパワーの充足並びに質の向上が問われるようになってきた。そして，「社会福祉士及び介護福祉士法」(1987) が成立した。これによって，これまでのケア（介護）の非科学的業務内容が科学的業務内容に質的転換されることとなった。

介護福祉サービスは，対人援助サービスを基本とする福祉サービスの一領域に属する。ゆえにその原則は，福祉サービスに準ずる。すなわち対人援助サービスであり，形態はケアワーク（介護福祉援助活動）を通じてサービスが提供され，既述した通り，究極的には「自己決定」を尊重した「自己実現」を目標とするサービスでなければならない(4)。そのため，その援助内容はあくまでも利用者のニーズに適合することが大切となる。前提として利用者を理解するために事前評価が重要である。つまり，利用者に適したケアマネジメントの策定である。また，介護福祉サービスはきわめて個別性・具体性・継続性をともなうため介護福祉サービスの基盤整備が必要となる。この介護基盤の整備と良質な人材の育成の両輪が達成されて，初めて良質な介護福祉サービスの実現が可能となるのである。ケアワークサービスの展開を図表 2-1 に提示しておくことにする。なお，ケアワークサービスを提供する担い手の中心がケアワーカー（介護福祉士）である。

ここで，ケアワークサービスを実践するうえにおいて重要なのが介護福祉とは何かということである。そのためには，「介護」と「介護福祉」の関係を明らかにすることが重要となる。そこで「介護」と「介護福祉」の意義・意味の相違であるが，前者は身体的機能障害のため日常生活に支障をきたしている高齢者や障害児・者に対する援助であり，その援助内容は介護実践における知識・技術（そこには家政，医学・看護の知識，技術等が内包されている）をもとに展開される。これに対して後者は介護実践プラス社会福祉固有の視点（生活者の自立支援）を注いだ介護の援助を展開するのである。そこには社会福祉援助（相談・援助，社会資源の活用等）の知識・技術が導入される。なお，介護福祉は介護福祉援助活動，介護福祉政策，介護福祉哲学に分類することができる[5]。

この介護と介護福祉の関係について白澤政和は「介護とは，家族等が実施するものから介護福祉士等が実施するものまで広範囲にわたっているが，介護福祉は社会福祉援助を基本理念として取り入れ，医学・看護の知識・技術を援助方法として取り入れ，介護福祉自らが持っている独自の専門性でもって，専門性を有した介護を意味することになる」と規定している[6]。

最後に介護福祉援助活動における介護福祉の原理・原則について述べることにする。それは，対人福祉サービスを基盤とするきわめて人間的な介護福祉サービスであるといえる。つまり，生活援助（家事援助），身体的援助，心理的・精神的援助（社会福祉援助技術），医学的管理，リハビリテーション・看護的

図表 2-1　ケアワークサービスの展開

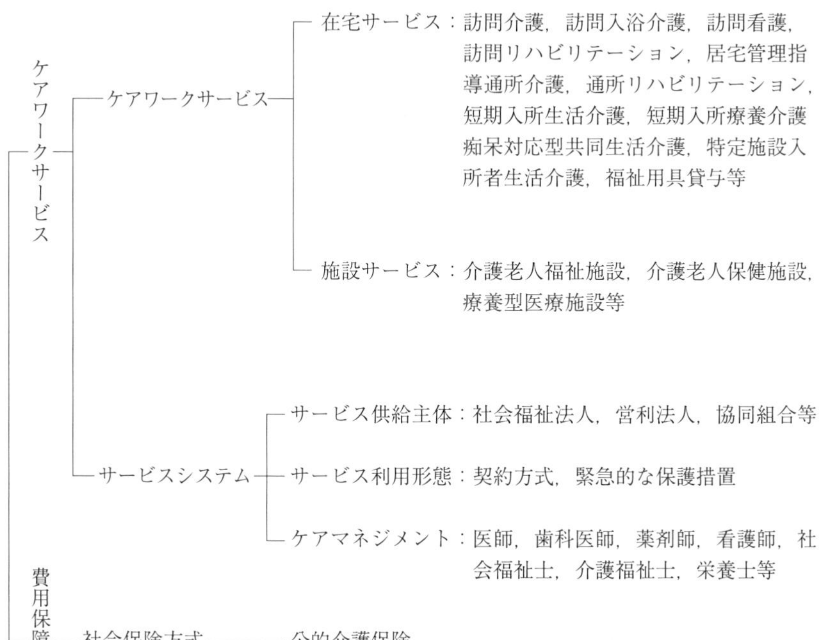

（出所：岡本民夫・成清美治・小山　隆編著『社会福祉援助技術論』学文社　1997　p.54 一部修正）

技術等を通して障害児・者，高齢者等に対して個別的・具体的に居宅（在宅）並びに施設にてサービスを実践するのが介護福祉サービスである。この介護福祉サービスは，あくまでもサービス利用者の「自己決定」を尊重した「自立」「自己実現」を目標としたものである。そのため，サービスは利用者のニーズに適合したものでなければならないのである。

3．ケアワークとは何か

戦前・戦後を通じて，わが国の老人介護は家庭内介護力（インフォーマル）によって担われてきた。社会通念上ならびに社会慣習的に女性（配偶者・娘・嫁等）が家事としてその役割を担ってきたのである。

わが国の近代化政策の一環として資本主義社会がつくり出してきた「男は仕事，女は家事・育児」という「性別役割分業論」は，女性を介護労働力として家庭内に拘束してきたのであり，女性の人権を抑圧してきたともいえる。戦後の高度経済成長期を経て少子・高齢社会の到来により改めて介護問題が社会的問題として国民の間にクローズアップされることとなった。そして今日の核家族化社会のもとで「家庭内介護力」の弱体化を補うため，「介護の社会化」（社会構造の変革，家族規模・意識の変容，女性の社会進出等による家庭内介護の限界を社会的システムにより担う）の必要性が叫ばれることとなった。このことが社会保障・社会福祉の構造改革の一環として介護保険制度の創設を促す結果となり，介護保険制度の導入によりインフォーマルな介護に対するフォーマルな介護のあり方が問われることとなった。

また，介護の社会化を促進するためには，①居住環境の改善・整備，②介護サービス基盤の整備，③マンパワーの量的確保，質的向上，④介護機器の改善と利用の促進，⑤低所得要介護者層の経済的保障，⑥サービスの地域間格差の是正，⑦オンブズマン制度の定着化，⑧家庭内介護労働に対する社会保険給付の適用（労働者災害保険・雇用保険等），⑨地域社会におけるサービスをネットワーク化する等を挙げることができる。なかでも，利用者の日常生活の「質」に密接に関わるケア（介護）のあり方は，長期間のケアならびにターミナル期を迎える高齢者にとって，少なからず影響を与えることになる。そこで，生活者の福祉向上の視点に基づく介護福祉援助活動，すなわち，ケアワークのあり方が問題となる。

ここで，ケアワークの概念に関する諸説を紹介する。まず，奥田いさよは「ケアワークはケア・サービスを主体，つまり福祉機器や施設の機能を開発（それらの利用度を高めるための助言など），活用して介護技術を中心とする専門技術を通じて，クライエントの身体的側面および心理的側面への援助を主体とし実践を行う」(7)，また，黒川昭登は「ケアワークとは，『介護』を意味する。そして，ケアの具体的内容として，①『身辺の世話』(physical tending)―乳幼児期からと，②『支援』(support)―物的支援と精神的支援とに分かれる。そして，③『関心』(concern)―保護を必要とする人びとに対する心配，憂慮，祈り，等がある」としている(8)。これらの諸説を参考にしながらケアワーク概念の自説を展開すると，ケアは人間が抱えている苦しみ，痛み，悩み，損傷，発達障害，身辺自立等に対する軽減，回復，獲得をするための個々の残存能力あるいは潜在能力を生かすことによって，自己実現を達成するための援助である。そのために，援助は価値／倫理を含有した「善」であり「望ましい」行為，実践でなければならない。また，ケアは，人間的関係の関わりにおいて相互がコミュニケーション（「心の交流」）を図ることによって成立する。常に互いに問題に対する共有関係が成立し，共に育ち・向上するという目的意識をもつことが，課題解決，軽減を達成するのである。すなわち，両者が互いに向かい合うことによって相互交流と自発性が生じる。そこにはケアする側とケアをうける側との間の「卑屈な関係」（上下関係）が除去され，良好な「人間的関係」が生まれる。本来，careという英語の意味には，世話・気配り・保護・監督等が含まれるが，一般的に「世話をする」と理解するのが適切であるとされている。また，ケアの対象は日常生活にあって自立支援を必要とする子どもから大人までが含まれ，病気，知的障害，精神障害，身体障害，自立，自己決定等の問題を抱えている人びとである。このようなケアの対象者（利用者）に直接的・具体的サービス（身体的援助，生活援助）とソーシャルワーク援助（心理的・精神的援助，社会的援助・ケアマネジメント）を実践するのがケアワーカーであり，そのような対人福祉サービスをケアワークという[9]。

なお，ケアと介護の関係であるが，元来ケアは医療・看護・介護・福祉・養護等の上位概念であり，介護は下位概念の１つであると規定することができる。

こうした介護福祉援助活動はこれまで無資格者が「介護」として老人や障害者の援助活動にたずさわってきた。しかし，「社会福祉士及び介護福祉士法」(1987) の制定により，従来の無資格者による「介護」サービスから有資格者に

図表 2-2　ケアワーク（介護福祉援助活動）の体系

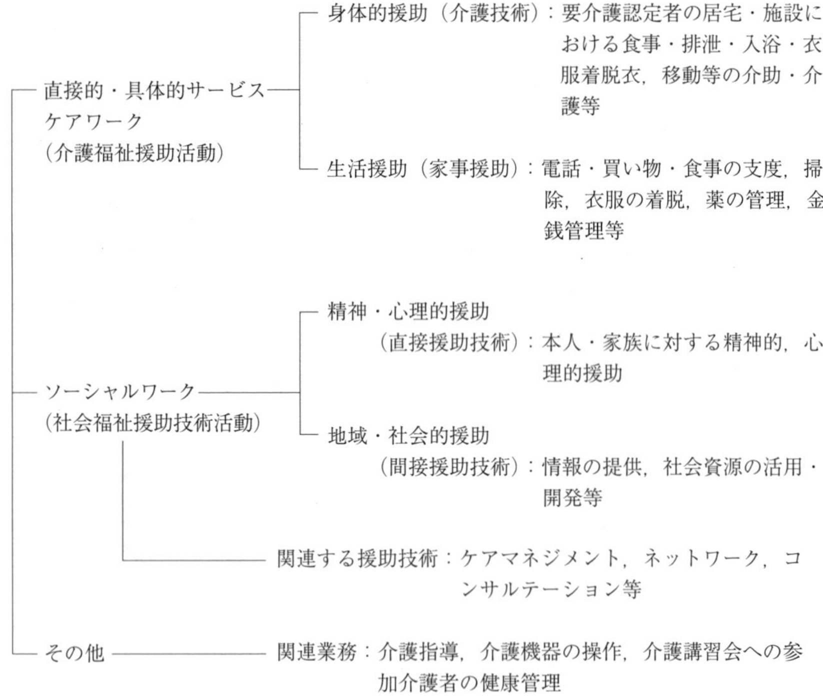

（出所：成清美治他編『新・介護福祉概論』学文社，2003　p.9 一部修正・加筆）

よる「介護福祉」サービスへと転した。ここで問題となるのは，介護と介護福祉の意味の相違である。この点に関して岡本民夫は，介護に福祉という用語をつけることにより，従来の単なる世話とは異なる介護であると解釈し，介護を身体的，心理的，社会的おのおののレベルにおいて福祉の専門性，とりわけその価値，知識，技術というフィルターをとおして介護が行われることにその特性があるとしている(10)。

4．ケアワークの諸相

(1)　ケアワーカー（介護福祉士）の基本的属性と専門性

一般的に専門職とは，専門職としての基本的属性を具備し，ある特定の分野で業務として従事する者をいうが，基本的属性を挙げると，① 専門的知識，② 専門的技術，③ 倫理綱領，④ 専門職団体，⑤ 基礎的教養，⑥ 資格試験となる（図表2-3参照）。これがケアワーカーの専門性における属性であるが，これらの項目は相互補完関係にあり，このことがケアワーカーが専門職であることを明確にしている。ただ，これらの項目のなかに専門職として当然あって然るべきものとして自律性を挙げることができる。しかしながらケア場面において医療行為が含まれる場合，他職種（医療関係者）からの指示を仰ぐという現実がある（すべての医療行為）。この点に関して他の社会福祉専門職と同様，ケアワーカー（介護福祉士）が業務独占ではなく，名称独占であるという限界性が露呈している。この原因として，福祉関係の専門職がすべて生活全般に関する援助であるため，「素人」でも肩代わりできるという慣習・概念ががこれまでの経緯として，社会全般・国民全般に浸透していることが考えられる。この名称独占という福祉職全般の限界性が今後の福祉職全般の課題となるであろう。

(2) ケアワーカーの共通基盤を構成する3要素

1）専門的知識：専門職として具備すべき知識・知見

① 社会事象としての福祉問題に関する知識

② 人間に関する知識（医学・心理学・精神分析学）

③ 人文科学（哲学・文学・言語学等），社会科学（政治・経済・社会・歴史等）自然科学（天文・物理・生物・地学等）に関する基礎知識

> 福祉専門職として，福祉に関する基礎知識である福祉六法と関連領域（保健・医療・看護・リハビリテーション・栄養学）に関する知識並びに人間に関する知識，教養としての人文科学，社会科学，自然科学等の習得が必要となる。

2）技能・技術：技能・技術とは，利用者に対する専門的援助方法である

① 身体・生活援助に関する技能

・生活援助に関する技能

生活援助の内容は，食事援助の他，洗濯，炊事，掃除，金銭管理，移動，買

図表 2-3　ケアワーカー（介護福祉士）の専門性における属性と相互補完関係

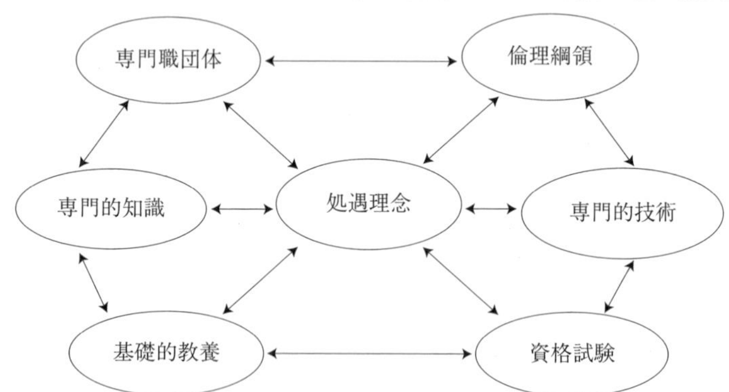

（出所：成清美治『ケアワークを考える』八千代出版　1996　p.39）

物，寝具の整理・整頓に関する技能

・身体介護に関する技能

入浴，食事，排泄・排尿等に関する介助・介護技能

・健康や生活に関する観察技能や記録・情報の収集並びに活用技能

・生活環境調整技能

② コミュニケーション技能とケアマネジメント

・コミュニケーション技能（カウンセリング，社会福祉援助技術）

・他職種（医師・看護師・保健師・OT・PT・SW・栄養士等）との連携・協働技能

・ケアプラン作成技能

・社会資源活動技能

3）価値

一般的に価値とは，「人間性」であると理解されている。価値はサービス提供者が利用者の「善」を感得し，承認することによって成立する。すなわち，利用者のニーズは充足するケアワーカーの人間性（態度・能力）によって，自立援助の程度が決定されるのである。なお，価値への3つのアプローチとして，

図表2-4　ケアワークにおける知識・技術・価値／倫理の関係

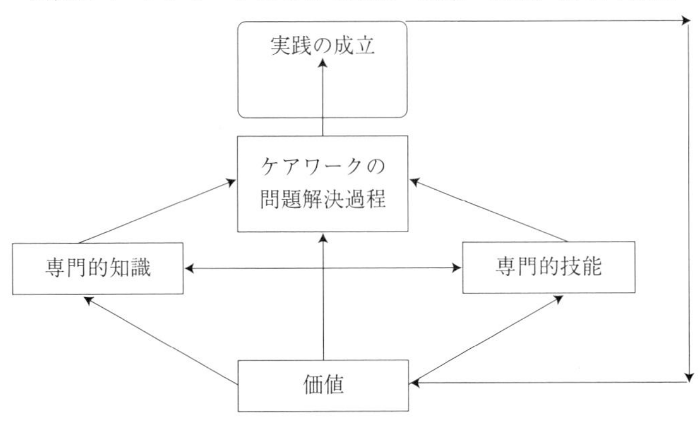

（出所：成清美治『ケアワークを考える』八千代出版　1996　p.68）

①自立支援（利用者のニーズを明確にする），②人権の尊重（ケアワーカーの人間性），③ノーマライゼーション，QOLの理念の遂行を挙げることができる。

> 「自立とは，物事を判断・決定する自己決定権と成し遂げる際の自己管理能力を有していることを言うが，現在の自立概念はかつての経済的自立ではなく，「自立生活運動」（アメリカ，1970年代）以降，自分の判断で生活を管理し，主体的に生きることができることを「自立」と捉えている。」

(3) 専門性の諸説

まず，秋山智久は社会福祉の専門性の概念として，①社会福祉の専門性，②ソーシャルワークの専門性，③施設の専門性，④職員の専門性の4つを挙げている(11)。そして，それぞれのポイントを指摘している。ソーシャルワークの専門性として，問題解決のための理論・知識・価値を挙げている。一方で社会福祉の「レベルの多様性」「全体制の原理」からの困難性，「生活の持つ総合性」から生じる困難，「社会福祉学」としての学問の定説の欠如から社会福祉の「専門性」検討の困難さを指摘している(12)。これらの指摘は社会福祉の広域性・曖昧性を如実に示しているが，社会福祉の専門性を検討する主要素として社会福祉の「学」としての定説化がいそがれる(13)。

また，京極高宣はソーシャルワークの職業倫理として，①基礎知識（関連知識・一般教養），②専門技術（社会福祉援助技術），③専門知識（各種社会福祉制度・関連分野に関する知識），④倫理（人権の擁護・自立援助・守秘義務等）の4項目を挙げている(14)。

そして，フレックスナー（Flexner, Abraham）は専門性の項目として，①～⑦を挙げている。すなわち，①固有・明確・必須の社会的役割，②役務遂行における技術の協調，③長時間の専門的訓練，④個々の実践者及び全体としての職業集団の広範囲の自立性，⑤専門職の自立性の範囲内でなされた判断，および遂行された行為についての実践者たちによる広い個人的責任の受容，

⑥職業集団に委ねられた社会的役務の組織化及び実行の原理として，実践者たちの経済的利益により提供される役務の強調，⑦実践者たちの包括的な自治組織，⑧倫理綱領，等である(15)。そして，奥田いさよは『社会福祉専門職性の研究』のなかで専門性について２つの側面から考察すべきであると指摘している。１つは「外なる専門性，つまりソーシャルワークが他の対人援助専門職と明確に区別できるかにかかわる専門性」，他は「ソーシャルワークにおける専門分野，あるいは特定の分野にかんしての専門的知識や技能にかかわる専門性」である(16)。

なお，日本学術会議社会福祉・社会保障研究連絡委員会『社会福祉におけるケアワーカー(介護職員)の専門性と資格制度について(意見書)』(1987年２月)のなかで「ケアワークの専門性」について，「従来，わが国の社会福祉において，老人ホームなどの寮母職，また，家庭奉仕員，家事援助者などのホームヘルパーに類する職種の雇用については，その専門性を認めないで，それぞれの施設，機関における自由裁量に任せていた傾向がある。それだけにケアワーカーには，生命の尊厳，高齢時における生活の意味について深い認識と，ケアワーカーとしての責任感と倫理感をともなう専門性が要求されることはいうまでもない。また，ケアワーカーの専門性は従来，家事労働の延長であるかのように思われ，非専門的な領域としてとらえがちであったが，現在の高度技術社会において，家事労働自体も急激に変化しており，科学化，社会化の傾向が強まりつつある。その面での専門性も家政学の基礎の上に構築され樹立の過程にある。さらにケアワーカーの場合には日頃，馴染みの深い家族に対する家事援助ではなく，それぞれの生活歴を背負った個別性の強い高齢時の人々に対する援助であり，それぞれの生活習慣や感覚に馴染んだものを創意工夫することが必要となる。――ケアワーカーの専門性はまず，社会福祉に働く者としての倫理性や，みずからの役割認識，さらに社会福祉制度への理解を前提として，現在の家政学などの成果を十分組み入れた家事援助(現在の生活援助)，個々の高齢者の自立度や病状などの個別の事態に対応できるような介護，さらに，医療関係者とのチームを組めるだけの教養を必要とするものである――」と定義している。

いずれにせよ，長らく議論されてきたケアワーカーの専門性については，現在に至って定義が定まりつつある。

(4) 専門性の開発

専門性の開発は，社会福祉専門職であるケアワーカーにとって，実践活動をより深化させるために必要不可欠である。この専門性開発について，スペクト（Specht Harry）は主著『福祉実践の新方向（*NEW DIRECTIONS for SOCIAL WORK PRACTICE*）』で，次のように述べている。「専門性開発の目的が，専門性開発のための教授方法の選択の際の主たる決定因子であるべきである。実践者がサービス利用者のニーズの評価に基づいて介入プログラムとそれに伴う技術をきめていくように，教授方法と技法は学習者のニーズと専門性開発の目的という言葉を我々は専門性開発の活動での期待される結果の意で用いている。専門性開発の主要な３つの目的として，知識の開発，知識の統合，知識の適用を挙げた。これらの３つは，専門性開発の主要な目的であり，一つの連続体をなしている。これらの３つの目的全てが専門性の開発に欠かせないものである。学問的な修練からは，知識の適用は，第二義的なことと見られるかも知れないが，専門性開発にとっては知識の適用が最も大切なことである」と指摘している[(17)]。

図表 2-5　専門性開発の目的・組織的援助・教育方法

知識の開発：社会福祉専門知識，介護知識

技術の開発：介護技術，生活援助技術，社会福祉援助技術，基礎看護技術

知識の適用（展開）：演習，介護実習，現場（施設・在宅）実習

価値／倫理：人間性開発，倫理的規範，哲学・宗教，歴史学

図表 2-6　専門性の概念ならびに属性

著　者　・　著　作	概　　念（属性）
A. Flexner, *Is Social work a Profesion?*, 1915. 岡本民夫「社会福祉の専門性とは」仲村優一・秋山智久編『明日の福祉⑨福祉のマンパワー』1988年，中央法規出版，60ページ。	①「知的な過程」「個人的責任」 ② 素材は科学と学問，③ 科学的資料は実際的目的に使用，④ 教育的に他に伝達しうる内容と技術とを発達させる，⑤ 科学的資料の体系，これに対する批判的・分析的文献の発達，⑥ 相互の団結，階級意識，理論的諸基準，専門職業的利益向上を企図する ⑦ 公共の利益に関する問題に影響される。
E. Greenwood, *Attributes of a Profession*, 1957. 秋山智久「社会福祉専門職と準専門職」仲村優一・秋山智久編『明日の福祉⑨福祉のマンパワー』中央法規出版，1988年，86ページ。	① 体系的理論 ② 専門職的権威 ③ 社会的承認④倫理綱領 ⑤ 専門職的副次文化（サブカルチュア）
T.H. Marshall, *Social Policy*, 1 st ed., Huchinson, 1965. 森定玲子「対人福祉サービスと福祉専門職」『ケースワーク研究』Vol.17 No.4, 1992年，相川書房，21ページ。	「訓練によって獲得され，試験によってテストされる特定の技術や知識の所有」 「専門職の資格と専門職実践綱領に基づいた専門職とクライエントの相互信頼関係」
Millerson, Geoffrey 「資格化団体—専門職化の研究」 「東京都における社会福祉専門職制度のあり方に関する中間報告」1967年 秋山智久「社会福祉専門職と準専門職」 仲村優一・秋山智久編『明日の福祉⑨』1988年，有斐閣，90〜91ページ。	① 公衆の福祉という目的 ② 理論と技術 ③ 教育と訓練 ④ テストによる能力証明 ⑤ 専門職団体の組織化 ⑥ 倫理綱領
嶋田啓一郎「社会福祉と専門職制度」—ソシアル・ワーカー協会の前進のために『評論・社会科学』同志社大学人文学会，1971年，小笠原祐次「社会福祉実践と職員」『講座社会福祉4—社会福祉実践の基礎』1981年，有斐閣，90ページ。	① 体系的理論 ② 専門職的理論 ③ 社会的承認 ④ 倫理綱領 ⑤ 専門的教養
奥田いさよ 『社会福祉専門職性の研究』川島書店1992年，102ページ。	① 外なる専門性：ソーシャルワークが他の対人援助職と明確に区別できるかどうかにかかわる専門性 ② 内なる専門性：ソーシャルワークにおける専門分野あるいは特定の分野にかんしての専門的な知識や技能にかかわる専門性。
京極高宣 「ソーシャルワーカーの職務の専門性」 『社会福祉研究』第41号，鉄道弘済会，1987年，25ページ。	① 基礎知識（関連知識・一般教養） ② 専門技術（社会福祉援助技術），③ 専門知識（各種社会福祉制度・関連分野に関する知識） ④ 倫理（人権の擁護・自立援助・守秘義務等）
秋山智久 「社会福祉専門職と準専門職」 仲村優一・秋山智久編『明日の福祉⑨福祉のマンパワー』中央法規出版1988年，90ページ。	① 体系的な理論，② 伝達可能な技術 ③ 公共の関心と福祉という目的 ④ 専門職の組織化（専門職団体） ⑤ 倫理綱領，⑥ テストか学歴に基づく社会的承認
Rieberman, M. 「専門職の特性」 岡本民夫編『社会福祉援助技術総論』川島書店，1990年，133〜135ページ。	① 固有・明確・必須の社会的役務，② 役務遂行における技術の強調，③ 長時間の専門的訓練，④ 個々の実践者及び全体としての職業集団の広範囲の自律性，⑤ 専門職の自律性の範囲内でなされた判断，および遂行された行為についての実践者たちによる広い個人的責任の受容，⑥ 職業集団に委ねられた社会的役務の組織化および実行の原理として，実践者たちの経済的利益より提供される役務の強調 ⑦ 実践者たちの包括的な自治組織，⑧倫理綱領

（出所：成清美治『ケアワークを考える』八千代出版　1996　p.36 一部変更）

なお，彼の専門性開発を参考にケアワークの専門性開発を作成すると図表2-5のようになる。

(5) ケアワーカー（介護福祉士）の専門性

介護福祉士の職能団体である社団法人日本介護福祉士会では，次のように倫理綱領（1995）を定めている。

前文（略）

（利用者本位，自立支援）

1．介護福祉士はすべての人々の基本的人権を擁護し，一人ひとりの住民が心豊かな暮らしと老後が送れるよう利用者本位の立場から自己決定を最大限尊重し，自立に向けた介護福祉サービスの提供に努めます。

> 個々人の意思を尊重し，高齢者・障害児（者）の自立を尊重した援助をすること

（専門的サービスの提供）

2．介護福祉士は，常に専門的知識・技術の研鑽に励むとともに，豊かな感性と的確な判断力を培い，深い洞察力をもって専門的サービスの提供に努めます。また，介護福祉士は介護福祉サービスの質的向上に努め，自己の実施した介護福祉サービスについては，常に専門職としての責任を負います。

> 介護福祉士は，専門的知識・技術・価値を具備した専門職でなければならない

（プライバシーの保護）

3．介護福祉士は，プライバシーを保護するため，職務上知り得た個人の情報を守ります。

職務上得た個人の情報を守る

（総合的サービスの提供と積極的な連携，協力）

4．介護福祉士は，利用者に最適なサービスを提供していくため，福祉，医療，保健その他関連する業務に従事する者と積極的な連携を図り，協力して行動します。

他職との連携・協働

（利用者ニーズの代弁）

5．介護福祉士は，暮らしを支える視点から利用者の真のニーズを受けとめ，それを代弁していくことも重要な役割であると確認したうえで，考え，行動します。

暮らしを支える視点からニーズを受け止める

（地域福祉の推進）

6．介護福祉士は，地域において生じる介護問題を解決していくために，専門職として常に積極的な態度で住民と接し，介護問題に対する深い理解が得られるよう努めるとともに，その介護力の強化に協力していきます。

専門職として，積極的な地域住民との関わり

（後継者の育成）

7．介護福祉士は，すべての人々が将来にわたり安心して質の高い介護を受ける権利を享受できるよう，介護福祉士に関する教育水準の向上と後継者の育成に力を注ぎます。

教育水準の向上と後継者の養成

5．介護とケアの関係

介護という用語が社会福祉の法律の条文に登場したのは「特別児童扶養手当等の支給に関する法律」(昭和39年7月2日法律134号) と「老人福祉法」(昭和38年7月11日法律第133号) である。前者の第2条 (用語の定義) 第2項「この法律において，『重度障害児』とは，障害児のうち，政令で定める程度の重度の障害の状態にあるため，日常生活において常時の介護を必要とする者をいう」とある。一方，後者では第11条 (老人ホームへの入所等) 第1項第2号「65歳以上の者であって，身体上又は精神上著しい障害があるために常時の介護を必要とし…………」(それぞれ下線は筆者が付け加えたもの) とあり，ケアを受けるのは，共に常時介護を必要とする障害児，老人と規定している。

既述したように，介護はケアの下位概念として捉えることができるが，ケアを論ずる場合3つの場面 (臨床的／技術的レベル，制度／政策的レベル，哲学／思想的レベル[18]) があるとされている。その1つは臨床場面での「ケア」のあり方としての介護技術，看護技術，カウンセリングやケアプランといった

図表 2-7　介護とケアの関係

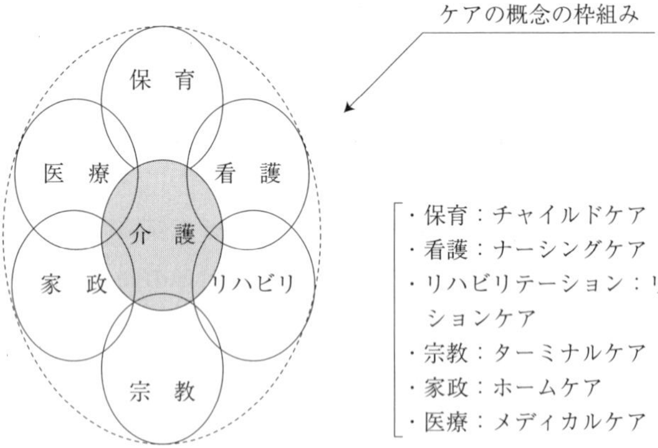

- 保育：チャイルドケア
- 看護：ナーシングケア
- リハビリテーション：リハビリテーションケア
- 宗教：ターミナルケア
- 家政：ホームケア
- 医療：メディカルケア

(出所：成清美治他編『新・介護福祉概論』学文社　2003　p.5)

臨床的／技術的レベルである。第2はケアに関する制度／政策的レベルであり，介護保険制度やケアマネジメントシステムのあり方等である。第3はケアそのものを問う哲学／思想的レベルである。この3つのレベルが有機的に結合することによって各「ケア」場面の援助全体のレベルを向上させるのである。

次に，ケアの近接領域について述べることにする。すでに本章の第1節で述べたように介護の近接領域には保育（チャイルドケア），看護（ナーシングケア），リハビリテーション（リハビリテーションケア），宗教（ターミナルケア），家政（ハウスケア），医療（メディカルケア）等があるが，これらのすべてをケアの領域として規定することができる。

すなわち，介護はそのなかの1つであり，これらの他領域との直接的あるいは間接的協力関係の維持によって業務が遂行される（図表2-7参照）。

このようにケアは6領域を包含するが，ここで介護と他領域の関係について具体的にみていくことにする。まず，保育におけるケアであるが，保育という言葉の意味には，① 保：ケア（身辺自立への援助），② 育：教育（人権尊重）がある。なかでも前者には養育と保護の面から捉える必要があるが，それは健康・安全・情緒の安定を基盤としたもので障害児や乳幼児のケアを必要とする児童の食事・排泄・睡眠・清潔・予防衛生・環境整備等のケアを行う。つまり，児童の発達段階にポイントをおいたケアが必要となる(19)。

次に家政との関係について述べることにする。家政が対象とする「生活」は，① 食事すること，② 生活必需品を揃えること，③ 生活環境の向上，④ 人間関係の形成，等を構築することを目的とするのである。ケアは障害児（者）や高

図表2-8　保育のケアワーク

保育のケアワーク
- 保：Care（介護）―― 身辺自立援助
- 育：Education（教育）― 人権の尊重

→ QOL
ノーマライゼーション

（出所：成清美治『ケアワークを考える』八千代出版　1996　p.91）

齢者にとってこうした生活に関連する援助は最も基本的なニーズとなる。こうしたケアを実践するためには家政学の基礎知識が必要となる。

また，リハビリテーションとの関係であるが，実践の場として施設ケアや在宅があり，そのケア（「チームケア」）の一員としての作業療法士（OT）や理学療法士（PT）がいる。彼等の業務は高齢者や障害児（者）の自立を促進するため，障害の部位に合わせた訓練を行うと同時に，障害に合った住居や福祉器具のアドバイスを行うことである。こうした両者の適切なケアにより障害児（者）や高齢者の身体機能（残存機能）が回復・向上することが心のケアにもつながることになる。

そして，宗教（ターミナルケア）は，回復が困難な患者に対する苦しみ，痛みの緩和・軽減のための医療・看護・介護である。その担い手は医師・看護師や介護職員・宗教家（宗派にかかわらず）が主となる。なかでも宗教の果たす役割は，末期患者の身体的苦痛や死に対する恐怖・不安を緩和させると同時に家族・近親者にケアの参加を促す役割を担っている。その意味で宗教家だけでなく，医師・看護師・ソーシャルワーカー等との「チームケア」のあり方が問われる。このように，ケア（介護）の隣接領域との連携・協働がわが国のケアの質的向上あるいはケアの領域を広げることになる。

図表 2-9　ケアワーカー（介護福祉士）とナース（看護師）の業務領域

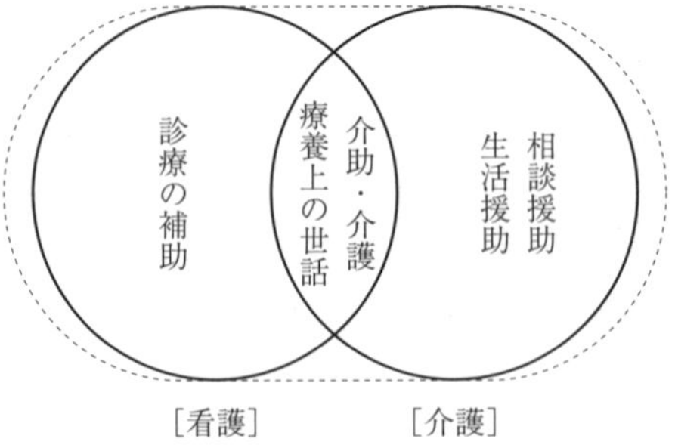

診療の補助
療養上の世話
介助・介護
相談援助
生活援助

［看護師］
診療補助＋療養上の世話
［介護福祉士］
生活援助＋世話・介助・介護

［看護］　［介護］

（出所：成清美治『ケアワークを考える』八千代出版　1996　p.7　一部修正）

6．ケアワーカー（介護福祉士）とナース（看護師）の関係

「社会福祉士及び介護福祉士法」（以下「法」）の登場以降，介護と看護の関係が問われてきた。その理由は，両者の業務領域に世話や介助・介護が含まれているため，業務上の混在化をもたらしており，介護福祉サービスにおける混迷の一因となっていることである[20]。

「法」では，介護福祉士の業務内容について次のように規定している。「介護福祉士の名称を用いて，専門的知識及び技術をもつて，身体上又は精神上の障害があることにより日常生活を営むのに支障がある者につき入浴，排せつ，食事その他の介護を行い，並びにその者及び介護者に対して介護に関する指導を行うことを業とする者をいう」（「法」第2条第2項）とある。一方，看護師の業務内容は，「保健師助産婦看護師法」に「厚生労働大臣の免許を受けて，傷病者若しくはじよく婦に対する療養上の世話又は診療の補助を行うことを業とする者をいう」（第5条，下線は筆者が加筆する）とある。

このように，両者には「介護」業務が課せられているのである。つまり共通した業務領域を共有しているのである。そこで，この両者の関係を歴史的に考察することによってこの関連性を明らかにしたい。

原始・古代社会における病気の治療・回復，生命維持に関する有効な処置はシャーマニズム（原始宗教）に依拠することが多かった。彼等によって病気・回復ならびに生命の維持がなされていた。つまり，シャーマニズムを介してケアの思想が存在していたのである。一方，ケアは本来医療のなかにもみることができる。「医療の父」ヒポクラテスは医療に合理的・経験的方法を用いることにより，それまでの神殿医療（宗教的医療）を否定し，患者の自然治癒力を治療に生かすことを示唆した。彼の治療理論は医療をキュア（cure）とケア（care）に分類し，前者を狭義（治療），後者を広義（治療に介助・世話を加える）とする今日の医学概念のなかにも継承されている。

彼の「自然治癒理論」は，その後18世紀まで健在であったが19世紀以降の

西洋近代医学の登場により衰退した。しかし，今日の現代医学の限界性に対する「治療」から「癒し」の回帰現象のもとで再び脚光を浴びている。ところで，原始・古代社会におけるシャーマニズムと癒しが主流であった時代を経て中世に入り，キリスト教の支配下のもとで病人救済の場として修道院が活躍し，修道女が直接看護・介護した。彼女たちは病人の看護や世話に関わることとなり，ケアの担い手としてその役割を果たした。

こうしてケアの対象が拡大化するなかで，近代的ケアの原理が1601年のイギリスの救貧院における看護改革活動を通じて確立された。それはナイチンゲール（Nightingale, Florence）によって成し遂げられた。彼女の業績は，①看護理論の体系化と，②救貧院での看護職の改革とに分類することができる。すなわち，ケアを看護的ケアの必要な「病気の貧民」と福祉的ケアの必要な「健康な貧民」に分類することによりケアの効率化・能率化を図ることにより近代的ケアの原型が構築された。「近代ケア論」の源流はナイチンゲールに求められるといえる。こうしてケアワーカー（介護福祉士）とナース（看護師）は歴史的に密接な関係をもつようになり，両者の役割が明確に確立された。

ところで，介護福祉士の登場により，「看護」と「介護」の業務内容の共通点ならびに相違点がクローズアップされることとなった。既述したように，歴史的には両者の関係は明らかとなった。そこで看護業務について介護との関係についてみることにする。すでに明らかなように「保健師助産師看護師法」において，看護業務のなかに介護業務（「療養上の世話」）が含まれていることは周知の通りである。看護の歴史においてもこの点に関して，明らかになっている。たとえば，ナイチンゲールもこの点について『看護覚書』のなかで，看護とは治療補助のみならず，日常生活全般に対する配慮（介護）が必要であることを明らかにしているように，ヘンダーソン（Henderson, Virginia, A.）も主著『看護の基本となるもの』のなかで，基本的看護の構成因子として14項目を挙げている。そのうち，「適切な飲食」「あらゆる排泄経路から排泄する」「からだを動かし適切な姿勢を」「適当な衣類を選び脱着する」「身体を清潔に保ち身だしなみをよくし，かつ皮膚を保護する」を介護業務として挙げることができる(21)。すなわち，看護業務のなかに介護業務が含まれていることを明らかにしている。

最後に，ケアワーカーとナースの相違点は看護領域におけるケアは患者の治療・回復的視点からケアを実践するのに対して，福祉領域におけるケアはあくまでも生活者の視点から利用者の介護業務を遂行するのであり(22)，業務上両者の関係は相互補完的関係にある。

7．ケアワーカー（介護福祉士）と ソーシャルワーカー（社会福祉士）の関係

1987（昭和62）年，日本学術会議社会福祉・社会保障研究連絡委員会は，「社会福祉におけるケアワーカー（介護職員）の専門性と資格制度について（意見）」を発表した。まず，資格制度の前提として4つの知識と実技が必要であると提言している。それは，①社会福祉の倫理性および制度，さらに方法，②援助に必要な家政学知識と食，衣，住生活援助のための家事技法，③摂食，排泄，衣服の着脱，入浴など介護に関する理解と援助技術，④保健・医療に関する理解等，となっている。そして，ケアワーカーの専門性として倫理性，役割認識，社会福祉制度の理解を前提とした家事援助，自立，他職種とのチームワークに必要な教養が求められると指摘している。また，同年福祉関係三審議会合同企画分科会は「福祉関係者の資格制度について（意見具申）」を報告した。そこで「社会福祉士」を（ソーシャルワーカー）と「介護福祉士」を（ケアワーカー）と定義している。つまり，介護福祉援助活動は介助・介護技術のみならず人間全体を視野に入れた対人援助であり，その方法はソーシャルワーク（社会福祉援助活動）の領域に含まれることを基本理念とするものである(23)。

ところで，ソーシャルワーク（社会福祉援助活動）は社会福祉援助技術を用いると共に，さまざまな社会資源を活用して個々の生活問題に対して生存権，幸福権を追求・充足することにより，利用者の自立援助を主目的とする社会福祉の実践体系である。その方法として周知の通り，直接援助技術（ケースワーク，

図表 2-10　ケアワーク業務の傾斜化

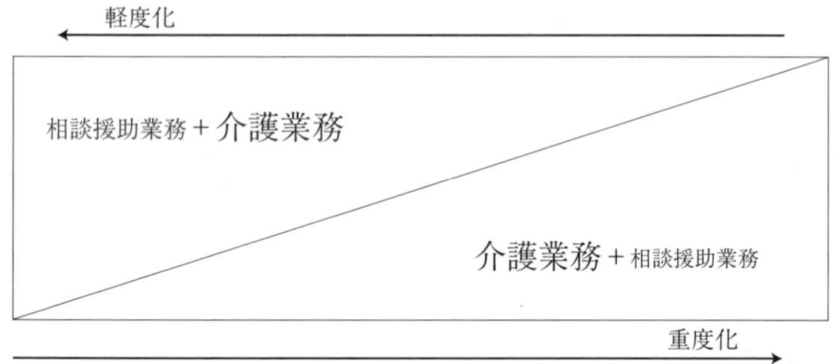

（出所：成清美治「ケアワーク」糸川嘉則総編集，交野好子・成清美治・西尾裕吾編集『看護・介護・福祉の百科事典』朝倉書店　2008　p.359）

グループワーク）と間接援助技術（コミュニティワーク，社会福祉調査法，社会福祉運営管理，ソーシャルアクション，社会福祉計画法）があるが，問題となるのは両者の関係である。

そこで，両者の関係を広義と狭義について述べることにする。まず，広義であるが，両者はきわめてヒューマニズム的な精神に基づきサービス利用者の生活問題に対して専門的技術（利用者に対する専門的援助方法）・知識（専門職として具備すべき知識・智識）・価値／倫理（援助活動での行動の羅針盤・指針）を共通基盤とした社会福祉援助技術活動を実践する社会福祉専門職であると規定することができる。

次に，狭義であるが，ソーシャルワークの業務は個人・家族・集団・地域等の生活問題を解決・支援するための相談援助活動であるのに対して，ケアワークの業務は直接的・具体的サービス（身体的援助，生活援助）とソーシャルワーク援助（心理的・精神的援助）ならびに地域・社会的援助である（図表 2-2 参照）。しかし，その業務は主として身体に対する直接的処遇援助となっており，介護の程度が重度化するにつれて，相談援助業務の割合が低下する（図表 2-10 参照）。

原則としてケアワークは社会福祉援助活動に組み入れられ，その援助技術は主として直接的援助技術を用いる関係から業務内容の大部分は介護技術が占めるのである。そのため狭義のソーシャルワークとは援助形態が異なるため広義のソーシャルワークとして捉える必要がある。なお，両者（ケアワーカーとソ

図表 2-11　ナース・ケアワーカー・ソーシャルワーカーの固有性

	領域	対象	ニーズ	機能	特徴
ナース（看護師）	医療	健康問題を抱える人	病状の安定的処置 精神的安定処置	診療の補助 療養上の世話 医療機器取扱い等	治療回復の支援
ケアワーカー（介護福祉士）	福祉	福祉サービス利用者	要支援・要介護者，生活全般の介護，相談援助，福祉機器利用等	身体援助，生活 生活援助，心理的・精神的援助 社会的援助等	主として身体援助
ソーシャルワーカー（社会福祉士）	福祉	福祉サービス利用者（クライエント）	相談・援助の要望	直接的・間接的援助技術にて，相談・援助を行う	主として心理的・精神的相談援助

（出所：成清美治『ケアワーク論』学文社　1999　p.14 一部修正）

図表 2-12　ナース，ケアワーカー，ソーシャルワーカーの固有性・関連性

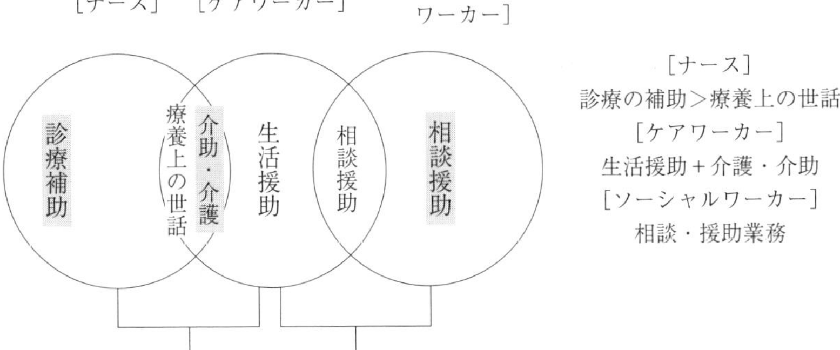

（出所：糸川嘉則総編集・交野好子・成清美治・西尾祐吾編集『看護・介護・福祉の百科事典』朝倉書店　2008　p.361　一部修正）

ーシャルワーカー）の関係は同一線上の相互補完関係にあるといえる。

8．ナースとケアワーカーとソーシャルワーカーの関係

ここまで，3者（ナース，ケアワーカー，ソーシャルワーカー）の関係について各々を比較しながらその相違について検討をしてきた。最後にその関係について図表2-11，2-12を参考にして論ずることにする。

まず，3者の関係であるが図表2-11の通りとなっている。ナースは元来「治療」の原因を追究することにより個々の健康回復（病気・病巣の除去）をめざす概念である「医学モデル」におけるサポートの役割を果たしてきた。しかし，近年では生活環境から派生（生活環境の不調和）する疾病，つまり生活環境を起因とする病気に対する働きかける「生活モデル」までその業務領域が拡大化し，これまでの治療のサポートから健康のサポートへ拡大化しつつある。このことは高齢社会が進展化するなかで避けられない問題でもある。これに対して介護福祉士ならびに社会福祉士法の成立背景に高齢者のソーシャル・ニーズならびにケアワーク・ニーズの拡大現象があったことは否めない事実である。つまり，看護も福祉も「医学モデル」から「生活モデル」への変容を迫られていたといえる。ところが両者の業務はケアワーカーが身体的，精神的な障害に起因する日常生活の支障に対して介護技術を用いて軽減または排除する介護サポートであるのに対してソーシャルワーカーは身体的または精神的に障害があるために生ずる日常生活の支障を軽減・除去するために福祉に関する相談援助に応じ助言・指導するとなっている。つまり，その主たる業務はこれらの問題を抱えた人々に対する相談サポートである。今後ますます高齢化率の上昇と疾病構造（慢性疾患・精神疾患の拡大化）の変化により，わが国において従来の医学モデル一辺倒では対処できない社会構造が出現する時代にあって，「生活モデル」の実践をナースとケアワーカーとソーシャルワーカーの3者がより緊密な関係を構築していくことが，より適切かつ効果的な高齢者あるいは障害者等のニーズを掌握することとなるのである（図表2-12参照）。そのためにナース（看

護師）とドクター（医師）との縦断的関係から横断的関係の確立（自立性），それに伴う医師から看護師への慢性疾患に関する基礎的医療行の委譲，ケアワーカーの看護に関する基礎的知識・技術の習得と生活介護に関わるケアワーカーに対する医療行為の緩和（今後，一部の医療行為が緩和される状況にある），ソーシャルワーカーの専門性の深化と社会的認知等が問題となろう。

９．介護保険制度のもとでのケアワークの課題

(1)　ケアワークの臨床／技術的側面に関する課題

介護保険制度が施行されて３年目を迎えるが，様々な問題が露呈している。その１つに介護における「医療行為」の問題を指摘することができる。近年医療依存度の高い要介護者が増加するなかで介護職が医師並びに看護職の指示（時には非指示の場合もある）のもとで医療行為をすることがあると施設関係者から漏れ聞いている。この件について詳しく実情を知るための調査を某県，某市の老人福祉事業会，老人福祉連盟，そして老人保健施設協会に依頼したがすべて断られる結果となった。その主たる事由は，医師会あるいは医療関係者との摩擦を避けるためということであった（ということは現実に法律にふれる医療行為が行われているという証しでもある）。

原則，医療行為は「医師法」第17条「医師でなければ，医業をしてはならない」と明記してある通り医師の業務独占となっている（同条に違反した者は３年以下の懲役若しくは100万円以下の罰金に処せられることになっている）。また，「社会福祉士法及び介護福祉士法施行規則」第27条第１項「社会福祉士及び介護福祉士は，その業務を行うに際し，医療が必要となつた場合の医師をあらかじめ，確認しなければならない」とある。また第２項「社会福祉士及び介護福祉士は，その業務を行うに当り，医師その他の医療関係者の関与が必要となった場合には，医療その他の医療関係者に連絡しなければならない」と，利用者に医療行為の必要性が発生した場合必ず医師に連絡する義務を規定して

いる。また,「保健師助産師看護師法」の第31条第1項においても「看護師でない者は,第5条に規定する業(傷病者若しくはじょく婦に対する療養上の世話又は診療の補助—医師の指示を受けて行う医行為の補助—を行うことを業とする者)をしてはならない。ただし,医師法又は歯科医師法(昭和23年法律第202号)の規定に基づいて行う場合は,この限りではない」とある(括弧内は著者が加筆)。以上から,介護福祉士は利用者に医療行為の必要性が生じた場合,医師並びに看護師に連絡・報告する義務はあるが,医療行為は行ってはならないことがわかる。しかし,高齢者なかでも後期高齢者(要介護者)が現実に増加していること,加齢に伴う痴呆や身体症状の進行,疾病の合併化,急変化による医療処置を必要とする事態が近年多発している。こうした事態に対して,医療機関に併設された介護老人保健施設や介護老人福祉施設のような複合型は別として,1法人1施設のような単独型は診療所を併設するか医療機関との連携が必要となった。しかし,相対的な問題として現行法の下での職員配置基準が厳しいのが現実である。スタッフとして充分な医師や看護職員が配置されていれば,主として応急時の「経管栄養」「摘便」「浣腸」「軟膏塗布」「膀胱洗浄」等の処置に対する介護職員による法律違反の医療行為は行われることはないのである。介護報酬体系が職員の配置基準と関係なく要介護度に基準を合わせている関係上,個々の施設が安易に職員の増員を図ることは経営上困難である。そこで,具体的対策を挙げると次のようになる。① 国の介護老人福祉施設の職員(特に看護職員)の配置基準割合の見直し,② 介護職員の看護技術の現任訓練,③ 介護福祉士養成段階での「基礎看護学」の導入等が考えられる。ケアワーカーと保健・医療職との連携が介護保険制度の課題であるが,この3分野の連携があってはじめて利用者のQOL(生活の質)の向上ならびにその家族との協力関係を維持することが可能となる。そのためにケアワーカーが他の専門職と「水平関係の連携」を図るため自らレベル・アップすることが望まれる。

(2) ケアワークの制度／政策的側面に関する課題

周知の通り，ケアワーカーの活躍場面の多くは介護保険制度のもとでの実践であるが，個々のサービスの報酬（単位）は同制度により定められている。従って，保険システムの原理・原則によりサービス利用率（要介護認定者のサービス利用）が上昇すればするほど，二律背反（利用率の向上と保険料の負担増という相互に矛盾する2つの命題）に陥る結果となり保険財政に影響を与えることになる。

介護保険制度創設の狙いは保険・医療・福祉の連携と高齢者医療費の削減にある。ゆえに，給付面において医療給付と介護給付を医療保険制度と介護保険制度に分離して給付することとなった。しかし，本来，医療と介護は分離されるものではなく，相互補完関係にあり，両者が融合されるところにケア（医療的，看護的，福祉的）の相乗効果が期待される。介護問題は疾病・障害（神経疾患：脳血管障害等，廃用症候群：内科的疾患に基づく長期臥床，疾病等による自発性の低下，運度期疾患：骨折・転倒，リウマチ・疼痛等）から生じるのが通常であり，そこに医療と介護の2つの問題が同時に介在するのが常態である。ゆえに，財政的側面のみ重視した給付面における医療と介護の分離ではなく，保健・医療・障害・家政等日常生活の各側面から医療と介護が融合するような「トータルケアシステム」（保健・医療・福祉の連携を前提としたケアシステム）が必要となる。また，その目標を達成する為に医療と介護サービスの給付を統合した高齢者医療保険制度の創設が必要である。

ケアワークについて，著者の従来からの思考方法を介護保険制度と若干絡ませて論述してきた。介護福祉士の養成が始まり20年以上が経過するなかで，量的に福祉マンパワーの中核的存在と成りつつある（2005年8月現在，46万7,505人が登録している）。しかし，質的な側面からみるとまだまだの感がする。その原因は2つある。1つは，ケアワーク（介護福祉援助活動）の枠組（理念・業務内容・他領域との関連性）の問題とケアワーカー（介護福祉士）の養成課程の問題である。前者に関しては，養成開始当初に比較してケアに関する著作ならびに論文も多数著されるようになった。しかし，確固としたケアワークの枠組の構築には至っていない。その理由は，欧米福先進国にみられる「ケア」という捉え方と，わが国における「介護」という捉え方の差異にある。また，後者の問題に関しては介護保険制度のもとで保健・医療・福祉職の連携が行われるなか，現実には介護職が看護・保健職に統合化される状況にある。その理由は，① 介護福祉士の養成がかつて，看護系の教員によってスタートしたということ，② 保健師・看護師・助産師の養成に比較して，医学的知識習得時間が短いということ，そのため介護福祉士は全般的に医学的あるいは看護的知識が脆弱である，③ 看護師等は国家試験合格者のみが有資格者となるのに対し，これまで，介護福祉士の多くは養成課程を終えれば国家資格が得られることが可能であったこと（2007 年 11 月の「社会福祉士及び介護福祉士法）」の改正により，介護福祉士にも国家試験が導入されることとなった）。国家試験の導入によって，質の高い介護福祉士が養成されることを期待する。

本章は拙稿「ケアワーク論」『介護福祉研究』Vol.10　No.1　2002（岡山県介護福祉研究会・中国四国介護福祉学会・日本ケアワーク研究会）を大幅に加筆，修正して掲載した。

[注]

（1） シスター・M・シモーヌ・ローチ著／鈴木智之・操華子・森岡崇訳『アクト・オブ・ケアリング―ケアする存在としての人間』ゆみる出版　1996　p.1

（2） 成清敦子「ソーシャルケア」糸川嘉則総編集，交野好子・成清美治・西尾裕吾編集『看護・介護・福祉の百科事典』朝倉書店　2008　p.354

（3） 成清美治「介護福祉の政策」岡本民夫他編『介護福祉入門』有斐閣　1999　p.230

（4） 成清美治「介護福祉と社会福祉援助技術論」岡本民夫・成清美治・小山隆編『社会福祉援助技術論』学文社　1995　pp.52-53

（5） 成清美治『ケアワーク論―介護保険制度との関連性のなかで』学文社　1999　p.158

（6） 2002 年度関西社会福祉学会研究大会シンポジウム「21 世紀社会福祉の課題

と展望」―価値・政策・方法―における大阪市立大学大学院教授白澤政和氏の発表資料より

（7）　岡本民夫・久恒マサ子・奥田いさよ編『介護概論』川島書店　1994　p.7

（8）　黒川昭登『現代介護福祉論―ケアワークの専門性』誠信書房　1989　p.12

（9）　成清美治・加納光子『現代社会福祉用語の基礎知識（第9版）』学文社　2009　p.65

（10）　岡本民夫・久恒マサ子・奥田いさよ編『介護概論』川島書店　1989　はしがき

（11）　秋山智久「社会福祉における専門性と専門職―自立との関連において」『社会福祉学』第29-1号，日本社会福祉学会　1998年6月　p.6

（12）　同上　p.8

（13）　一番ヶ瀬康子「『社会福祉学』の独自性と展開」『社会福祉研究』第41号　鉄道交済会　1987年　p.24

（14）　京極高宣「ソーシャル・ワーカーの職務の専門性とは何か」『社会福祉研究』第41号　鉄道弘済会　1987　p.25

（15）　岡本民夫「社会福祉の専門性とは」仲村優一・秋山智久『明日の福祉⑨福祉のマンパワー』中央法規　1988　p.60

（16）　奥田いさよ『社会福祉専門職性の研究―ソーシャルワーク史からのアプローチ』川島書店　1922　p.102

（17）　スペクト・ハリー著／京極高宣・高木邦明監訳『福祉実践の新方向』中央法規　1991　pp.322-323

（18）　広井良典『ケアを問い直す』ちくま新書　1997　p.16

（19）　成清美治『ケアワークを考える』八千代出版　1996　pp.91-92

（20）　成清美治「介護福祉と社会福祉援助」『社会福祉援助技術』学文社　1997　p.54

（21）　ヴァージニア・ヘンダーソン著／湯槇ます・小玉香津子訳『看護の基本となるもの（改定版）』日本看護協会　1973　p.9，22

（22）　前掲（4）p.17

（23）　前掲（3）pp.57-58

[参考文献]

黒川昭登『現在介護福祉論―ケアワークの専門性』誠信書房　1989

三富紀敬『イギリスのコミュニティと介護者』ミネルヴァ書房　2008

三富紀敬『欧米のケアワーカー』ミネルヴァ書房　2005

日野原重明『ケアの新しい考え方と展開』春秋社　1999

第3章　ケアワークの原理と哲学・倫理

1．ケアワークの原理をめぐる理論

この節ではケアワーク（介護福祉援助活動）の原理を明らかにすることが命題となっているが，その原理を明らかにすることは，共に共通基盤（知識・技術・価値／倫理）に立脚している社会福祉の原理を明らかにすることにもなる。すなわちケアワークの原理＝社会福祉の原理となる。

本来，原理（principle）とは，哲学や教学（教育と学問）を論ずる場合の法則や原則である。現代社会における社会福祉の原理とは，社会福祉の実践・方法と社会福祉の制度・政策が立脚する根拠であり，その理念（根本的な考え方）

図表 3-1　ケアワーク（＝社会福祉）の原理

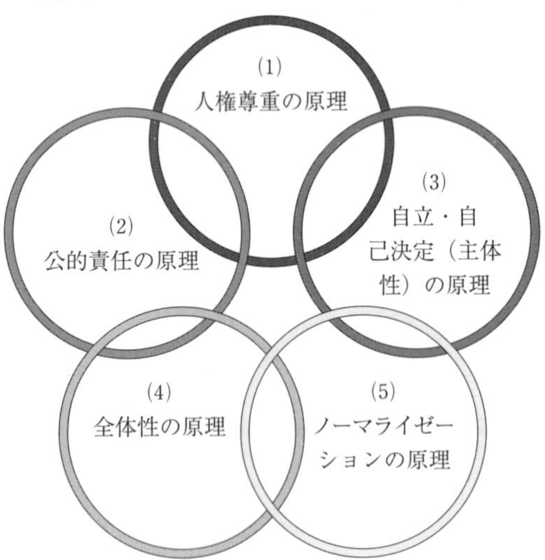

であるといえる（図表3-1参照）。すなわち，一般的に原理は思想や価値によって支えられているものであり，ゆえに対象となる社会的現象に対して視点とか尺度を示すものである[(1)]。ケアワークの原理は，国民にとって普遍的かつ共通理念に基づいたものでなければならないのである。

そこで，社会福祉の原理を構成する項目を挙げると次の(1)~(5)のようになるが，以下でそれぞれの意味と内容について述べる。

(1)　人権尊重の原理

すべての原理に優先し，かつ社会福祉の原理の基盤となる「人権尊重の原理」について述べることにする。まず，人権（Human Rights）の意味であるが，これはあらゆる人々が生まれながらにもっており，誰にも侵されない権利をいう。すなわち，法の下では思想，良心，宗教の自由，表現の自由，集会・結社の自由等が保障されているのである。歴史的に人権宣言として有名なのは，イギリスとの戦争後，13の植民地の独立をするきっかけとなったジェファーソン（Jefferson, Thomas）が起草した「アメリカ独立宣言（The Unanimous Declaration of the thirteen United States of America）」（1776）とフランス革命の基本的文書で，ルソー（Rousseau, Jean Jacques）の「社会契約論」の“自由・平等・博愛”思想やモンテスキューの「法の精神」の権力分立等の影響を受けて，ラファイエット（Lafayette, Marie Joseph）が起草した「フランス人権宣言（Déclaration des Droits de l'home et du Citoyen）」（1789）がある。ともに「すべての人間は平等である」と唱え，国家構築の基本理念となった。人権保障の国際的規範（基本原理）となったのが，第2次世界大戦後，国際連合総会で採択され成立した「世界人権宣言（Universal Declaration of Human Rights）」（1948）である。この宣言は前文と30条より成り立っている。この宣言の特徴は，すべての人間は生まれながらに自由であり，かつ，尊厳と権利とについて平等であり，人は人種・皮膚の色・性・言語・宗教・国等において差別されないとしていることである。なお，世界人権宣言は法的拘束をもたなかったため限界があった。そこで同宣言に法的拘束をもたせた国際人権規約（International Covenants on Human Rights）が1966年の国連総会において採択された。わが国は1979年に同規約を批准した。

下の図表3-2は，人間が生まれながらにして有する基本的人権（Fundamental Human Rights）である。この基本的人権は，固有性，不可侵性，普遍性の3つの性格を有する。

日本国憲法において，基本的人権（人間が生まれながらにして，有している権利）として，① 平等権，② 自由権，③ 社会権が規定されている。まず，① 平等権とは法の下における平等を意味することであるが，第14条において，「全て国民は法の下において平等」であるとし，「国民の平等性」を定めている。また，第24条では「両性の平等」を規定し夫婦の平等の権利を認めている。そして，② 自由権とは基本原則として国家からの権力介入を排除し，個人の自由を保障する権利であるが，精神的自由として，日本国憲法の第19条で「思想及び良心の自由」，また，第20条では「信教の自由」，そして，第21条の「集会・結社・表現の自由，検閲の自由」，あるいは第23条で「学問の自由」等において国民の自由権を定めている。次に人身の自由として，第18条の「奴隷的拘束及び苦役からの自由」，第31条にて「生命及び自由の保障」等を規定している。最後に経済的自由であるが，第22条第1項にて「居住，移転，職業選択の自由」を規定し，第29条第1項にて「財産権の保障」の自由を定めて

図表 3-2　日本国憲法の下での基本的人権

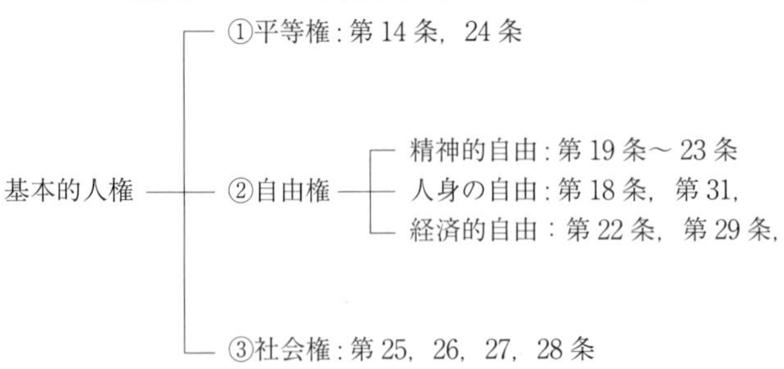

いる。

③社会権とは，国家に対する人間らしい生活を営むことを請求する権利である。

社会権を高らかに謳っているのが，第25条である。

(2)　公的責任の原理

戦後，日本の社会保障はシビルミニマム（国民生活の最低保障）理念の旗印のもとで出発した。そして，社会福祉政策は，「無差別平等」「国家責任」「必要即応の原則」「公私分離の原則」の原則のもとで実施された。戦後の福祉サービスは，公私分離の原則とそれを規定した憲法第89条（「公の財産の支出・利用制限」）のもとで，行政指導（画一的サービス）による措置制度によってスタートしたのである。

この制度の特徴は，サービスの定型化であるが，財政的あるいはサービス提供責任の所在が国に存在することを明確にしている。この公的責任の法的根拠は，日本国憲法第25条「すべて国民は，健康で文化的な最低限度の生活を営む権利を有する。②国すべての生活部面について，社会福祉，社会保障及び公衆衛生の向上及び増進に努めなければならない」（国民の生存権，国の保障義務）と，第13条「すべて国民は，個人として尊重される。生命，自由及び幸福追求に対する国民の権利については，公共の福祉に反しない限り，立法その他の国政の上で，最大の尊重を必要とする」（幸福追求権）である。この基盤となったのが措置制度であった。なかでも国民の最低生活の保障と自立助長を目的とする生活保護法は第1条にて第25条の理念を取り入れている。

ただ，近年，同法の解釈は，国民の法的権利説ではなく，国の努力目標であるというプログラム規定説が有力となっている。すなわち，措置制度のもとにおいて国の公的責任が明確されていたが，社会保障基礎構造改革・社会福祉基礎構造改革以降，公的責任の所在が後退し，サービス利用者とサービス提供事業者間の調整役としての存在がクローズアップされている。具体的には，介護保険制度成立以降の営利を目的とした民間事業者の居宅介護サービスへの参入である。このことによって，社会福祉事業からの公的サービスの撤退が随所にみられるようになった。

同時に戦後一貫して，わが国の社会福祉サービス提供を担ってきた社会福祉法人においてもこれまでの硬直的経営の改革，サービスの充実・向上が求められる。地域福祉の推進を図るため，一連の改革のなかで，社会福祉事業法が社会福祉法に改定され，社会福祉法人に対して「経営の原則」(同法24条) の条文が新たに設けられた。つまり，社会福祉法第24条は，「社会福祉法人は，社会福祉事業の主たる担い手としてふさわしい事業を確実，効果的かつ適正に行うため，自主的にその経営基盤の強化を図るとともに，その提供する福祉サービスの質の向上及び事業経営の透明性の確保を図らねばならない」とし，社会福祉法人に経営の理念が明確に導入された。このことによって，社会福祉法人の公的責任のあり方に変化をもたらした。これにより，サービスの質の向上と経営理念の導入に伴って，市場原理における「一私企業」(福祉企業) としての立場がより鮮明となった。

この間，福祉の公私関係に新たなる変化がみられるようになった。その理論的背景となったのが福祉ミックス論をはじめとする福祉多元主義 (welfare pluralism) である。その考え方は，従来の社会福祉サービスの供給における公的部門中心と私的部門 (民間営利部門，民間非営利部門，インフォーマル) との合体である。これによって社会福祉サービス供給の多元化が可能となり，公私の役割分担が明確となり市場型供給サービスが始まった。

三浦文夫は，主著『社会福祉政策研究 (増補改訂)』(1995) のなかで，社会福祉の供給システムを，① 公共的福祉供給システム：サービスの供給主体が国又は地方公共団体で，ア，国・地方公共団体による供給組織 (行政型福祉供給組織) とイ，「措置」が委託された民間団体 (認可型民間福祉供給組織) に分類している。また，② 非公共的福祉システム：サービスの供給主体が非公共的なもので，ア，営利を目的とする供給組織 (市場型福祉供給組織) とイ，宗教上の目的や特定の集団目的或いは愛他主義，相互連帯の理念に基づいた供給組織（参加型福祉供給組織）に分類している[2]。

このように今日の社会福祉供給サービスのあり方は社会情勢の変化に伴って変容しているが，社会福祉の目的が「人間の生活問題の諸困難を援助する」（＝生活上の困難）ことである限り，そのサービス供給体制は，時の経済状況，社会状況に左右されるものであってはならないのである。すなわち，社会福祉の対象が全国民である今日において，日本国憲法第25条の「生存権」，同第13条の規定のみならず，社会福祉の問題が個人・家族・団体と社会との間に介在する限り，個人あるいは家族・団体の抱える生活（者）の問題は社会的問題として捉える必要がある。その基本的視点は，人権の保障，人間の尊厳であり，そのサービスは，社会全体（公・私）が責任をもって提供すべきものである。ゆえに「福祉サービス」でなく，「社会福祉サービス」でなければならない。よって，社会福祉サービスの供給主体は多元化・多様化されているが社会的責任として，公的責任（公的部門）が主であり，非公的責任（私的部門）が従となる社会福祉サービス供給体制を維持すべきである。

(3)　自立・自己決定（主体性）の原理

人間関係の構築が複雑化あるいは人間関係そのものが希薄化した現代社会にあって，われわれは，デフォー（Defoe, Daniel）の代表作である『ロビンソン・クルーソーの生涯と奇しくも驚く冒険（*The life and Strange Surprising of Robinson Crusoe*）』（1719）のなかで描かれている無人島に漂着したロビンソン・クルーソー（Robinson Crusoe）のように他者の助けを受けずに日々の生活を送ることは困難である（ロビンソンも，のちに従僕を従えるが）。いわんや高齢者・障害者等にとって，誰の世話（依存）もなく自立した生活を送ることは，至難の業である。

ただし，自立にとって障害となるのがスティグマ（stigma：烙印）の問題である。すなわち，自立への援助過程において「援助される側」が「援助する側」

からスティグマを付与されると「好ましくない人物」とのレッテルが貼られ，当事者にとって言われなき差別を受けることになる。この問題が現代社会においても常在していることを援助する側は認識することが大切である。

ところで，「自立」とは，他者の援助や支配を受けずして物事の判断を決定する自己決定権あるいは自己管理能力をいうが，社会福祉の対象は自立・自己決定のために援助を必要とする人々であるので，社会福祉援助は，すべて自立生活を実現するための援助である。この自立であるが，これには，①「実行の自立」と，②「決定の自立」がある。前者は，ある事柄に対して自らの意思に基づいて決定し，実行することができる能力に何らの問題も抱えていない場合である。これに対して，後者は，高齢や障害等で自らの意思をもっていても自分で日常生活を切り拓いて行くことが困難な場合である。すなわち，他者の援助によって自立が実現することができる人々である。このように社会福祉の援助・支援は経済的，精神的に自立・自己決定が困難な人々を対象とする。なお，「じりつ」には，前述したように他者の力を借りないで生活することができる「自立」(independent) と精神的に依存しない「自律」(autonomy) があるが，社会福祉におけるサービスの領域は，前者は主として経済的支援の領域に属し，後者は精神的，心理的支援の領域に属するが，両者とも自立・自己決定に関わる援助であり，当事者の主体性を尊重したもので，社会福祉の原理の一翼を担っている。

(4) 全体性の原理

全体性の原理は，岡村も指摘しているように社会福祉の援助の対象である個人・家族と社会（制度）との間に介在する困難・影響を発見，除去する上において個々の「生活を全体として理解する」ことが必要である。すなわち，社会福祉援助は社会生活上の基本的要求（ニード）を充足するためにさまざまな社会的困難（経済的，精神的・心理的，社会的問題等）を発見し取り除くための援助をし，個人や家族等の生活と社会との関係を調和させることである。そのためには，まず，個人・家族の生活の回復，自立を促進するため，インフォーマルな側面では，個人・家族の自立への支援のため親類縁者や近隣の住民の相互扶助・ボランティア等が必要となるが，一方，フォーマルな側面においては，社会福祉実践・方法と社会福祉制度・政策並びに社会保障等関連施策の充実が必要となる。

(5) ノーマライゼーションの原理

ノーマライゼーション（normalization）の理念は周知の通り，デンマークのバンク-ミケルセン（Bank-Mikkelsen, Neils Erik）によって提唱された。この理念は当初，知的障害者の全人的復権を目的として彼が提唱したが，その目的は全ての人々が共に生きる社会，すなわち共生社会の実現にある。この根底には彼の生育環境ならびに戦争での強制収容所生活が多大なる影響を与えている。この理念を原理化したのが，スウェーデンのニーリエ（Nirje, Bengt）である。彼はノーマライゼーションの具体的目標を「８つの原理」とした。それは，①１日のノーマルなリズム，②１週間のノーマルなリズム，③１年間のノーマルなリズム，④ライフサイクルでのノーマルな体験，⑤ノーマルな要求の尊重，⑥異性との生活，⑦ノーマルな経済的基準，⑧ノーマルな経済的基準等で，これらの原理は，どんなに障害が重くとも権利として保障されるべきであるとしている。また，アメリカのヴォルフェンスベルガー（Wolfensberger, Wolf）は，主著『ノーマライゼーション――（*The Principle of Normalization in Human Services*）』（1982）のなかでノーマライゼーションの原理を「可能な限り文化的に通常である身体的な行動や特徴を維持し，確立するために，可能な限り文化的に通常となっている手段を利用すること」[(3)]と定義している。すなわち，彼が展開するノーマライゼーション原理の特徴は，地域性を強調し，地域における文化的手段を活用すべであるとし，ノーマライゼーションと地域における文化との関係性を重視した。

このように，ノーマライゼーションの原理は，障害者を特別扱いせずいかに地域社会のなかで一般の人々と同じ日常生活を送ることができるよう支援できるかということである。このことは障害者のみならず高齢者や母子等ハンディを負ったすべての人々に対して地域社会で自立した生活を営むことができるよう援助することを意味している。われわれは生活の基盤を従来から慣れ親しんだ地域社会で継続して営むことが理想である。そこには友人・知人等近隣社会での交友・友情関係が存在しており，心の「安堵」と生活上の「安全」が保障されている。すなわち，地域社会での生活の継続が人間性を発揮させ，近隣住民とのコミュニケーションを構築することにつながると同時に，ニーズに適切に対応した社会サービスを実現することが可能となる。こうしたことからノーマライゼーションの思想は障害者だけのものではなく，すべての社会福祉ニーズを必要とする人々にとって，地域社会での生活の継続・継承を具現化するための原理である。そのためには，就労の保障，交通の利便性，年金・医療の保障，在宅福祉サービスの充実等の地域生活での自立支援の整備が必要となる。

ノーマライゼーションの原理を支える理念として，クオリティ・オブ・ライフ（Quality of Life：QOL）がある。この考え方は，社会の進展とともに，人々のニーズが多様化，高度化するなかで，人々の生活の基準に対する考え方も従来の「量」的なものから「質」的なものに変容した。たとえば，これまでの基準でいくと，対象者は日常生活動作（Activities Of Daily Living：ADL）を基準として，リハビリテーションを実施していたため，ADL の「自立」可能な障害者に対するものであった。そのため重度の障害者は日常生活において自立が不可能なためリハビリテーションから除外されていた。しかし，QOL の理念は，重度障害者であっても介助者をつけることにより，日常生活の「自立」が可能

図表 3-3　QOL の構造

QOL
- ① 生活の質（生物レベル）：摂食，起居動作，整容，排泄，入浴，家事等
- ② 生命の質（個人レベル）：疲労，痛み，嚥下障害，食欲不振，呼吸困難等
- ③ 人生の質（社会レベル）：仕事，住居，社会参加，文化・レジャー等がある。

となる。すなわち，この考え方によって，ADL に基づく自立が不可能であっても介助を受けながら地域社会で QOL を高めることによって，日常の生活が実現するのである。

2．ケアワークの原理をめぐる哲学と倫理

(1)　ケアワークと哲学の関係

1）哲学とは

前節で述べたようにケアワークの原理（＝社会福祉の原理）は，①人権尊重の原理，②公的責任の原理，③自立・自己決定（主体性）の原理，④全体性の原理，⑤ノーマライゼーションの原理等の諸原理によって構成されている。これらの原理を支える基盤として，人間の存在の本質・事物の本質を問う哲学（フイロス（愛）とソフィア（知）の結合した語）や社会規範，人倫のみちである倫理（ethics）の存在・あり方が重要となる。

哲学とは，かつてはあらゆる学問一般を意味したが，実証科学の発展とともに一学問領域となった。すなわち，存在や認識の存立を問う学問となったのである。この哲学の根源は古（いにしえ）のギリシャ時代に求めることができる。すなわち，ギリシャ時代の哲学は，①ソクラテス（Sōkratēs）以前の人間をとりまく自然との関係を中心に展開し，事物の本質を論理的に解明する，②道徳の規準を人間の内面に求め，「徳は知である」と説いたソクラテス，「イデア論」（真の本質は日常世界を超えたところにある）を唱えたプラトン（Platōn），プラトンのイデア論を批判し，日常生活に現実に存在するもののみが本当に存在するものであるとし，「最高善と幸福」を唱えたアリストテレス（Aristoteles）等がポリスの生活における人間の生き方を展開する，③3賢人のあとに派生した，ヘレニズムとストア派の思想によるポリスにおける市民から世界に生きる市民（「世界」のなかの「個人」）の問題を対象とする等，に分類することができる。

社会福祉の目的概念（＝社会福祉の目標）は，人間の福祉（幸福）にある。こ

の目的概念を達成するために社会福祉の実体概念（社会福祉の手段・方法）として，社会福祉実践・活動と社会福祉制度・政策がある。この両者の機能的かつ有効的連携により，社会福祉の目標である国民の幸福を達成することが可能となる。

戦後，わが国の社会保障・社会福祉制度がスタートし，当時の社会福祉の目標は，「生活困窮者の保護」であった。しかし，今日においても，目的概念は国民の幸福に変わりはないが，貧困階層を対象とした国民の最低生活の保障から，国民全体を対象とした生活の安定に変化した。そのため，社会福祉サービスの内容もニーズの多様化・多種化に伴って，かつての画一的な福祉サービスから多様な福祉サービス体系に変化した。こうしたなか，ノーマライゼーション（normalization）原理は，障害者のみならずハンディをもった者が可能な限り，地域社会での自立した日常生活を実現するための社会福祉の政策・施策であり，社会福祉実践・活動であるが，世界各国の福祉の目標となっている。

さて，われわれが住み慣れた地域社会で自律・自立した幸福な生活（＝「健康で文化的な生活」）を送るためには，地域社会における相互扶助（ロシアの無政府主義者で地理学者であるクロポトキンがダーウィンの生存競争説に反対して唱えた相互扶助論）が必要となる。このことが，地域住民間のコミュニケーションを図り，閉じこもりがちな，高齢者や障害者の物理的，精神的な孤独感や孤立感を排除することにつながる。われわれは日常生活において，日々の安定した暮らしを享受する前提として，人権尊重と幸福権を有している。その証として，日本国憲法第13条では，個人の尊重と幸福権を保障している。われわれはこの条文のもとで公共の福祉に反しない限り幸福追求権が認められているのである。

図表 3-4　クロポトキンの相互扶助論

- ①動物世界における相互扶助（自然との闘争）
- ②人類世界における相互扶助（村落共同体とギルドの相互扶助の理論化）

2）ケアワークと哲学

ここでは，ケアワーク（＝社会福祉）と哲学の関係について述べる。阿部志郎は「福祉の哲学とは，福祉とは何か，福祉は何を目的とするか，さらに人間の生きる意味は何か，その生の営みにとって福祉の果たすべき役割は何かを根源的かつ総体的に理解することであるが，それには，福祉が投げかける問いを学び，考えることである」と福祉の哲学についてのべている(4)。本来，哲学とは世界・人生の意味について考える学問で既述したように古代ギリシャから発展したのである（ギリシャにおける哲学は学問全般を意味する）。社会福祉の目標はすべての人々が希求する幸福であるが，幸福について考察することは正しく人生の意味を考えることであり，哲学そのものである。そこで，諸賢人の「幸福論」を俎上（そじょう）に載せて社会福祉の目的概念である人間の福祉（＝幸福）について考えることにする。古代ギリシャにおいては，幸福が普遍的目的として挙げられることが自然であった。ソクラテスは「よく生きる」ことが幸福であるとした。しかしながら，ギリシャ哲学において「幸福論」を展開したのは，アリストテレスであった。彼は主著『ニコマコス倫理学（*Ethica Nicomachea*）』のなかで，人間が生きる上において常に希求するものが「善」（アガトン）であり，われわれの達成しうるあらゆる善のうち最上のものは「幸福」（エウダイモニア）であり，よく生きているということ，よくやっていることが幸福と同じ意味であることに関してほとんどの人の意見が一致していると述べている(5)。また，同書では幸福を構成するものとして，①「政治的生活」から気づかされる幸福，②「享楽的生活」から気づかされる幸福，③「観照（智慧をもって物事の真実の姿をとらえる）的生活」の提示する幸福等を挙げている(6)。近代以降，ポリス共同体を基盤とした幸福実現を唱えたアリストテレス幸福主義論は快楽主義的な幸福主義として，イギリスの経験論者であるロック（Locke, John）や，功利主義者であり「最大多数の最大幸福」を掲げたベンサム（Bentham, Jeremy）等によって展開されることになる。また，個人主義的あるいは利己主義的幸福主義を唱えたのが法思想家であるホッブス（Hobbes, Thomas）

である。一方，他者の幸福や社会的福祉を含意する場合は社会的幸福主義といわれているが，ホッブスの利己主義を批判し，人間における利他的な面を重視したのが，イギリスの道徳哲学者であるシャフツベリー（Shaftesbury, Anthony Ashley Cooper）や同国の哲学者で神学者であるカンバーランド（Cumberland, Richard）等であった(7)。なお，以上のように福祉と哲学（幸福論）との関係について述べてきたが，人間にとって客観的に幸福であるということは，憲法第25条に定めている「健康で文化的な生活」を意味する。

すなわち，幸福とは一般的には個人の欲求・要求が持続的に満たされた状態をいうが，岡村重夫は社会福祉の基本的要求として以下の7つを挙げている。すなわち，① 経済的安定，② 職業的安定，③ 家族的安定，④ 保健・医療の保障，⑤ 教育の保障，⑥ 社会参加ないし社会的協同の機会，⑦ 文化・娯楽の機会等である(8)。これらの基本的要求が充足されることにより，幸福を実感することができるのである。

なお，他に著明な幸福論としては，イギリス人で哲学者であり，数学者でもあるラッセル（Russell, Bertrand）の『幸福論（*The Conquest of Happiness*）』(1930)，フランス人で，モラリストであるアラン（Alain：本名シャルティエ・エミール（Chartier, E.））の『幸福論（*Propos sur le Bonheur*）』(1928)，そして，スイス人で法律家であり，政治家・宗教家あるいは歴史家であるヒルティ（Hilty, Carl）の『幸福論（*glück*）』(1899) 等がある。

また，福祉と哲学の関係で忘れてはならないのは，実存主義哲学である。この哲学は20世紀の哲学として有名であるが，この哲学の特徴は「人間の存在を問う」ということで，人間の本質を問うのではなく，個体の実存（存在）を中心に考える哲学である。すなわち，人間を主体的にとらえようとし，人間の責任と自由を強調し，人間は常に不安・孤独・絶望等に悩まされていると考えるのであり，人間の存在のあり方を問う哲学である。その代表的実存主義者はハイデガー（Heidegger, Mattin）である。彼はキリスト教的実存主義者であるキルケゴール（Kierkegaard, Sören）や現象学の権威であるフッサール（Husserl, Edmund) の影響を受けながら，実存主義哲学を確立する。主著『存在と時間 (*Sein und Zeit*)』(1927) のなかで，人間のあり方を構成するものは，実存性，事実性，頽落性(たいらくせい)の３つの契機 (動機) であることを明らかにした，この３の契機は「自分の存在が気になること」「すでに世界の内にあること」「世界の中で出会う物の許にあること」と換言している。これらの３つの契機はすでに世界のなかで出会い存在するものという形で統合され「気遣い (配慮)・憂慮 (関心)」となり，この存在が人間としてのあるべき姿であるとしている(9)。すなわち，ケア (介護) は人間の実存性 (＝存在) のあり方そのものを構成するものであり，われわれにとってケアが存在しなければ人間としての存在意義を失うことになるとしている。その意味で，彼の哲学は，ケア (介護) 理論の根底をなすものである。

また，日本人の福祉思想家として，主著『福祉の哲学』(1997) を著した阿部志郎や知的障害児施設の「近江学園」や「びわこ学園」での実践活動を通じて，知的障害児の療育，また，発達教育を通じて，「この子らを世の光に」という福祉思想を世のなかに知らしめた糸賀一雄を挙げることができる。

以上のように，福祉と哲学の関係について幸福論を中心に展開したが，社会福祉は個々の生活問題に対して社会福祉サービスを通じて自立・自己実現を達成するための実践活動である。このことが，社会福祉の目的概念 (目標) である国民の幸福を実現することに繋がる。一方，哲学は人間の生き方の本質 (＝人生の根本原理) を探究する学問であり，究極の目標が人類の幸福にある。すなわち，福祉と哲学の目的は，「人間の福祉」である。よって両者は究極的には，より快適な日常生活 (ウェルフェア；welfare) をめざすための理念あるいは概念である。

(2)　ケアワークと倫理の関係

倫理 (ethics) とは人間の行動規範をいい，道徳と同意語である。この倫理には行為の規範となる善をもとに，２つの立場に区分することができる。それは，① 善を行為の到達点である結果に求める倫理 (結果主義) と，② 善を行為の出

図表 3-5　2つの倫理の考え方

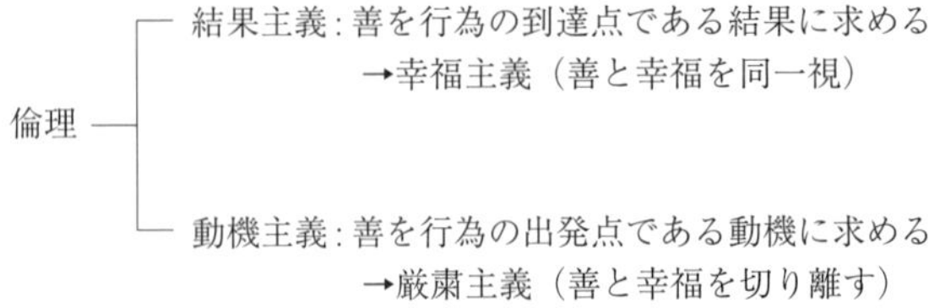

倫理
- 結果主義：善を行為の到達点である結果に求める
  →幸福主義（善と幸福を同一視）
- 動機主義：善を行為の出発点である動機に求める
  →厳粛主義（善と幸福を切り離す）

発点である動機に求める倫理（動機主義）である。前者は倫理の究極の目標が行為の結果として生じる幸福であるとし，幸福と善とは同一視するものである。ゆえに幸福主義と呼ばれている。これに対して，後者は幸福を念頭におくことなく，純粋に義務に従って行為することが善であるとしている。すなわち，善と幸福は切り離される。こうした幸福を断念し，禁欲的に義務を実行する考え方は禁欲主義と呼ばれている[(10)]。図表 3-5 は 2 つの倫理の考え方である。

このように倫理には，結果主義と動機主義に区別することができるが，倫理は人間が社会生活をする上で遵守すべきルールである。よって，社会福祉専門職は利用者の基本的人権を尊重し，自立を促す社会福祉実践活動でなければならない。そこで，自ずと社会福祉専門職には厳しい職業倫理観が求められるのである。この点に関して，レビィ（Levy, S. Chales）は，主著『社会福祉の倫理（*Social Work Ethics*）』のなかで，「職業倫理とは倫理全体のなかの特殊な分野である。したがって，倫理概念の明確化により職業倫理概念を明らかにすることができる」と指摘している[(11)]。この倫理は専門職の構成要素のなかでも最も中核を成すものであるが，古くは「医は仁術」を体現し，医師としての高いモラルを要求した「ヒポクラテスの誓い」（BC4 世紀頃）や看護職の高い倫理性を謳った「ナイチンゲール誓詞」（1893）等がある。

3．ケアワークと哲学・倫理の関係

前各節にてケアワーク（＝社会福祉）と哲学並びに倫理との関係について論じた。そこで明らかになったのは，哲学は福祉の理念であり，なかでもギリシ

図表 3-6　ケアワーク（＝社会福祉）と哲学・倫理の関係図

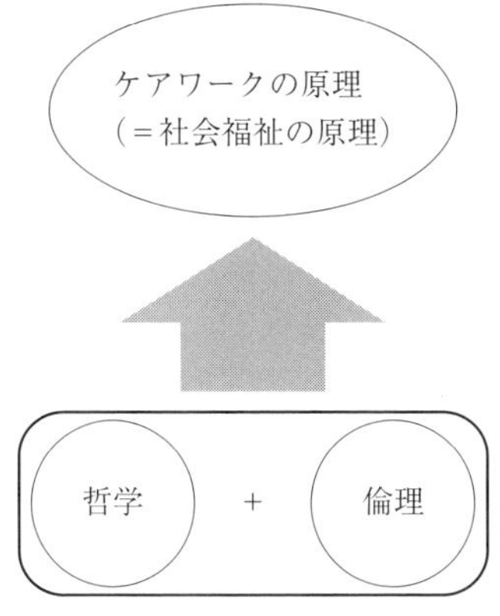

ャ哲学の人間の存在の究極の目標とする幸福主義は社会福祉の目標そのものであるということである。幸福とは，この地球上のすべての人類が享受すべきものであり，いかに個人の主体的欲求が継続的に満たされているかをいう。しかしながら，この世界中で経済的，精神的・心理的に「幸福」を体現することのできる人々は一握りにすぎない。ゆえに，幸福とは主観的なものが優先されるためにその概念規定は困難であるが，あくまでも幸福は客観的尺度・数値のもとで達成されるべきものである。このように哲学とは福祉における理念であるが，これに対して倫理は，職業倫理としての社会福祉の倫理であり，社会福祉に携わる専門職として具備すべき社会規範であり，行動倫理である。ゆえに社会福祉の社会的評価の基準にもなり得るのである。いずれにしても哲学は社会福祉における理念，目標であり，倫理は社会福祉専門職の職業的規範であると規定することができる。

この章は成清美治「福祉思想と哲学」（第２章）成清美治・加納光子編著『現代社会と福祉』学文社　2009 の一部を修正・加筆して掲載したものである。

[注]

（1） 高田真治・岡本民夫・岡本栄一編著『新版社会福祉原論』ミネルヴァ書房　1992　p.42
（2） 三浦文夫『社会福祉政策研究（増補改訂）』全国社会福祉協議会　1995　pp.169-170
（3） ヴォルフェンスベルガー著／中園康夫・清水貞夫編訳『ノーマライゼーション―社会福祉サービスの本質』学苑社　1992　p.48
（4） 阿倍志郎『福祉の哲学（改定版）』誠信書房　2008　p.9
（5） アリストテレス著／高田三郎訳『ニコマコス倫理学（上）』岩波文庫　1971　p.20
（6） 同上『ニコマコス倫理学（下）』岩波文庫　1973　p.236
（7） 廣松渉他編『岩波哲学・思想事典』岩波書店　1998　pp.502-503
（8） 岡村重夫『社会福祉原論』全国社会福祉協議会　1983　p.82
（9） 高田珠樹『ハイデガー存在の歴史』講談社　1996　pp.213-218
（10） 森岡清美・塩原勉・本間康平編集代表『新社会学辞典』有斐閣　pp.1487-1488
（11） レヴィ，C.S. 著／ヴェクハウス，B. 訳『社会福祉の倫理』勁草書房　1996　pp.213-218

[参考文献]

阿部志郎・河幹夫『人と社会―福祉の心と哲学の丘』中央法規　2008
阿部志郎『福祉の哲学（改訂版）』誠信書房　2008
外山義『クリッパンの老人たち―スウェーデンの高齢者ケア』ドメス出版　1990
川本隆史編『ケアの社会倫理学』有斐閣選書　2005

第4章　ケアワークの展開

1．ケアワークの原則

現在，わが国は超高齢社会を間近に控え諸々の問題を抱えている。ところで，高齢化社会の要因として周知の通り少子化と平均寿命の伸びを挙げることができるが，こうした状況のもとで年金・医療・福祉に関する財政・給付・サービス等の問題が逼迫化しており，政府は適切な対応を迫られている。このような厳しい環境が社会保障構造改革の動きが求められている。現在，社会保障制度の改革として，① 社会保障の支え手を増やすこと，② 高齢者も能力に応じ負担を分かち合うこと，③ 給付と負担の見直しと効率化を図ること，が挙げられている（平成14年版『厚生労働白書』）。

ところで，1997年12月に「介護保険法」が制定され，また同年11月に「社会福祉事業の在り方に関する検討会」より社会福祉の基礎構造改革に関する報告がなされた。こうしたなかで，福祉マンパワーの中核であるケアワーカーの質的向上，量的拡大の問題がますます重要性を増している。これまで，介護保険制度の創設に基づいて介護サービスの供給体制が整備されつつあるが，将来，要介護高齢者の介護が重度化・長期化するなかで介護基盤の整備・充足に関する問題点が懸念されている。今後，ケアワーカー（介護福祉士）の果たす責務はますます重くなってくることが予測されるが，ケアワーカーの業務領域は施設（老人，児童，障害児・者施設）だけにとどまらず，在宅福祉（老人，障害児・者）の中心的担い手であるホームヘルパーから介護保険制度のケアプラン作成担当者であるケアマネジャーまでその業務が拡大化・拡充化されつつある。このような状況のもとでその援助方法あるいは内容を明確化することは，その

図表 4-1　ケアワークにおける援助関係

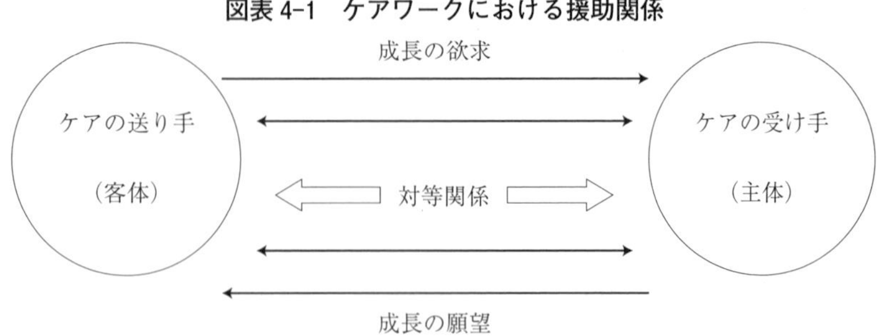

業務の遂行をより円滑化するうえにおいて重要である。

ケアワークにおける人間関係は対等関係が原則でなければならない。ケアは，人間的関係における実存的な関わりにおいて相互がコミュニケーション（「心の交流」）を図ることによって成立する。そこには，常に互いに問題に対する共有関係が存在し，ゆえに共に育ち・向上するという目的意識を共有することによって課題解決を成就することになるのである。すなわち，両者が直接的対向性（互いに向かい合う）ことによって相互交流性と自発性が生じることになる。そこには，ケアをする側とケアを受ける側との間の「卑屈な関係」（上下関係）が除去され，「対等なる人間的関係」が生まれる（図表 4-1 参照）。

ここにケアワークの原則があり，そのためにケアワーカーが，利用者の人間性理解と専門性—知識・価値・倫理—を具備することが必要であり，実践で駆使することがより社会的認知されることになるが，同時にケアワーカー自身が人間として成熟していくことにもなる。ここで大切なことは，援助活動というのは，ケアワークの担い手の自己満足・自己陶酔ではなく，受け手との相乗効果によってはじめて，その意義・存在価値をみいだすことができる。すなわち，ケアワークはその前提条件として相互信頼関係によって成立するものであり，ケアされることを「負」としてとらえるのでなく，「正」として理解することが大切である。また身体的・精神的に病んだ（＝痛み・悩み・苦しみ）人間のきわめて日常生活における実践活動であるケアワークは皮相的な見方でなく，深層的な関わり方をするところに，その本質があるといえる[1]。

ケアワークの実践活動の本質は以上であるが，実践において次のような課題を認知する必要がある。それは，①その人がもつ固有性とは，②生きる命題とは，③なにを支援するか（＝ニーズの充足性），④どのような援助方法が効果的か，⑤援助の具体的方法と内容等である。このような実践活動において，より適切な対応を図るため重要になるのが専門性である。

2．ケアワークの展開

(1)　直接的具体的サービス

1）身体的援助

第2章で既述したようにケアワークの主たる機能には2つの側面がある。その1つは直接的具体的サービスであり，他の1つはソーシャルワーク援助である。このうち，前者は身体的援助と生活援助（2003年度4月の介護報酬の見直しにより「家事援助」が「生活援助」に名称変更となる）に分類され，後者は心理的・精神的援助と社会的援助に分類することができる。この項では，身体的援助について具体的に検討していきたい。この援助の目的は，自立性の獲得と残存機能の活用にあり，主として身辺介助等を行う。

ところで，ケアワークの対象が児童から老人，障害者まで年齢ならびに障害部位が広範囲，特殊的であるため身辺自立及び障害に対するケアは多様化・多種化にならざるを得ない。しかも，利用者の「個別性」を尊重するためその援助内容は，個別的・個性的でなければならない。そして，その原則は利用者の生活の質的向上を目的とするクオリティ・オブ・ライフ（Quality of Life）を基本とする。つまり，対象である児童，老人，障害者等の生活の場（在宅・施設）の快適性を追求（＝追究）するのである。そこで，人間の発達過程を含む身体的援助について検討していきたい。まず，児童に対するケアであるが，具体的内容に入る前に障害児の行動パターンの特徴についてふれておきたい。障害児とは，胎児期及び成長発達段階においてさまざまな要因によって精神や身体に障害をきたした児童である。一般的に障害児の分類は，身体障害児（視覚障害児，聴覚障害児，肢体不自由児，病弱・虚弱児），精神障害児（精神疾患児—精神病児，神経症児，精神欠陥児—性格異常児，知的障害児），言語障害児，情緒障害児，重複障害児に分類される。これらの障害に至る原因は，① 遺伝的なもの，② 胎内期によるもの，③ 出産時によるもの，④ 後天的な原因によるものとさまざまである。

このように，障害児に対するケアといってもそれぞれ障害部位の相違，原因が異なるため，そのケアのレベルは多種・多様である。ゆえに障害児に対するケアの共通概念が必要となる。それは，① 対象児の理解（個別性），② 障害の部位を理解すること，③ 親と子の関係ならびに家庭環境を考慮すること，④ 他の保健・医療機関との連携を図ること，⑤ 障害児とのコミュニケーション（信頼関係）を図ること，⑥ 子どもの人格・自立を尊重すること等である。なお，児童のケアの場は施設（児童養護施設，自閉症児施設，知的障害児施設，知的障害児通園施設，ろうあ児施設，肢体不自由児施設，重症心身障害児施設，情緒障害児短期治療施設，児童自立支援施設，保育所等）が中心となるが「障害者自立支援法」第5条の2「居宅介護」（ホームヘルプ）において「障害児」（児童福祉法第4条第2項に規定する障害児及び精神障害者のうち18歳未満である者をいう）に対して，居宅において入浴，排せつ又は食事の介護その他の厚生労働省で定める便宜を供与するとなっており居宅ケアの場もある。次に老人・障害者に対する身体的援助であるが，まず，両者の障害部位の特徴について述べる。人間は加齢に伴って身体的・精神的に影響を受けることになる。それは臓器機能の衰退や運動機能の低下ならびに精神的機能の低下につながり，それが障害となって日常生活に影響を及ぼすことになる。また，障害者（身体障害者，知的障害者，精神障害者）は，諸障害により，日常生活において，不利益を被っている。障害者に対するケアは，一時的でなく，恒常的であるためより効果的ケアが必要となる。

そこで，身体的ケアを考えるための基本としてADL（歩行・起座，排泄，食事，着脱衣，入浴，生活圏）の視点と，QOLの向上をめざしたケアでなければならない。そのことが座位—離床—屋外生活並びにケア（介助）(2)から自立と連動し，行動を伴う生活が実現することになる。これは，施設・在宅にかかわらず，共通の場の理念である。具体的な身体的ケアとして，①食事，②排泄・排便，③着脱衣，④入浴，⑤身体保清の清拭，⑥バイタルサイン—呼吸関連・脈拍・血圧・体温，⑦体位交換動，⑧起床，⑨整容，⑩服薬等がある。なお，身体的援助において福祉機器の適切な選択，活用が運動機能の維持・向上を図ることに繋がる。福祉機器の選択のステップとして，①まず問題点をはっきりさせること，②それを改善するプランのイメージ化，③実際に試してみること，④入試方法の検討，⑤実際の生活のなかでさらなる工夫をすることをあげることができる(3)。このように，福祉用具の相談・援助に応ずることもケアワーカーの重要な業務（社会資源の活用）の1つである。

2）生活援助

生活援助は地域における在宅老人ならびに障害者の日常生活支援活動である。エリクソン（Erikson, Erik. H）はその著『老年期（*Vital Involvement in Old Age*）』のなかで彼の「ライフサイクルの8段階説」（幼児期—児童初期—遊戯期—学童期—思春期—青年前期—青年期—青年期—老年期）を展開している。この説の特徴は各段階における心理社会的発達課題とそれぞれの段階において2つの正反対の性向を提示し，この2つのバランスによって危機的状況を克服するとしている。人生の最終段階である「老年期」の統合対絶望というアンビバレンス（両面性）の状況において，どのようにして，その危機に対処するかが重要な課題となってくる。そこで，人生の危機的状況—死への直面—を克服するためにこれまで培ってきた経験を生かし，絶望を克服する鍵（「生きる希望」）が英知（wisdom）である。そして，エリクソンは英知について次のように述べている。つまり「英知とは，死そのものを目前にしての，人生そのものに対する超然とした関心である。英知は，身体的精神的機能の衰えにもかかわらず，経験の統合を保持し，それをどう伝えるかを学ぶ」(4)としている。こうした危機的状況にある老人にとって，身体的・精神的援助は無論のこと，在宅・居宅における家事援助は，IADL（電話，買物，食事の支度，家事，外出事の交通手段，医薬品の服用，金銭出納）とADLの回復・展開にとって重要な援助である。このケアの担い手は，ホームヘルパーであるが，その業務は，①住居の清掃，②衣類の洗濯・補修，③金銭管理，④買い物の世話，⑤食事の調理，⑥薬の管理，⑦移動の援助，⑧ゴミだし等となっている。この業務は身体的機能の障害，精神的機能の衰退に伴う家事能力の低下を補うためのケアである。そのため，その業務は家事一般となっている。ここで家事援助の課題を指摘しておきたい。それは，①在宅介護の場合，要介護者の心のバリアーが問題となる。それは日本人特有のウチ／ソト／ヨソ意識の常在である。この意識の存在が自ら心のバリアーを構築し，ケアサービスの利用を意識的に排除しているケースがある。今後，時間をかけてケアを受ける側が序々に心の解凍（「意識変革」）をせねばならない問題である。②最善のケアサービス（家事援助）を実施するためニーズの適格な把握が必要である。③ケアを実行する場合，必ず本人の意思の確認と同意を得ねばならない。④綿密な生活援助のプランの作成。⑤本人の自立への気持ちを大切にする。⑥地域（行政機関，民間組織，施設）社会との連携（ネットワーク）を図り，ホームヘルパーが地域の要援護者に関する基本的情報を情報機器（携帯パソコン）を使って互いに共有する。

(2) ソーシャルワーク援助

1）エンパワーメントの視点

ソーシャルワーク援助はケアワーク業務領域において重要なポジションを占めている。なぜならば問題を抱えた人々にとって「心の悩み」は，ケースによっては，とてつもなく精神的・心理的に重くのしかかってくる。このことが原因で精神的疾患に至ることは，周知の通りである。なかでも高齢者は，年齢とともに精神的，身体的，社会的に脆弱化する。エンパワーメントの役割は，こ

図表 4-2　ケアワークにおけるエンパワーメント

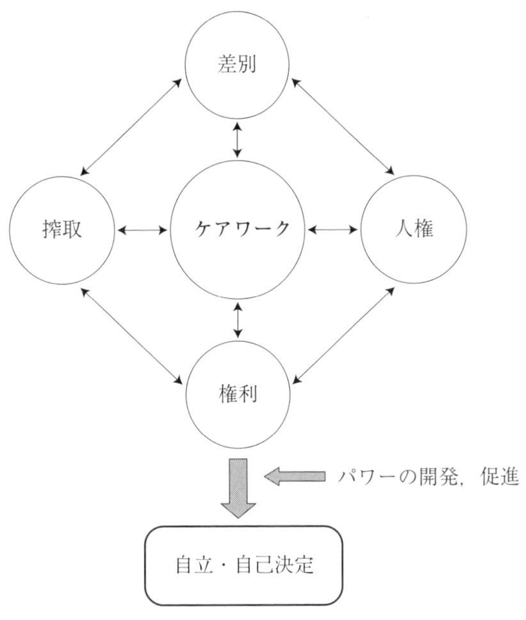

のようなパワーの脆弱化した人々にとって最も効果的な援助となる。エンパワーメントとは，これらの人々に「パワー（自ら解決する力）をつける」ことを意味する。同方法の特徴は，ディスエンパワーメント（パワーの脆弱化，無力化）あるいはパワーレス（パワーの欠如）状態にある高齢者のストレングス（長所）に着目して，自立・自己決定（尊厳を支える支援：人権の尊重，権利の回復）を支援するという点である。すなわち，ケアワーカーが信頼関係を構築し，介護場面を通じて，高齢者が抱える問題に対して「介入」を試みることにより，彼等自身が自らパワーを引き出し，自らのニーズを充足させQOLを高め，自尊感情をもち，人と環境の相互作用能力を高める過程である。この用語を最初に用いたのは，黒人公民権運動をもとにして書いた『黒人のエンパワーメント』(1976) の著者であるソロモン (Solomon, B.) であった。このようにエンパワーメントは社会的差別や人権問題等で不利益を被っている人々に対して，パワー

を引き出して自己実現を達成するための援助である。こうしたエンパワーメントの視点がケアワークにおける援助に必要となる。

2）心理的・精神的援助

この心理的・精神的援助と社会的援助の業務領域が，介護福祉士が介護「福祉」士たる所以である。すなわち，その名称の実態を体現している業務領域でもあるといえる。ここでは，ケアワーク援助において福祉領域と関連性があるのはソーシャルワーク（社会福祉援助技術活動）に基づくサービスであるが，カウンセリングの理論も応用される。そこで，ケースワークの理論を中心に展開していきたい。あらためて確認しておきたいことは，施設・在宅にかかわらずケアワーカー（介護福祉士）の機能のうちそのほとんどは，直接的具体的業務（身体的援助と生活援助），なかでも身体的援助に時間を割くことになる。しかし，そんななかでソーシャルワークは，利用者の精神的，社会的問題に対する有効な手段となるのである。ケアワークの援助は，日常業務のルーチンのなかでこなしていかなければならない。つまり，利用者との日々のケアワークにおける精神的・心理的変容を常に観察しなければならないのである。

ところで，一概に「老い」といっても肉体的，精神的に個人差が生ずるのが現実である。ゆえに，老化に付随して必ずしも心理的，精神的問題が生起するとは限らない。しかし，人生の黄昏あるいは終末期において忍び寄る「恐怖感」「絶望感」は回避することは不可能なのである。そこで既述したようにエリクソンは老年期を絶望対統合期として捉え，危機を英知によって超越することができるとしている。一方，アメリカの心理学者フリーダン（Friedan, Betty）は，その主著『老いの泉（*The Fountain of Age*）』のなかで「老いは新たな冒険の季節」である[(5)]と肯定的に捉えている。つまり，高齢期というのは，精神的・肉体的・社会的に衰退の時期であるが，その反面，新しい人生の旅立ちの期であるとしている。このように老年期を成長・発達期として捉える見方もあるが社会的に「喪失の期」であることには相違ない。ゆえに，ケアワーク実践においてカウンセリングやソーシャルワークが必要になる。そこで，次に一般的概念・原則としてケースワークの構成要素（「4つのP」）及び「バイスティックの7原則」をケアワークにおけるケースワーク実践に適用して考察する。

パールマン（Perlman, Helen）は，ケースワークの構成要素として，① 人（Person），② 問題（Problem），③ 場所（Place），④ 過程（process）と4つのPを挙げている（のちにパールマンは，専門職ワーカー（profession），制度施策（provision）の2つのPを加えた）。これらをケアワーク実践に適合させると次のようになる。

まず，「人」であるが，これは日常生活のうえで基本的ニーズを要し，自立することが不可能であり，ケアサービスを希求している利用者（児童・老人・障害者等）である。ここで，大切なのは，ワーカービリティ（利用者の問題解決能力）をいかに導きだすかである。つまり，本人の自立に向けての動機づけ，能力，機会を設定することになる。

次に「問題」であるが，これには2つの側面がある。1つは利用者自身が問題を自覚している場合である。もう1つは，利用者が問題を自覚せずケアワーカーが察知している場合である。ここで重要となるのは，利用者にとって何が最重要課題であるかを選別し，現状把握を適格にすることである。しかし，ワーカーにその能力が欠損していれば，効果的な問題解決は困難となる。

また，「場所」の問題であるが，これは，面接の場所をさしている。一般的に面接は社会福祉行政機関並びに病院での直接面接や電話面接が想定される。しかし，周知の通り老人関連施設におけるケアワーカーの業務は，身体的援助が多くを占め，改まって面接室で面談をすることは物理的・肉体的に不可能である。そこで，直接処遇の場が「面接室」となる。その場合，時間的余裕，物理的空間，他者の視線等の問題が介在しており良好な環境とはいえないが，それゆえにワーカーは，言語コミュニケーションのみならず，非言語コミュニケーションの技術習得が日頃から大切となる。

最後の「過程」は利用者とワーカーの問題解決過程をさしているがこの場合利用者との間の逆転移（counter transference）を防止せねばならない。たとえば，対象が老人で，しかも身寄りがなく孤独な環境にあるとすれば，往々にして利用者が，ワーカーに特別な感情をもつケースがある。また逆の場合も有り得る。これは，絶対に避けるべき事象である。防止策としてワーカー自身の自己覚知（self-awareness）が必要である。

以上，「4つのP」についてふれたが，つづいて「バイスティックの原則」について検討する。

① 個別化（individualization）の原則とは，「個人の尊厳」「個人の価値」を尊重する思考展開をとる。つまり，この関係は利用者とって個人として対処してほしい，という利用者の希望に対してワーカーが，利用者の特質を尊重することによって成立する。利用者の特質を受容するということは，決して容易でなく，ややもするとこれまでの経験や体験に安易に依拠することになりやすい。ケアワークは個々の特質を認知し，自立・自己実現を図ることを目標とするが，その前提として両者間において，ラポート（rapport）の構築がなければならない。人間関係において自己が認知されることは，己の存在を肯定することにもなる。

図表 4-3　個別化の原則

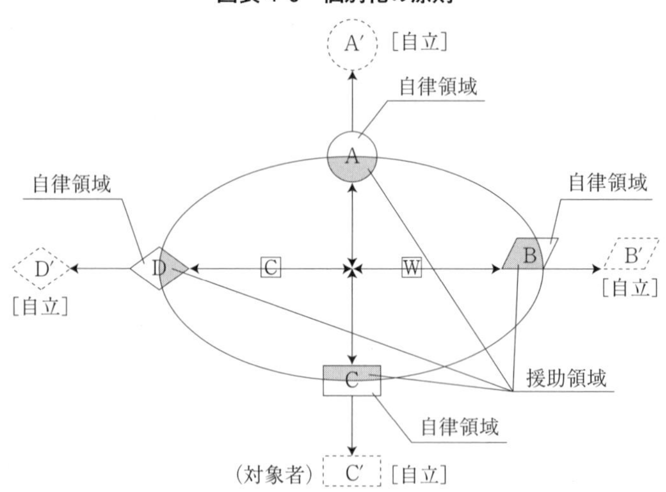

注）A・B・C・Dは利用者

なかでも老人，障害者は「保護」されることによって社会からの疎外感・虚脱感に襲われ自己否定に陥りやすいので，この原則はケースワークにおいて最も大切な原則である。ゆえにワーカーは，恒常的に個別化を図る視点と姿勢を具備しなければならない。

②意図的な感情の表出（purposeful expression of feeling）についてであるが，この関係は利用者の感情を表出したいという欲求をワーカーが助けるところにある。たとえば，ある地域で独居老人がいる。この老人は平素から地域社会における他者・他家族の交流をもたず，ただ，1人で黙々と生活を送っていた。しかし，加齢（aging）に伴う身体的機能の衰退により，IADL，ADLともに低下し自立が困難となり，ヘルパーの介護なしでは日常生活を送ることができなくなった。だが，日頃から地域社会との交流を絶っているため，情報の入手が困難となっているので，どのような手段で介護者を依頼すればよいのか方法がわからずますます孤独感・孤立感に苛まれる結果となる。そのような生活態度は老人の「事象」や「好意」に関する態度を歪めたり，疎遠になったりしてしまう。このような場合，まず，ワーカーは，絶えず居宅訪問を繰り返し，時候の挨拶から始まってサービス内容の説明に至る過程において，利用者とのラポールの構築が前提となる。そして，ワーカーの信頼（心理的支え）を得ることによって利用者の気持ちが和らぎ，これまでなぜそのような生活態度・慣習を取ってきたか少しずつ反省を兼ねて吐露（「感情の表出」）するようになる。この援助関係が成立するならば，利用者が自己の否定的感を表出することによって，問題を客観的に捉えることができるようになる。つまり，「自己の生きがい」を創造・発見することにもつながる。そのために，ケアワーカーは時として共感的態度をとらなければならないのである。

③統制された情緒的関与（controlled emotional involvement）は，利用者がワーカーに対して共感的態度を求め，ワーカーは相手の感情を察知して理解することによって成立するのである。そこには，ワーカーの冷静な対処が望まれるのである。たとえば，特別養護老人ホームに入所しているAさんは，同室の

他の３人とは挨拶も交わさない関係にある。そこで，ワーカーは，最初その原因を突き止めるため個別に話を聞く機会をつくり，各人の主張を聞くことに成功した。その結果, A さん以外の３人は A さんが同室の人々との「協調性」(ルール) に欠け勝手な行動―消灯時間になっても消灯しない，あるいは部屋のなかでタバコを時々喫煙する，ラジオやテレビの音をイヤホーンで聴こうとしない等―をすることにあった。そこで，ワーカーは A さんの話を聞く機会をもった。しかし，A さんは感情をあらわにワーカーに食ってかかった (ワーカーに対する攻撃)。すなわち，部屋のルールを決めるとき A さんが不在で，そのため自分の意見を取り入れてもらえなかったことに対する不信感があったという。そこで，後日，ワーカーは，A さんを交えて他の３人ともう一度話し合い，A さんも合意できる新たなルールをつくることができたのである。このようなケースの場合，ワーカーの自己覚知が必要であり，A さんの意見を傾聴し，感情を理解するように努めなければならないのである。

④ 受容 (acceptance)

この原則は，ワーカーに対して，利用者の価値ある人間として認めてほしいという願望と，それを認知するワーカーとの関係によって成り立つのである。一般的に高齢者のパーソナリティは頑固で固執性があって，協調性に欠けているといわれている。そのため「わがまま」な行動パターンに陥りやすい。そこでワーカーも「高齢者は」というステレオタイプに捉えてしまう傾向にある。しかし，人間はすべて「価値ある人間」として認めてほしいものである。それでなくとも現代社会においては，高齢者は「役に立たない不要な人間」として見なされやすいし，自ら「役に立たない不要な人間」という烙印を押している場合がある。そのような高齢者に対してワーカーは「貴方は価値のある人間ですよ」と伝えることが大切である。

⑤ 非審判的態度 (non-Judgemental attitude)

この原則は，ワーカーが自らの倫理観，価値観によって利用者の行動・態度を評価・判断しないということである。特別養護老人ホーム等では施設における生活規範・約束事を決めているところが多くみられる。そこで，これに違反した場合，かなり叱責されることがある。しかし，ホームは収容の場でなく，生活の場である。ゆえに自由闊達な生活をエンジョイしたいというのが人情である。そこで，ルールを反古にすることは困難であるが，なるべくワーカーの個人的主観に基づいた判断をしないということが原則になるであろう。ただし，はっきりと審判を下さなければならない事態・事柄には明確な決断を下すことが必要である。

⑥ クライエントの自己決定（client self-determination）

これは，バイステックの7原則のうち，個別化と並んで重要な原則であり，わが国の社会福祉（サービスの選択・自己決定等）に関して，これまで掛け声だけに終始してきた嫌いがある。介護保険制度の実施でこの点が改善されることが強調されているが，実際に運用されねば判明しない問題である。ところで，福祉先進国であるデンマークやスウェーデンでは，すでにこの原則が高齢者あるいは医療福祉政策においてとり入れられている。前者では，1982年の「高齢者医療福祉政策3原則」にて，① 人生の継続性の尊重，② 自己決定の尊重，③ 残存機能の活用が規定された。一方，後者でも1987年の「高齢者問題準備委員会最終報告」で高齢者福祉3原則，① 人格の尊重，② 安心感，③ 選択の自由が規定されている。この「自分自身で選択と決定を行う」ということは，人間の尊厳に関わることであり，これに対してワーカーは，基本的に利用者の意思を認知するという立場を堅持しなければならない。

⑦ 秘密保持（confidentiality）

この原則は，援助過程で知り得た事柄・事象等の情報は，他人に漏らしてはならないというものである。

「社会福祉士法及び介護福祉士法」の第46条に両福祉士の秘密保持義務が規定されている。それによると，「社会福祉士又は介護福祉士は，正当な理由がなく，その業務に関して知り得た人の秘密を漏らしてはならない。社会福祉士又は介護福祉士でなくなつた後においても，同様とする」となっている。つまり，いかなる場合でも，他人の情報を勝手に流布してはならないということである。以上，パールマンとバイステックの構成要素ならびに原則をケアワークの実践に照らし合わせて検討した。

3）社会的援助

社会的援助は，社会資源の利用把握及び活用促進が主な業務となるが，その他に関係機関との連絡・調整，生活環境の整備，利用者と地域社会関係促進，介護技術指導等も含まれる。ここでは，社会資源の活用について検討していくことにする。

ところで，社会資源 (social resources) とは何かということであるが，これは個人や集団のニーズの充足や問題解決あるいは軽減のために用いる，① 法律，② 行政機関，③ 各種団体，④ 知識，⑤ 施設，⑥ 人，⑦ 物品等を総称していう。

まず①の法律であるが，これは日本国憲法，社会福祉関連制度，年金保険制度，医療保険制度等と「人権」「生存権」「生活保障」「医療保障」と多岐にわたっており，人間としての日常生活条件に属するものとなっている。

次に②〜⑦は，具体的なサービス機関あるいはサービスに類する社会資源となっている。なかでも自立機器としての役割・機能を果たす福祉（介護）機器の活用・促進はケアワーカーにとって大切となってくる。福祉機器の活用に関しては，各自治体ならびに福祉事務所となっているが，その法的根拠は1993（平成5）年に成立した「福祉用具の研究開発及び普及の促進に関する法律」にある。同法の第1条にその目的が述べられている。すなわち「この法律は，心身の機能が低下し日常生活を営むのに支障のある老人及び心身障害者の自立の促進並びにこれらの者の介護を行う者の負担の軽減を図るため，福祉用具の研究開発及び普及を促進し，もってこれらの者の福祉の増進に寄与し，あわせて産業技術の向上に資することを目的とする」とある。今日，目覚ましいコンピューター機器の研究・開発により，その品質・性能も格段に進歩している。たとえば，それはコミュニケーションの手段として，あるいは電動車イス等に広く応用されている。このように在宅高齢者サービスとしてさまざまなサービスがあるが，その主なものは，ホームヘルパーの派遣（介護・家事型），日常生活用具の給付・貸与・レンタル（介護用ベッドや車イス，移動用リフト，老人用電話等），その他デイサービス，ショートステイ，ナイトケア等となっている。これら在宅介護サービスに関する知識・情報は，ケアワーカーとして習得すべき知識である。

3．ケアマネジメント

ケアマネジメント導入は，要介護者に対する介護サービス計画（ケアプラン）においてソーシャルワークの技術を用いると同時に，介護サービスのパック化による効果的・効率的サービスの提供を目的としており，最終目標は生活の質的向上にある。そのためには「自立」と「QOL」の確立が絶対的条件となる。

ここで，よりよい生活実現のための両輪である自立（自律）とQOL（生活の質，生命の質）の意義について少しふれてみる。前者の語意は「他の援助や支配を受けず自分の力で身を立てること」（新村出編『広辞苑（第4版）』岩波書店）とあり，普遍的・日常的に用いられている。

ところで，社会福祉における自立は，次のように規定されている。まず，行政的見地からみると，「生活保護法」の目的（第1条）には「自立を助長する」とある。また，「障害者基本法」の目的（第1条）には「障害者の自立及び社会参加の支援等」とある。これらはいずれも，主として対象者の経済的側面からの自立に対する援助に重点がおかれてきた。しかし，現代社会では生活者主体に視点を合わせたノーマライゼーション思想を基軸にした自立援助は経済的側面のみならず，人間関係を円滑にする心理的・精神的サポートがウエイトを占める。それゆえ，自立援助はただ漫然と業務をこなすのでなく，計画的・緻密的な問題解決型が必要となる。つまり，ケアマネジメントにおける高齢者に対する「自立」（自律）援助とは，利用者のニーズに適合した効果的「ケア」を実践することによって，自立生活支援（「自立生活支援モデル」）を実践することである。換言するとケアは，エリクソンがライフサイクル8段階説で述べてい

図表 4-4　ケアマネジメントの援助課程

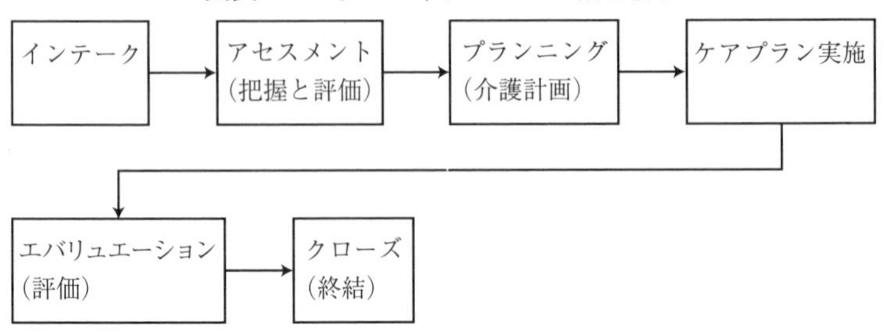

介護保険制度におけるケアプランの役割は，保健・医療・福祉の各領域にわたるサービスを要支援者，要介護者のニーズに基づいて効率的・効果的に提供することである。そのためにケアマネジメントが必要であり，それを具体化する一助がケアプランである。

図表 4-5　ケアプランの種類

段階 ＼ プランの内容 ＼ 生活の場		自　　宅	入所型施設
I	どの（what）サービスを提供（利用）するか	A	B
II	どのように（how）サービスを実施するか	a	b

タイプ別ケアプランの内容	
プランのタイプ	プランの内容
A	日常生活上の問題点を解決して自宅で暮らし続けるため，どのようなサービスを利用するかというサービス利用計画（サービスのパッケージプラン）
B	どの入所型施設を利用するか（例えば，特別養護老人ホームか，介護老人保健施設か，療養病床か）というサービス利用計画
a	A の計画のなかで利用することが計画された個々のサービス（例えば，ホームヘルプサービスやデイサービスなど）の実施計画（例えば，どのようにホームヘルプサービスを行うかという具体的計画）
b	B の計画によって，利用することになった施設内におけるサービスの実施計画

（出所：福祉士養成講座編集委員会『社会福祉援助技術論 II』中央法規　2007　p.340）

る老年期の特徴であるインテグリティ（統合）とデイスペア（絶望）[6]のアンビバレントを克服することに繋がる。

次に，後者の意義についてふれる。QOLの概念について，次のような諸説がある。「人びとの生活内容を主として物財的側面から量的にとらえる生活水準と異なり，非物財的側面も含めて質的にとらえる概念」（『現代福祉学レキシコン』雄山閣）あるいは「一般的な考えは，生活者の満足感・安定感・幸福感を規定している諸要因の質。諸要因の一方に生活者自身の意識構造，もう一方に生活の場の諸環境があると考えられる」（『介護福祉用語辞典』中央法規）とある。また，米国／国際長寿米国センター理事長のバトラー（Robert N. Butler）は，次のように規定している。① 保健と医療保障，② 経済的独立と保障，③ 精神衛生と幸福感，④ 社会的安寧と家族・友人・共同体との絆，⑤ 生産性すなわち意義のある社会的貢献を継続できる能力，⑥ 倫理的，精神的充足感，⑦ 自の軌跡を回想することからくる満足感や，人生の苦難を克服した達成感等とQOLを広範かつ複雑に捉えている[7]。これらを要約すると，QOLとは生活者に関する意識面と生活の質を社会環境から考える必要がある。この両者を，いかに質的に高めるかがケアワークの課題となる。

4．介護従事者と他職種との連携

(1)　ケアワーカーと看護職の連携

介護に関わる職種として，直接介護に関わる専門職は，介護福祉士，看護師が中心で，その他に医師，歯科医師，理学療法士，作業療法士，栄養士等がある。また，間接的介護に関わる専門職として，薬剤師，保健師，助産師，視能訓練士，技肢装具士，歯科衛生士，はり師，きゅう師等がある。これらの専門職は常にチームワークを組み，効果的，効率的なケアを行わなければならない。チームワークの条件として，① 情報の共有（介護を必要とする人々の情報の共有化）② 他職種に対する理解（各職種の業務と目標の理解）が必要である。す

図表 4-6　ケアの構図

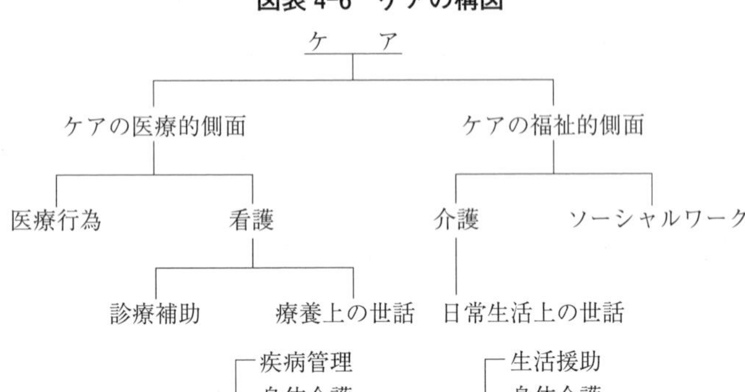

（出所：成清美治・加納光子・久保田トミ子編『新・介護概論』学文社　2003　p.92）

なわち，介護アセスメント，介護プランの共有化である。そのためには介護従事者と他職種の連携が必要となる。この節では，とくに連携が必要な看護師と管理栄養士・栄養士との関係についてみることにする。

ケアワーカー⇔看護職：共有する価値観と働きかけの相違

↓

「その人のもつ生命力やもてる力また健康な力や残された力といったものにケアの焦点をあてる」

働きかけの相違（ケアの相違）

(2)　ケアワーカーと管理栄養士・栄養士の連携

ケアワーカー⇔栄養士：食という共通の領域におけるケアと食の管理

食とは，人間の生理的欲求，生活の基盤（健康維持），嗜好（愉しみ）を満たすものである。すなわち，食べるとは，人間の最低の欲望を満たすと同時に楽しみを提供するものである。これらの欲望の度合いは年齢によって異なるが，人生の終末期を迎えた高齢者にとって，食事をすることは，単に人間としての生理的欲求を満たすだけではなく，食は日常の最大の「祭典」といっても過言ではないであろう。とくに「生活の質」を向上させる基本的な生活基盤である。食と生活の質（QOL）との関係でみるとつぎのようになる。

まず生活の質を，生物レベルでみると高齢者は，身体的老化により，さまざまな慢性疾患や障害を呈する。そのため身体の恒常性を保つ機能が，正常に作動しないために苦痛が生じるのである。生命維持のための身体の恒常性を保持するための栄養摂取，咀嚼（そしゃく），嚥下状態に応じた食事の工夫が必要である。次に個人的レベルで見ると，老人福祉施設あるいは在宅においては，高齢者の身体機能に応じた食事介助（食事援助）を行い，高齢者自身の能力を活かすことが必要である。たとえば，老人福祉施設における入所者自身の摂食能力を把握した食事介助の実施や調理過程への参加を行うプログラム（献立，調理材料の提供等）が，生活の自立につながるのである。最後に社会レベルの面で見ると，老人福祉施設あるいは居宅で生活している高齢者は社会とのつながりが希薄になるため，自己否定に陥りやすい。そこで，高齢者自身の「生きがい」を見出すことが必要となる。すなわち，「食の質の向上」をめざすため，食事の献立を高齢者とともにプランニングする（たとえば，入所者の希望と身体能力に応じた家庭菜園や地域住民との食事会・催事等を通じてのコミュニケーションのひろがり）。このことが，社会との関係性をもつことにより，「生きがい」の向上につながるのである。高齢者の生活の質の向上を図るため，年齢からくる食欲不振・食欲低下を予防して，諸機能の低下，障害を防止して，健康な日々を送ることが大切となる。そのためには，高齢者個々の身体状況を加味して，個別的食事の提供が大切となる。「介護保険法」の改正（2005）において，高齢者の栄養状態を勘案して，栄養・ケアマネジメントが導入された。

これまでの介護保険法のもとで介護保険施設が提供する食事サービス（基本食事サービス費）において，利用者（施設入所・短期入所）の栄養状態に問題があることが指摘されていた。今回の介護保険法の改正（2005年6月）では，従来の食費が保険給付の対象外になった機会に基本食事サービス費用の廃止に伴い従来の管理栄養士等の業務（給食管理業務が多くを占め，栄養ケア業務が機能しなかった）を見直し，利用者個々の栄養状態，健康状態に主眼をおいた栄養ケア・マネジメントを別途評価することとなった。介護保険施設における評価は次のように改正された。まず，栄養管理体制加算（新設）として常勤の管理栄養士または栄養士を1名配置した場合，管理栄養士配置加算として12単位／日，栄養士加算10単位／日となっている。そして，栄養マネジメント加算として，12単位／日の報酬を新たに設けることとなった。栄養ケア・マネジメントに対する評価の算定用件として，①常勤の管理栄養士を1名以上配置していること，②医師，管理栄養士等が共同して，入所者ごとに栄養状態を把握し，個々人の摂食，嚥下機能に着目した食形態にも配慮して栄養ケア計画を作成していること，③栄養ケア計画に従い栄養管理が行われているとともに，入所者の栄養状態を定期的に記録していること，④栄養ケア計画の進捗状況を定期的に評価し，必要に応じて見直していること，⑤別の告示で定める利用・人員基準に適合していること等となっている。2005（平成17）年10月から栄養・ケアマネジメントが施行されている。

なお，「介護保険法」の改正（2005）によって食費が保険の対象外になった機会に，利用者個々の栄養状態，健康状態に主眼をおいた栄養ケアマネジメントを別途評価することになった。

これまで→「基本食事サービス」として提供：栄養管理のため食事は味気ないものであった（定型化，低栄養状態）
これから→「嗜好（しこう）の視点」を取り入れる：食の愉しみ（食欲低下による低栄養状態を防止）

［栄養管理体制加算］　管理栄養士1名加算⇒12単位／日，栄養士1名加算⇒10単位

［栄養ケアマネジメント加算］　12単位／日

図表 4-7　自立支援における「食」の役割

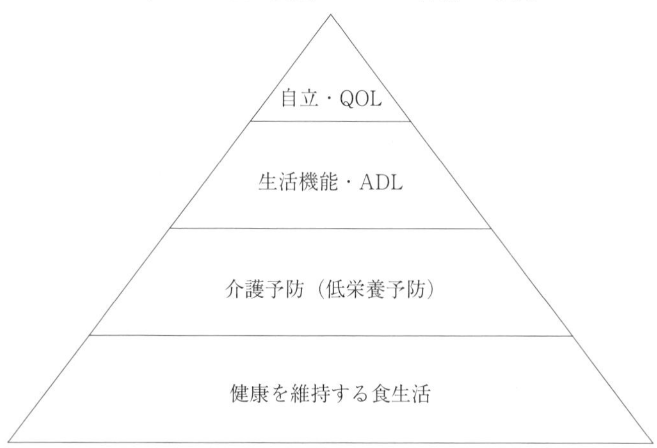

(3)　食事援助におけるケアワーカー，看護師，栄養士の役割

高齢者の食の特徴は，①毎日同じような食事をする，②自宅（冷蔵庫）にある物で簡単に済ませる，③食事時間が短い，④咀嚼，嚥下機能障害，薬の服用，運動不足等のため食欲が低下しやすい等となっている。とくに施設入所者は食事環境（食事間隔が短い，同室・隣室とのコミュニケーション不足，食事空間）によって食欲不振に陥りやすい。そこで高齢者（要支援・要介護者）の食事介助あるいは献立に関わるケアワーカー，看護師，管理栄養士・栄養士の役割について下記のようなポイントを記述する。

1）ケアワーカー

心身の機能面の援助，食事環境の整備，積極的なコミュニケーション（座席の配慮），自立支援，調理配膳・下膳，口腔ケア，他職種との連携等がある（図表 4-9 参照）。

「要介護者が美味しく食する」を前提に，食に関する視点をアセスメントに取り入れ，科学的な視点に基づいた技術を構築することが重要である。

↓

利用者の食事への参画：調理・配膳・食材栽培・環境整備

2）看護師

身体状況の視点を考慮して食事を援助する

看護師へのフィードバック⇒咀嚼，嚥下の観察による口腔内の異常や排せつ状況の観察，把握，食欲低下への対応

3）栄養士

栄養の視点を考慮して食事援助する

栄養士へのフィードバック⇒入所者の食事の摂取量や嗜好，咀嚼，嚥下状況の観察による食事の形状の変更，体重の増減に伴う栄養や食事量の調整（栄養

図表 4-8 「食の質」向上と隣接領域・地域との連携

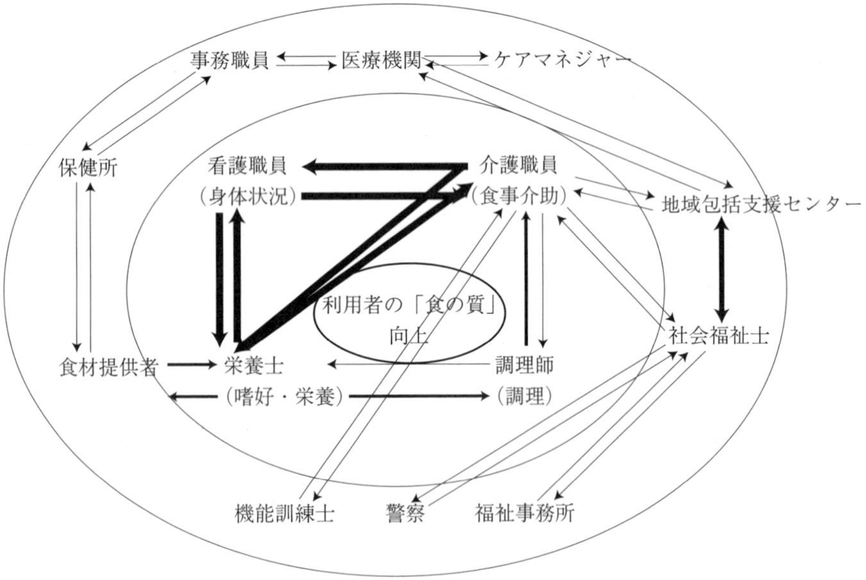

バランスと個々の食生活を加味したコーディネーターとしての役割が課される）

食とは，①人間の生理的欲求，②生活の基盤（健康維持），③愉しみ等である。ゆえに食べるとは，人間の最低の欲望を満たすと同時に愉しみを提供するものである。

(4) 今後の課題

前項で食事援助におけるケアワーカー，看護師，栄養士の役割についてポイントを述べたが，高齢者にとって食は，人間の基本的欲求を満たすのみならず，健康維持，日々の生活を愉しむべき大切なイベントである。しかしながら，機能障害や慢性疾患等を抱える高齢者（要支援・要介護高齢者）にとって，食事はルーティン化された日常生活の一コマにすぎないかもしれない。また，高齢者は長年の生活の営みのなかできわめて個人的食生活を行っている。改正介護

図表 4-9　食事におけるケアワーカーの役割

これまで→「基本食事サービス」として提供：栄養管理（定型化，低栄養状態）

▽

これから→「嗜好の視点」を取り入れる：食の楽しみ（食欲低下による低栄養状態を防止）

ケアワーカーの食事介助の視点

①心身の機能面の援助（移乗介助等）
②食事環境の整備（ランチマットの準備等）
③積極的なコミュニケーション（食を愉しめる座席の確保）
④自立支援（軽度：食事・配膳への参加，中度：摂食場面での自立支援，重度：咀嚼，嚥下機能のための自立支援）
⑤調理（材料の加工や調理方法の伝授）
⑥配膳（入所者を「客」とみなした配膳）
⑦下膳（食事時間を配慮した下膳）
⑧口腔ケア（誤飲の防止や口腔内の清潔保持，感染症の予防）
⑨「他職種との連携」

保険法では，これまでの「基本食事サービス」を改め，ホテルコスト（居室・食事料の利用者負担）に伴って，利用者個々の栄養状態，健康状態に合わせた栄養・ケアマネジメントが導入された。このことは，改正された介護保険のもとで介護予防重視システムが重視されたことと軌を同じくするものである。高齢者の低栄養状態の原因は，すでに述べたように食欲不振と老化による機能低下（咀嚼，嚥下機能の低下），生活環境の変化（たとえば，在宅から施設への変化）によるものである。健康維持，生活基盤の安定をめざすためには，「食の質」が問われることになる。食事内容は単なる栄要管理の面だけでなく，個々の「健康状態」を考慮した食事であると同時に生活者の「嗜好」を取り入れた食事内容が必要となる。今後は介護予防における「食」の役割を考慮した食事の提供が大切となる。そのためには，直接食事の提供に関わるケアワーカー，看護師，管理栄養士・栄養士の日頃からの連携が必要である。

[注]

（１） 成清美治『ケアワークを考える』八千代出版　1998　p.4
（２） 竹内孝仁『介護基礎学』医歯薬出版　1998　pp.43-69
（３） 寺山久美子編『講座　高齢社会の技術４　ケアの技術』日本評論社　1996　p.191
（４） E.H. エリクソン他著／朝長正徳他訳『老年期』みすず書房　1990　p.37
（５） B. フリーダン著／山本博子・寺澤恵美子訳『老いの泉（下）』西村書店　1995　p.273
（６） 前掲（４）p.57
（７）『高齢者の居住環境と健康・福祉―国際比較と展望―』国際長寿センター　1997　p.5

[参考文献]

岡本民夫・井上千津子編『介護福祉入門』有斐閣　1999
岡本民夫『ケースワーク研究』ミネルヴァ書房　1979
E.O. コックス，R.J. パーソンズ著／小松源助監訳『高齢者エンパワーメントの基礎』相川書房　1997
F.P. バイステック著／尾崎新・福田俊子・原田和幸訳『ケースワークの原則―援助関係を形成する技法（新訳版）』誠信書房　1996

第5章　対人援助としてのケア思想の展開

1．ヨーロッパ社会におけるケア思想の歴史的展開

(1)　原始・古代社会のシャーマニズムと癒し

人類祖先の最古の疾病は，紀元前50万年前のピテカントロプス原人の右側大腿骨外骨腫症といわれている。これらの病気に対して当時，薬草以外有効な手立ては存在していなかった。ただ，頭痛や精神病そして悪霊を追い出す手術として鋭利な石で頭に穴を開ける開頭術があったが，病の厄除けとしては原始宗教であるシャーマニズム（shamanism）に依拠していた。そして，それを司っていたのが肉体的な神秘性，魔術性を生かしたシャーマンあるいはメディシンマンまたは祈祷師として呼ばれた人物で病気や病気の治療に対して厳粛な管理的役割を担った(1)。しかも，原始社会においてシャーマンは，自然界の脅威や悪霊・怨霊駆除，災難や病魔を退散させ息災を祈願する天上界と地上界の仲介者であり，ヒーラー（healer：癒す人）として崇め立てられる存在であった。人間が生存するうえでケアはあらゆる生活場面において必要欠くべからざるものであったが，なかでも病気の治療・回復・生命の保持において，その必要性は現代社会と同様変わらなかったのである。シャーマンは，自らをトランス（昏睡状態）におき神の霊等と接触し，その神託を借りて治療にあたった。彼女たちの医術は，現代医学と異なって1種の催眠術を応用して病気の治療・予言を行ったのであるが，こうした方法は人間の心を癒し，病に対する一定の精神的治療効果を生み出し，生命体に宿る悪霊を追い払った。このように「人間の生存要求に応えてきた原始のケアの専門家たちは，病気や死の悩みに対して神秘

的な能力を発揮する実践家である必要があった。それらの実践家はメディシンマンと呼ばれる祈祷師であり，祭司であり，また天文を読む星術師でなければならなかったと考えられる」(2)。また，古代デンマークでは，シャーマンの存在こそ確認できないが，主として女性が薬草を用いて治療していたことが以下の記述にて証明されている。

「この時代，女性は数多くの薬草によって治療を行っていた。ノコギリソウ，カミツレ，チャービル，シダその他の薬効の認められる植物が，女性の遺体と一緒に埋められているケースも珍しくない。フィルカトの要塞にある女性の墓からは，ヒヨスが見つかっている。これはデンマークだけでなく，ほとんどすべての農耕社会についていえることだが，植物の採集・栽培を女性が担っている場合，彼女たちは植物の特徴，栄養，治療効果に通じているのがふつうである」(3)。このように原始社会においてすでに病人の痛み，苦しみを軽減・緩和させるためシャーマニズム（巫術）を介してケア思想が存在していたといえる。医療の原点への回帰を願って医学界あるいは識者の間で「癒しの医療」(4)が唱えられている。これは，現代の医療の現状が医学の進歩にもかかわらず疾病の減少につながらないところに起因している。この癒しとは，これまでの医学の発展に伴う解剖学を起点とした「治療」至上主義ではなく，もともと人間に備わった自然の治癒力でもって病気に対峙するものである。本来癒しとは，部分治療でなく全体治療を意味し，身体的問題に限定されるのでなく，飢えや・苦しみ・心の悩みを治すのも癒しであるとする。すなわちこの用語を用いることによって，医学でいう治療を人間の苦痛，苦悩の解放という一般的枠で見直すことができる(5)。この癒しを実現する手段・方法としてケアがある。

ところで，ケアは元来，医療概念のなかにみられるのである。一般的に医療は，狭義（cure）と広義（care）に分類される。cureは，狭義の医療であり，careは，治療に生活援助部分（介助・世話）を加えた広義の医療として捉えられている(6)。後者の概念は，紀元前4世紀頃ギリシャで活躍したといわれている「医学の父」ヒポクラテス（Hippocrates）によってすでに提唱されていた。

古代ギリシャにおける医療の特徴の１つは，ギリシャ神話における太陽神，音楽・詩，弓術・医薬・予言の神アポロン（Apollon）の子で医学の神アスクレピオス（Asklepios）を祭るアスクレピオス神殿の宗教的医療に代表される。この医神アスクレピオスを祭って建てられた寺院がエピタウルス（＝ギリシャの有名な医療センター）であった。当時の様子は次のような状況であった。「まずそこへ到着する患者はアスクレピオスに動物の生贄を捧げ，鉱泉で浄めの入浴をし，続いてマッサージをしてもらい，歩廊（ポーチ）の１つには入ってそこで甘美な香りと心を柔げる音楽に取り巻かれて眠るのである」[(7)]。そして，いよいよアクレピオスの「神癒」[(8)]を受けるこのような治癒神殿はその後，ギリシャ全土に広がっていった。

もう一方の古代ギリシャ医療の特徴は，臨床的経験を重んじたヒポクラテスの医療である。彼は，これまでの古代ギリシャの神託を中心とした神殿医療にかわって合理的・経験的方法を用いた。すなわち彼の医学の特色は，①思弁的（観念）要素を極力廃し，臨床に基づいた経験的な知識を尊重する，②予後（経過）を重視し，個々の症例を顧慮し，一般化を避ける，③環境条件が人体に及ぼす影響に注目し，治療をできるだけ控えて自然の回復力にまかせる[(9)]，等となっている。つまり，彼の医学思想は，できるだけ患者の自然治癒力―病気は自然が癒す―を生かすものとなっている。たすけ―病気は自然が癒す―によるものとしている。それは，のちに看護の原則を構築・実践したナイチンゲ

図表 5-1　古代ギリシャにおける２つの治療法

古い方法 （ホメロス）	新しい方法 （ヒポクラテス）
・病気は生きた悪魔によって起こる。	・病気は悪い体液によって起こる。
・病気は身体の中にある特定の局所に存在する。	・病気は全身を回る。
・病気は神々の助けにより，神官を通して魔法の薬で治すことができる。	・病気は自然治癒力のおかげで，医師により治療薬で治すことができる。

（出所：ディダー・ジェッター著／山本俊一訳『西洋医学史』朝倉書店　1996　p.67）

ール (Nightingale, Florence) の病気の捉え方に類似している。それは,「病気とは,外因によって侵された内因によって衰えたりする過程を癒そうとする自然のはたらきであり,それは何週間も何か月も,ときには何年も前から気づかれずに始まっていて,このように進んできた以前からの過程の,そのときどきの結果として現れたのが病気という現象である」(10) という思考展開にみられる。このようにヒポクラテスの医学は,今日の「治療」から「癒し」の回帰現象のもとで見直されているのである。

(2) 聖者・国王の触手による「癒し」

医師が患者の手や身体等に触れる「触診」は患者の心の不安と苛立ちを取り除く大切な医療行為である。触診が行われていたことは,紀元前1600年のエドウィン・スミスのパピルスに記載されている。「[診察] 損傷が骨にまで達して頭蓋骨が破砕された頭部の開放性創傷患者を診察する時には,まず創傷部の触診を行わなければならない。そうすると,お前の指の下に,破砕された頭蓋骨を見出すであろう」(11) また,「新約聖書」マタイ伝第8章には「イエズスが山をお下りになると,大勢の人々がついて来た。そのとき,一人のらい病を患っている人がイエズスに近づき,ひれ伏して『主よ,お望みならば,あなたはわたくしを清くすることがおできになります』と言った。イエズスは手をさしのべて,その人に触れ,『わたしは望む,清くなれ』といわれた。すると,たちまちそのらい病は清められた。」(奇跡—権威のしるし「らい病の人いやされる」フランシスコ会　聖書研究所訳注より) とある。そして,同章の14にも「イエズスはペトロの家に入り,そのしゅうとめが熱病で寝ているのをごらんになった。そこで,その手にお触れになると,熱がひき,しゅうとめは起きあがって,イエズスをもてなした。夕方になると,人々は,悪魔につかれた者を大勢,イエズスのもとに連れてきた。イエズスはひと言をもって悪魔を追い出し,また病人を皆いやされた。こうして,予言者イザヤを通じて言われた次のことが成就した」(下線は共に筆者が加筆) また,「彼はわたしどもの煩いを身に受け,わたしどもの病を背負った」(奇跡―権威のしるし「ペトロのしゅうとめと多くの人々いやされる」前掲載より）と，同じく教義にある。これらから医療における触手は，科学的な因果関係の実証による近代医学が確立されていない時代において神が病人を癒す重要な手段として用いられていたことが伺えるが，その効果は疑問視せざるを得ない。しかし，「初期キリスト教会の教父たちも，この教義を忠実に受けつぎ，聖者や高位聖職者たちによる触手療法が行われていたと思われる」(12) とあり，当時，触手療法がひろく流布していたことがわかる。

このように治療における「聖者や神の触手」は，キリスト（超人的的存在）に対する個人の内在する信仰心が前提となっており，一種の儀式という恭順関係のなかで行われた。この触手は，キリスト教のみならず国王によっても民衆統治の一環として用いられ「王の触手」として19世紀まで続いた。そして実際ローマ皇帝のなかに治療効果をもたらした者がいたらしい。それは次のようである。

ローマ皇帝，ヴェスパシアヌス帝（Vespasianus，在位69～79）は盲人や聾者に手で触れて治した。また，ハドリアヌス帝（Hadrianus, Publius Aelius，在位117～138）は指先で触れて水腫病患者を治したといわれている(13)。

ここで，このような行為がなぜ病人を癒すのかを考えてみたい。人間の日常生活における「言葉」以外の伝達方法として「表情」「音調」「身体」「外見」「身体的接触」等があるが，これらは，非言語コミュニケーションとしてカウンセリングの技法に用いられている。身体的接触には体温・触感・スキンシップ等があるが，そのうち触感は診療場面において重要な機能を果たす。すなわち，現代医療においても触れる（「触診」）は患者の疾病を診断するうえで大切な行為であり，腹部内臓疾患等の診断に用いられている。当時の病人が，宗教的儀式のもとで神格化された国王の手によって疾患部位を触れてもらうことは，触感による体温・体感から伝わる「ありがたい」「もったいない」という謝意の気持ちが当事者に安堵感をもたらし，心が癒やされるという心理的効果を生み出した。しかし，このような信仰医療によって治癒した者は稀有であり，このセレモニーは，疾病の治療ではなく民衆をコントロールすることを主目的として近代医学誕生に至るまで継承されたのである。

(3) キリスト教宇宙観の変容と女性ヒーラーの失墜

封建制度が堅固な中世ヨーロッパにおいて，触手による迷信的医療行為が継続されていたが，アリストテレス（Aristoteles）の哲学をベースとしてキリストを解釈する「スコラ哲学」が隆盛をきわめていた。このスコラ哲学はアリストテレス哲学とキリスト教の矛盾の解決方策として，「啓示内容に対して合理的な洞察を加えること」または「信仰と知識の融和，すなわち哲学と古代自然学の中に神学を導入すること」[14]を採った。この中心になったのがアクィナス（Aquinas, Thomas）である。彼は，哲学は自然における真理を追求するが，自然は神（キリスト教）の創造物であるから，そこには矛盾は存在しないとしたキリスト教の教義を確立した。

こうしたキリスト教が支配する中世の世界において病人救済の場として修道院が活躍した。そこで直接看護に従事したのが，修道女であった。その活動は「教会に仕える女性たちの活動は広い範囲におよび，あらゆる面で癒しの術に関わっていた。ホスピスタル騎士団やその他の，医療を本務とする修道会内のみならず，一般に宗教生活は病人の看護や世話と密接に関わっていた。」[15]と活動は広範囲になっており，直接ケアに関係していた。当時，最も著名な修道女（のちに修道院長）は，ヒルデカルト（Hildegard, Bingen. von）であった。彼女は神学的知識にたった医学書『医術』『病因と治療』等を著し，治療薬や健康と病気についてふれている。

この時代最も猛威を振るった疾病は，ペスト（黒死病）と癩病であったが，予防・治療において具体的かつ有効な手立てはなく，ただ医師・看護婦は看護並びにケアを施すだけであった。このように疾病または乳児死亡率が高く，平均寿命が極端に短かった時代において，そうしたなかでも生き延びた人々は，今日のように体系立った介護が存在する訳でもなく，ただ己の人生を嘆き悲しみながら全うしていく宿命にあった。そこには，自己のみが唯一信頼できる存在であった。そこで，年老いていく孤独な老人の隠遁の場所となり，故郷をもたぬ者や不治の病をもつ人々にとって最後の助け舟となったのは修道院であった(16)。

こうして，教道院は，古来より諸宗教にみられるものであるが，キリスト教における修道院制度は，教徒の修養の場であると同時に病人の看護としての役割も担っていたのである。当時，老化を健康問題としてとらえる学問体系として衛生学があった。これは，老いる術として「アルス・ゲロコミア」ないし「ゲロントコミア」(老人介護の術) の名称を獲得した。ボローニア大学 (1185年？開校) とパドヴァ大学 (122年頃開校) での解剖学教授ガブリエレ・デ・ゼルビス (Gabriele de Zerbis) は『老人介護学』を著し，副題として「老人たちのケアについて」とした(17)。この他にも老年期に関する著作がみられるが，この時期すでに老人問題が存在しており，そのケアについて衛生学の立場から学問的に検討されていたことがわかる。

このような，医学研究領域の拡大化傾向のなかでこの時代に入って女性のヒーラーとしての役割に転機が訪れた。これまで，古の時代から女性は癒しの分野において主役を演じてきたが，中世に入りその地位が揺るぎ始めたのである。その主要因はキリスト教宇宙観の変化にある。すなわち「原罪の教義」(イブの原罪) である。この概念は，女性を教会・国家・男性の権威に従属させるための最も有力な手段として用いられ，後の「魔女」狩り (女性の治療分野から

図表 5-2　スコラ哲学と教会の合体

哲学は自然における真理の追究，自然は神の創造物である
↓
アリストテレス哲学とキリスト教の合体
↓
スコラ哲学の隆盛⇒教会や修道院等が貧者の救済の場となる

の追放）の口実になった。癒しの担い手である女性を追放したのは神学的・科学的基盤であった。すなわち，治療分野での神わざと悪魔のわざを区別したのは科学の父であり，教会の教義であった(18)。こうして，古代社会よりシャーマンあるいはメディシンマンとして病気に対して宗教的儀礼によって対処してきた彼等（なかでも彼女たち等）は，宗教改革ならびにルネサンスのもとで社会から葬り去られたが，宗教的意図によって「魔女概念」が創作されたのも否めない歴史的事実である。

(4) 救貧法とケア的実践

中世後期において，修道院が病人の受入れ施設として重要な役割を果たしてきたことは既述してきた。とくに修道院長は看護体制の確立において重責の任にあった。この当時の病人看護内容の様子について『中世の患者』の著者ハインリッヒ（Heinrich, Schipperges）は次のように述べている。「病院において，病人のうちの多数はかなり貧しい人々であって，彼らを療養させるにあたり，まずは保健衛生的に最も基本的な看護に重点がおかれた。すでに病院設計の際に養生法による生活管理の第一の基本原理である『光と空気』」が重視された。同様に『食べ物と飲み物』も重要であり，そこで病人食はできるだけ簡素なものにされていた。スープや粥，卵や穀粉を用いた食物，チーズや魚が出された。看護の最も基本をなすものとされたのは，分泌と排泄であった。排尿や便通が入念に点検された。場合によっては瀉血と放血が補助的に行われ，体液平衡を安定させた。病人—老人や子供であっても—あらゆる観点において安らぎを得ることができた」(19)。これは，のちにナイチンゲールが定義した「看護」の内容と非常に類似している。このようにして，修道院は病人の収容施設としての使命を帯びていたが，ケアの実践の場として，その数はわずかであった。

その後，時間の経過とともにヨーロッパ社会において変革の波が打ち寄せてきた。それは，ルネッサンス，宗教改革，十字軍の遠征となってあらわれた。そして，社会体制も封建体制から絶対王政へ移行していった。こうした社会情勢のなかで，ケアの対象も拡大化の一途をたどった。

その源流は，イギリスに求めることができる。周知の通り，同国においてエリザベス救貧法（old poor law）が成立したのが，1601年であった。この背景には，天候不順による凶作，人口増加と羊毛の需要増大に対応するため16世紀に経済的支配層である地主たちは，いわゆるエンクロージャー（enclosure movement）を実施することによって土地の強制収奪を行った。そのため自作農民は失職し流民と化した。また，度重なる十字軍遠征による封建制度の疲弊，そしてヘンリー8世による宗教改革に伴う旧宗教階層の瓦壊等があった。なかでも「囲い込み」によって最も酷い状況に追い込まれた農民についてブルース・モーリス（Bruce, Maurice）はその著『福祉国家への歩み』のなかで次のように説明している。「16世紀は，多くの自作農を土地から追放し，ために彼らがほとんど移動を抑制された一つ大きな静止社会の中にあって，文字通り行き場所を失ってしまったことを十分認識していた。この時代の『過剰』の犠牲者であった失業した農業労働者は，今世紀の不況期の失業労働者より彼らの自立状態を取り戻す機会により恵まれていたとはいえず，しかも，彼らの抱えている問題は，今日と異質のものではなかった」[20]。こうして窮乏化した農民は，仕事を求めて，取りあえず身の回りの荷物をまとめ馬車や荷車等によって住み慣れた故郷を一家で離村せざるを得なかった。そして，すでに都市であったロンドン，マンチェスター，バーミンガム等に流入した。そのため当該市の人口は他地域から流入する人々で爆発的に増大した。しかし，そこで彼等が見たものは，理想とはあまりにも掛け離れた貧しい都市生活であった。すなわち彼等は，安い労働力の供給源である低賃金労働者としてみなされ苦しい生活をせざるを得なかったのである。よって生活水準も低く，仕事にありつけない人々は都市部の底辺で最低生活を余儀なくされた。当然そこには劣悪な生活環境のもとで貧困と疾病という悪循環が，労働者の肉体と精神を蝕み生活の崩壊を招来した。

こうした貧窮防止・救済対策として1601年救貧法より3年前に1598年法が制定された。その条例の序文に国が同時代に対する不安と懸念を次のようにあ

図表 5-3　エリザベス救貧法とケア

- 有能貧民（able bodied poor）：麻，亜麻，羊毛，鉄等の材料と道具を揃えて強制就労を強いた。なお，労働拒否者荷は懲治院か監獄に送致する。
- 無能貧民（impotent poor）：救貧院（poor House）に収容（ただし，親族扶養優先）
- 児童：男子 24 歳，女子結婚年齢まで徒弟奉公（ただし，親族扶養優先）

キリストのもとでの救済される貧民から抑圧される貧民へ
（救済としてのケアから管理としてのケアへ）

らわしている。「わが国の国力の大部分は，多数の善良で有能な臣民に依存するところである……，にもかかわらず，過去のどの時代よりも近年，激しくあちこちの町や教区や農家が破壊され，荒廃に帰し，その多数の貧民は放浪者となり，怠惰で無気力になった。それははかりしれない諸悪の素である……」。この内容からして統治者が農民の貧民化による社会不安に対して，いかに危機感を抱いていたかを推察することができる(21)。その後，同法は，産業革命の経緯のなかで発生した大量の貧困層に対処するため 1834 年に改正救貧法（new poor low）として成立した。そして，その後，数々の改正を経て 1948 年の「国民扶助法」制定に至るまでこの制度が続くのである。

ここで，救貧法制定以降の市民生活，なかでも貧民の生活をみるなかで病院，救貧院等で実践されてきたケアについて検証していきたい。

これまでみてきた対人援助技術であるケアの歴史を簡潔にさかのぼってみると，まずケアの起源は，原始時代のシャーマンにたどりつく。その後，ギリシャにおける「神の癒し」，古代医学におけるヒポクラテスの治療観に内在するケア，そして中世における神の手，人の手による「癒し」の行使。また，癒し手である女性のヒーラーの隆盛とキリスト教の宇宙観の変化に伴う彼女たちの失墜と「魔女」狩りが始まる。中世は「死の警告」（ラテン語で mementomori）

といわれペスト（黒死病）・癩病等はじめ数々の奇病がヨーロッパを襲い，おびただしいい死者・病人をだした。なかでもペストはヨーロッパ文化圏に対して壊滅的打撃を与えた。これに対して当時の医学は，具体的治療を施すことができずただ看護・ケアするだけであった。

ところで産業革命後，機械制工業によって大量生産が可能となり，その結果社会の変化が生じた。それは，一方では商品が安く大量に生産できることと，産業の発展に伴う工業都市の発達であった。また他方は手工業の衰えと機械導入に伴う大量の失業者—農民・職人—の発生である。当時の経済的思想はレッセ・フェール（laissez-faire：自由放任主義）であり，その特徴は「個人の経済活動に国家は介入すべきでない」というところにあり，「貧困の責任は個人にある」とするものであった。とりわけ改正救貧法はその傾向が顕著で，思想的概念として「劣等処遇の原則」を導入した。つまり，同法を適用される人々の処遇は，当時の最低労働者階層の生活基準を上回ってはならないということである。

同時期の労働者の暮らしぶりを克明に著した，エンゲルス（Engels, Friedrich）は主著『イギリスにおける労働者階級の状態』で次のように述べている。「汚物と灰の山がいたるところに散らばっており，ドアのまえへおしあけられた汚水がくさい水たまりになっている。ここには貧乏人が住んでおり，一番やすい労賃をもらっている労働者が，泥棒や山師や売淫の犠牲者などとごちゃまぜになってくらしているのである。」(22)「ロンドンの，しかもとくに労働者地区の悪い大気が，結核の発生にきわめて好都合であることは，街頭で出会う多くの人々の消耗性の顔つきを見ればわかる。朝早く皆が働きにでる時分にすこし通りをぶらついてみると，人は出会う人々のなかに，半ばまたはまったく結核にかかっているようにみえるものが大勢いるのに一驚するであろう。」(23) これが，都市労働者の生活状態であるが，新救貧法では，被救済貧民に対する処遇がこの基準を越えてはならないとしている。すなわち，これ以下の処遇ということは人間的生活を否定することとなる。ここにブース（Booth, Charles）著『ロンドン東部における生活と労働』がある。この調査によると当時の東ロンドン並びにロンドンの他地域の貧民の状況がわかる。

当時，東ロンドンの人口は90万8,000人であるが，これはロンドン全人口の4分の1以下にあたる。その30%以上が極貧階級であったことは，いかに労働者の生活が苦しく，悲惨であったかを物語っている。また全極貧階級人口の5%も救貧院（ワークハウス）及び保護収容所や病院の在院者であったのは驚きに値する。つまり，このことは東ロンドン地区に極貧層が多く住んでいたことを証明している。

次に被救済窮民の収容先である救貧院，病院等の生活状況について検討する。この時代の社会派小説家として著名なディケンズ（Dickens, Charles）は，その著書『オリヴァー・トゥイスト』で当時の社会状況を克明に描写している。このなかで，主人公で孤児のオリヴァーが救貧院で食事時間を描いた場面がある。少し長いが引用する。「子供たちが食事を貰う部屋は大きな石畳のホールで，一方の隅に銅の大釜が置いてあり，食事時になるとエプロンをつけた院長が，一人か二人の女に手伝わせて，そこからおかゆをひしゃくでついでくれた。この素晴らしい御馳走は，めいめい一杯ずつで，それ以上は貰えない。―中略―お椀は洗う必要がなかった。子供たちがスプーンでその内側をこするので，すぐまたピカピカになるからで，子供たちがこの仕事を終える（それほど時間はかからない。スプーンもお椀もほぼ同じくらいの大きさだから）と，坐ったまままじっと鍋の大釜を見つめているのだが，その時のらんらんたる目つきといったら，お釜をのせている炉の煉瓦までむさぼり食ってしまいそうだ。」(24) このように救貧院における子どもたちは常に空腹感に襲われたが，それを満たされることはなかった。そのため子どもたちは発育不全で，身体的に虚弱であった。

また，施設での子どもの惨状について次のような記述がある。「1849年1月，ドルエトという男が経営するトゥーティングの貧困児童院で病死した子供たちについて幾度も査問が行われた。ドルエトの施設には，2歳から15歳までの子供が男女合わせておよそ1,400人収容されていた。検死官裁判所での証言によると，誇張はあるにせよ，施設での惨状は到底言葉では表せないほどひどい

図表 5-4　改正救貧法の処遇原則（ケア）

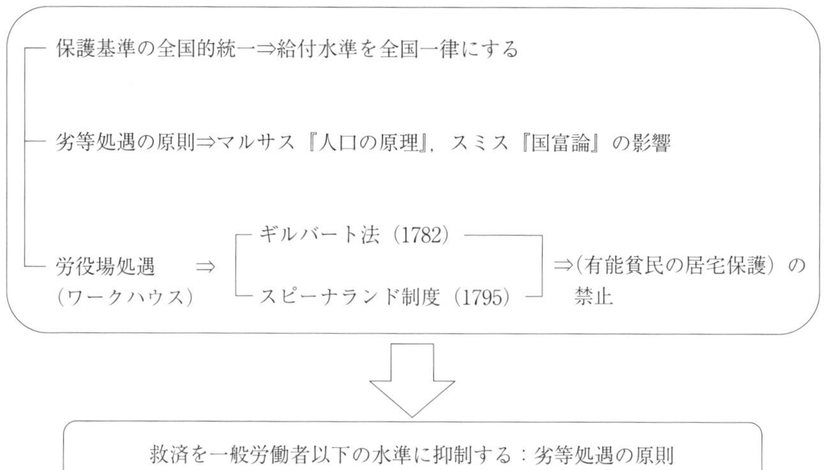

ものだった。不潔と恐怖がこの恐るべき施設を支配し，ドルエトは預かっている子供たちの労働を搾取して明らかに相当な利益をあげていた。寝室は鮨詰め状態，粗末な食事は立ったままで食べなくてはならなかった」(25)。

このような事態を招いた事由は，改正救貧法（1834）の窮民対策の基本概念―劣等処遇―に他ならない。それではここで，こうしたひどい惨状を呈している窮民に対する病院あるいは救貧院におけるケア実践について検討する。

当時のケアの実践主体は看護婦である。もともとその出身は，高貴な婦人であり，彼女たちがクリミア戦争で傷病兵の看護に従事したときその後方支援活動が認められ，看護業務の重要性が認知された。そして，彼女たちは19世紀における改正救貧法が施行されて以降，病院や救貧院の増設にともなってその数が増やされ，この施設の拡大と同時に病院等でのケアの必要性が重視されたのである。このように年々看護婦の数は確かに増加していったが，その質は，初期において問題があった。それは技術的よりむしろ価値観の問題であった。たとえば「初期の看護婦のなかには，明らかに厳しいしつけを要求するものが

図表 5-5　院内収容の被救済者の構成

（1857-74 年，各年 1 月 1 日）　　　　（単位・%）

年　次	成人労働能力者	成人労働不能者	児　童
1859	16.13	42.25	37.60
1864	16.93	45.96	35.69
1869	17.71	44.56	34.55
1874	13.52	53.45	31.25

（出所：高野史郎『イギリス近代社会事業の形成過程』勁草書房　1985）
資料：L.G. B, Fourth A.R. 1875 App., pp.386-387
注）浮浪者は含まないが約 3 %と推定される。
D. Fraser, ed., *The New Poor Law in the nineteenth Century*, p.5

多かった。彼女たちは，かなり荒っぽく，粗雑なタイプの召使いとほとんど変わらなかった。病院の仕事は，上流の礼儀作法を身につけた婦人のものではなかった。大酒飲みもいたし，高潔な道徳観に欠ける看護婦もいた」(26)。また，救貧院での看護婦は有給看護婦を主任看護婦とし，彼女のもとに貧民看護婦が配属された。すなわちひとりの有給看護婦（質的に問題あり）が救貧法施設の「看護」要員の大半を構成する多数の貧民看護婦の監督に多くの時間をとられたのである(27)。そのため実際にケアにあたるのは貧民看護婦であった。そこで数々の問題が発生した。それは貧民看護婦自身が満足な栄養食を与えられていないため，患者の食事や発酵酒の盗みをはたらいた。そして，その業務においても，満足な教育を受けていない者がほとんどで患者に配る薬名も読めないので，薬はいい加減に，しかも全般的にでたらめに配られており，医師の指示も無視していた(28)。このような事態が看護・ケアの実践場面で多くみられたのである。

この原因は，ナイチンゲール以前の看護が，まだ理論体系化されておらず，教育・訓練されないまま現場に配属されたところにある。この点に関してフェンウィック博士は，1860 年まで「訓練された看護の実践はなされておらず，また教育された看護婦もいなかった」と述べている(29)。当時の看護婦は患者の面倒，病室の清掃，薬の配布や食事の配膳が主たる仕事であったため，病院で看護教育を受けていないもと家政婦経験者を有給看護婦として登用することもあった。改正救貧法実施以来，看護・ケアの場は増えたが，看護理論・養成体制・資格もまちまちであったため，各病院・施設によってその実践内容が異なった。このような事態が改善されたのは，看護職と救貧院の改革による。

(5)　ナイチンゲールと近代的ケア

1850年代からナイチンゲールは，看護理論の体系化に取り組んだ。そのきっかけは，医学の進歩に伴う臨床看護の重要性が叫ばれたからである。医師にとっても，自分の指示通りに患者の処置を任せられる補助者を必要としたのである。また，彼女は救貧院での看護職の改善と院内の惨状を見かねて，その改革にも乗り出した。

まず，ナイチンゲールは1860年に聖トマス病院で看護師の養成を開始した[(30)]。こうして，病院の養成施設で教育された看護師は，家政婦的業務から解放され，新たな看護業務を課せられた。そして，彼女は看護職の改善を篤志病院から救貧院へと拡大化していった。その過程で，彼女は「救貧院病院における貧しい病人のために看護師を供給し，訓練し，組織する問題についての提言」(1867)を行った。そのなかで「救貧院病院では〈大方のところ〉看護とは，今日まで名のみの存在であった，という見解について私は委員会を信じるし，それに同意もする」としてこれまでの救貧病院で実施されてきた看護業務をほぼ全面否定している。また，看護師の資格について「有給看護師」に対しては，訓練の必要性を説きその名称も〈訓練〉(すなち，有資格）看護師という言葉を使う。また，何の訓練も受けておらず貧民のなかから看護要員として使用してきた「貧民看護師」に関しては，廃止すべきであるとし，それに代わるべき看護とは何かを確認すべきであるとした。看護師は，報酬で決める職種ではなく，また，品行の最も悪い女性が就くべき職務でもない。品行の最もすぐれた女性が，マトロン（監督）や看護師長のもとであらゆる看護の訓練を受けるのが大切であると指摘している[(31)]。

次に救貧院の改革であるが，こちらはより一層困難をきわめた。なぜならば，救貧委員は院内の病人の福祉を考えるよりも，納税者の利益のことを考えていたのである。そして，その運営の理念として「劣等処遇の原則」という思想が存在しており，そのために救貧院の状況が外部社会に知られることはほとんどなく，閉鎖的，管理的体質に覆われていた。そこで，ナイチンゲールは，救貧院病院における看護職の業務を改善するため，ナイチンゲール学校で教育を受けたアグネス（Agnes, Elizabeth Jones）を派遣した。

ここで，彼女の仕事ぶりをナイチンゲールは次のように書き記している。「彼女はただ，彼女の内なる生活，父なる神のみわざを行うことにより成り立つ，訓練され，秩序立った生活が導くままに仕事をした。それは支配するとか，追い使うとか，方針を押しつけるとかいうことはまったく違ったものであった。そして，誰もがすなわち貧民も教区委員会も看護師も救貧法委員会も，彼女のそういうやり方をしっていた」(32)。ただ，このような事態に至るまでにエリザベスは院長等との間の幾多の障害を乗り越えなければならなかった。しかし，彼女の献身的な努力（のちに彼女は伝染病に罹患して死去）と他の看護師たちあるいは篤志家たちの協力で救貧院の改革が開始されたのである。

ところで，ナイチンゲールはケアに関して，その対象規定を明確に規定した。すなわち，「救貧院にいる身体健全な貧民が受ける援助は，健康に生きていくために最低限必要な援助に限るという点では法律は完全に正しい。あらゆる階級の人々が被救済民へ堕ちていく不偏の傾向に対しては，何らかの阻止案が講じられなければならない。この必要性については，いたる所のあらゆる救貧院の管理上多少なりとも常に意識されている。しかし，病人を治すためには，まさにこれと正反対の条件が必要であり，目的もまた正反対である。われわれは病人を治すことによって病人自身およびその家族が被救済民に堕るのを予防することができる。被救済民が生じるのを阻止する方法をもって病人を治すことはできない。貧しい人間は病気になったその瞬間から事実上，被救済民の発生を阻止するための諸方法の合法的対象ではなくなるのである。その反対に，最良の方策と経済は，その人間が自分の仕事に再びつき，地方税を費やす存在ではなくなるよう，できるだけ速やかに彼の病気を治すことである」[33]とケアの対象を2つに分類している。これは当時のイギリスにおける救貧行政のなかで画期的なことであり，これをケア（care）の原型として位置づけることができる。また，この考え方はケアをどうとらえるかにも関係しているが，ナイチンゲールの規定したケアは，福祉的ケアと看護的ケアに分類することができる。両者は同じ窮民であっても一方は身体健全であり，他方は病人である。すなわち，「健康な貧民」と「病気の貧民」として捉えることが必要である。

前者の福祉的ケアに関しては，再び社会復帰を可能にするための自立援助が主体となる。それは生計をたてるための経済的支援が主となる。そして，これまでなぜ生活困窮に陥ったのか，その原因は，本人以外にあるのかあるいは本人怠惰やアルコール依存症によるものか等について本人の話を傾聴，共感するための，精神的・心理的援助であったりする。これに対して後者の看護的ケアは，まず，病気を治療することが主であるので，治療あるいは軽快のための看護や身体的介助・介護が主体となる。そして，精神的・心理的援助は病気から派生する個人の悩みや苦悩に対する援助となる。

ここで，救貧院における看護場面でのケアの実態を垣間見ることにする。「救貧病院の患者に対しては，もつと時間的に余裕をもって良いケアをすることができるのです。例えば，一見したところでは白痴児と同様に扱うしか方法はないと思われるくらい気の弱った患者が多数いることは事実です。しかし，それは，誤っているのです。賢くて心優しい看護師が，おそらく数か月間も他人から話しかけられたことがないといったいちばん厄介な老婆の患者に話しかけます（彼女は記録でその老婆の職業を調べてあるのです）。

『あら，あなたはオレンジ売りのおばさんでしたわねえ。オレンジは1個いくらで売っていました？　1ペニーですか。そうそう，あなたは文無しの子にオレンジをあげていましたね。売り物には向かないけれど，文無しの子には飛び切り上等ですものね』。老婆がうれしそうに見上げます。看護師は彼女の心

図表 5-6　ナイチンゲールの看護的ケアと福祉的ケア

	分　類	対 象 者	援助方法	援助目的
ケア	看護的ケア	病気の貧民（無能貧民）	病気・衰弱への援助（身体的・心理的支援）	健康回復
	福祉的ケア	健康な貧民（有能貧民）	生活・社会的自立援助（経済的援助）	社会復帰

をつかんだのです。『おやね，あんたは私のことがすっかり分かっているんだね』と老婆はいい，こうつぶやくのです。『たぶん，女王様も私のことがすっかり分かっているんだね』。これがまさに，知性的で愛のある親切というものなのです。」[34] 少々引用が長くなったが，これはケアにおける精神的・心理的援助の具体例である。このケアを通じて看護師と老婆の間にはラポート（信頼関係）が構築された。そのうえ，老婆の心が和むことによって，今後の「治療」に良い結果をもたらすと同時に本人の自立・自己実現へのきっかけとなる素晴らしいケアの展開である。

これまで，対人援助としてのケア思想の展開を欧米中心にみてきたが，その原点はすでに原始社会においてみることができる。そしては，多くの時間的経過を経てナイチンゲールによって，近代ケア論の原型が形成された。ナイチンゲール以降，多彩な看護理論家によってケアに関する業績があげられ，今日のケア論に多大なる影響を与えている。その 1 人がホール（Hall Lydia E.）の「コア・ケア・キュアのモデル」である。そのなかで「ケアとは『手を使って』身近に患者の身体的世話をすることをいい，慰めいたわる関係を意味している」[35] とある。これは，ケアワーク（介護福祉援助活動）における業務内容である直接援助（身辺介助・介護）と間接的援助（ソーシャルワーク）と類似している。すなわち，看護場面ケアと福祉場面ケアは同一円内に属していることがわかる。そして今後，互いに補完しながら協力することが望まれる。このことが，今後のケアワークの新たな発展につながるのである。

2．日本におけるケアの歴史的展開

(1)　古代，中世におけるケア

社会福祉の歴史的展開において「相互扶助」の概念は，古典的概念としてだけではなく今日の社会においてもその存在意義を見いだすことができる。それは，相互扶助が「人間が自発的，意図的に協同・協力，信頼関係」を構築することによって成立するのであり，限定された範囲・地域（＝イエ，ムラ）において展開されるが，そこには厳然とした共同社会の人間関係が存立する。これは，現代社会において崩壊しつつある家族関係を維持・支援する一つの価値体系であるもといえる。ここで，この相互扶助について若干ふれることにする。元来，家族・同族関係において相互扶助は古代社会より存在していた。また，近隣集団やその他の組織・集団にも同様，その精神・機能が存在するとされてきた。すなわち，血縁関係においては愛情，扶養，保護，義務等の関係，地縁関係においては資材，金銭，労働力等の援助関係が成立していたのである。その特徴を要約すると次のようになる。

まず，①援助関係が連帯意識に基づくものであるので上下支配関係における保護や援助と異なってスティグマを伴わない援助形態である。次に，②地縁，血縁関係等を基盤とした限定された領域・地域における援助関係であるので，そこには部外者（＝「余所者」）に対する相互扶助あるいは隣保相扶は存立しない。また，③この関係は原則的に平等・対等関係によって成立するものである。最後に，④これは単なる直接生活困窮者を援助する原理だけでなく，社会改造の原理をももち合わせているのである。その代表的人物として江戸末期における親和連帯的相互扶助の実践家である二宮尊徳を挙げることができる。彼は「勤労」「倹約」「推譲」「分度」を中心とする報徳仕法を用いて農村改良運動を行った。すなわち，親和連帯的相互扶助を実践したのである。

ただし，このように古代社会の相互扶助は—地縁・血縁関係—を媒介とした

図表 5-7　二宮尊徳の報徳仕法

「勤労」：勤勉に働くことにより，人間が向上し，生活が成立する。	個人の生活上の問題	
「倹約」：単なる節約ではなく，天変地異に備えること。		
「推譲」：今日の物を明日に譲るという意味であるが，これは単に子孫に譲るということではなく他人への移譲も意味する。	社会・道徳	
「分度」：推譲には各人一定の枠がある。これを分度という。		

私的扶養であり，その扶養は共同体を越えないものであった。このように狭小で封鎖的な村落共同体において醸成された，家族，親族，近親縁者間の強い情愛と連帯は，彼等の自立助長と集団内保護を可能とした(36)。

なお，古代律令制度のもとにおいて老人の看護・介護に関する規定がされているのが「養老律令」(718年) である。その具体的説明が注釈書の「令義解」である。その戸令11条の給侍條（ごうじじょう）には次のように記してある(37)。

几年八十及篤疾ニハ。給ニ侍一人ヲ一。謂。其給レ侍者。不レ限ニ貴賤一。皆普給之。若篤疾之人。年亦八十者。猶給ニ一人一。可一累給一。其九十百歳。亦准一比例一也。九十ニ二人。百歳ニ五人。皆先盡セ子孫ヲ。謂。縦有ニ子孫一者。不レ限ニ有官无官一。皆先盡ニ其子一。然後及レ孫也。稱レ孫者。依レ律。曾玄同也。若无ハ子孫一。聽セ取ルヿヲ近親ヲ。无クハ近親一。外ホカニ取ヒ白丁ヲ。若欲子カハンニハ取ント同家ノ中男ヲ者並聽セ。郡領以下官人。謂。主政以上。偶ニ推決一故也。數加巡察。若共侍不如法ナラハ者。随テ便ニ推決セヨ。謂。量ニ其情状一。便決以ニ咎罪一也。其篤疾ノ十歳以下ニシテ。有ラハ二等上ノ親一者。並不レ給ハ侍ヲ。

謂。十歳以下者。三歳以上也。　推一碁間縦子依律科者以誰死侍哉更外取白丁哉爲以此子死乎〔紅紙背〕

その内容を具体的に記述すると以下のようになる。

「およそ，80歳の者或いは重度障害者には侍 (律令制で篤疾者や高齢者に仕えるため，庸・雑ようを免じられた家族・近親者をいう。)(38) を1人をあてる。ただし，侍には貴餞の分け隔てはない。たとえ，重度障害者が80歳になっても侍は一人である。また，90歳の者には侍2人をあてる。そして，100歳の者に対しては5人の侍をあてる。いずれの場合もまず子孫が優先である。ただし，子孫がある者は，身分の高い者も低い者もみんなまず自分の子どもをあてなさい。孫とは律の定めによる。會孫，玄孫も同様である。子孫がいない場合は近親をあてる。近親がいない場合は白丁（神事・神葬などに物を運ぶ人，庶民）を使う。また同じ家の中男（17歳から20歳の調・庸・雑瑶を負担する男子）を使う場合はよく調べること。地方行政官以下の役人は頻繁に巡回しなさい。もし，法に従わない者は随時適切に処罰すること。そして，実情に応じてむちの罪にせよ。また，10歳以下の重度障害者は2親等以上の親類縁者がいる場合，侍をつかわす必要はない。それは，10歳以下で3歳以上である。」

この戸令の規定は，その老親・重度障害者の看護・介護を優先的に子孫とした血縁・近隣扶助による相互扶助・隣保相扶を枠組みとした公的扶養（介護）の代替にすぎないが，福祉の前史のなかで貧窮虚弱者に対する救済がほとんどであるのに対してこの「給侍條」の規定は限定されたものであるが，「介護の措置」として稀有な存在である。ただ，この私的扶養優先の思想は10世紀以上も後の「恤救規則」（1874年）を始め，わが国の福祉思想史に多大なる影響を及ぼすことになるが，古代律令社会おいて「介護」を制度として存立させた意義は大きい。ところで，これより以前，すでに老人が救済施設に収容されていた。それは，仏教的慈善の創始者である聖徳太子によって593（推古）年に建立されたとされる四天寺の四箇院（非田院，療病院，敬田院，施薬院）で，このうち老人を収容していた施設として非田院がある。その対象は「貧窮孤獨，単己頼るなき者」となっている。そのうち，「獨」が61歳の子のいない者となっており，いわゆる「老人」に該当する。ただ，そこにはケア場面が存在していたかどうかは定かでない。ところで，古代律令体制において庶民はどのような暮らしぶりであったのであろうか。山上憶良の「貧窮問答歌」や「続日本書記」に当時の庶民の苦しい生活や役民の労苦が歌われている。

「貧窮問答歌」山上憶良(39)

風雑へ　雨降る夜の　雨雑へ　雨降る夜は　術もなく　寒くしあれば　堅塩を　取りつづしろひ　糟湯酒　うち啜ろひて　咳かひ　鼻びしびしに　しかとあらぬ　髭かき撫でて　我を除きて　人は在らじと　誇ろへど　寒くしあれば　麻衾　引き被り　布肩衣　有りのことごと　服襲へども　寒き夜すらを　我よりも　貧しき人の　父母は　飢ゑ寒ゆらむ　妻子どもは　吟び泣くらむ　此の時は　如何にしつつか　汝が世は渡る　天地は　広しといへど　吾が為は　狭くななりぬる　日月は　明しといへど　吾が為は　照りや給はぬ　人皆か　吾のみや然る　わくらばに　人はあるを　人並に　吾も作るを　綿も無き　布肩衣の　海松の如　わわけさがれる

上記の歌から極貧状態にある農民一家に対する作者の気遣いが手に取るようにわかる。ところで，当時の庶民の一般的な日常生活において食事は大抵一日二食が普通だったという。貴族の主食は白米や玄米であったが，身分がさがる程玄米が一般的であった。これに対して人口の大多数を占めていた農民の主食は，玄米，粟，稗，豆，ソバを混ぜた雑穀食であった。また，炊事は甑（深鉢形の土器或いは木器）で蒸していた。そして強飯を干して携帯し，水や湯でもどして食べる干飯も出現した。しかし，なかには課役（調・庸・雑よう）の長旅であるのにもかかわらず干飯すら持参することができず，旅の途中で路傍に餓死する者も多かった(40)。

ところで，古代，中世において老人救済策として地域（江戸市中のみ）は限定されているが，江戸幕府の法令集『徳川禁令考』の「窮民御救起立」(1792)があった。これは孤独な高齢者や長患いの病弱者並びに孤児に対して積立金制度を適用したものであった。また，長寿，無病息災等の対策として厄払い，信仰等に頼ることが多かったが，自給自足の村落共同体社会では老人の知恵・知識が健康のみでなく，あらゆる日常生活の側面において，それらが生かされた。その理由として以下の５つの理由を挙げることができる。

その第１は，老いに伴う知恵の有効性である。つまり，彼等のもっている知恵・知識があらゆるところで役立ったのである。第2は，老人は家族・共同体の精神的な紐帯として存在することにおいて家族・地域社会の精神的支えになったこと。第3は，前近代社会の特質である旧慣故実・先例重視の姿勢のなかにその価値と評価を見出だすことができること。第4は，人間関係—親子関係，特に父親と息子—における調整機能。(現代社会における核家族制度が親子の緊張関係を招来しているが，その要因の1つに老人の調整機能の喪失を挙げることができる)。第5は，文化の伝承とともに長寿者がもつとされる呪力にある[(41)]。

このように共同体社会で生産手段が家族に依拠していた前近代社会において老人の果たす役割は確固としたものであった。平成8年版『国民生活白書』は「江戸の老い入れ」と題して立川昭二の『江戸　老いの文化』を紹介しながら次のように述べている。「ちなみに江戸社会は老いに価値を置いた社会であった。暮らしは自然のリズムにそって流れており，人も物もゆっくり動いていた。人が壮年期までに蓄えた知恵や技能がいつまでも役にたったため，年寄りの役割が厳然とあった」[(42)]。「老いを大事にしていた江戸の人たちは，老いを表す言葉を大事に使っていた。現在，老年期を表す言葉は「老後＝老いの後」だが，江戸時代は「老い入(おいいれ)＝老いに入る」という前向きの言葉を使っていた。庶民にとって良い老い入れとは子どもたちの出来がよく丈夫で孫もでき，家内繁栄ということであった。身内の安全と繁栄という家族的で現世的な人生観につきる」[(43)]。このように，老人に対して一定の評価と価値が付与されていた。しかし，現代社会においては，高齢者に対するイメージは「社会的弱者」「お荷物」「非生産的」「汚い」等と見なされ暗い印象が漂っている。つまり，経済的，精神的，社会的に厄介者扱いされているケースが多いのである。この主要因として近代社会以降の資本主義の発達に伴う消費と生産手段の分離並びに家族形態の変容を挙げることができる。ゆえに前近代社会における老親介護は現代社会のように家族以外に代替機能を求めるのではなく，家族が主体となって担ってきた。前近代社会のように農村社会においては生産手段をもつこと

＝生活可能であることは，イエ（＝土地）に縛られることになり生産手段の委譲を受けた子孫は当然親の老後をみることになる(44)。そこには，利害関係から生じる扶養意識というより，地縁・血縁による相互扶助並びに儒教的「孝」（親を敬う）による影響が大きかったように思われる。

こうした，わが国の老親扶養形態に類似したものとして，かつて国民の大多数を農民で占めていたドイツにおいて主として農村において親が年老いて仕事が捗らなくなった場合，財産を子どもに譲って隠居すると同時に老後の面倒をみてもらうという契約に基づく「隠居契約」が現存する(45)。この老親扶養において両国を比較した場合，前者が，親の財産（土地・家屋）は必ずしも移譲することが明確でないのに比して後者では，老親扶養の見返りとして財産を譲り受けたのである。つまりドイツの場合，親の財産を譲り受けるから親の面倒をみるのである。そこには親子関係における怨念・嫉妬・嫌味・憎悪といった感情の介在は容易ではないのである。

ところで，前近代社会なかでも古代・中世におけるケアの実態はどのようであろうか。孔子の孝道を弟子が記録した『孝経』を必修とした官人社会において，親に対する扶養は孝を重くみている儒教倫理が行動規範となったので，親が病気等で床に伏した場合，子は官を辞して看護・介護にあたらなければならなかった(46)。また，出家社会においてもその思想の影響を受け「相互看護」(47)が行われていた。

一方，庶民はどうであったかといえば，前述したように極一部の人々が「戸令」に基づいて介護されたが，そのほとんどは公的救療もなく，行旅病人として附近の里にて看護・介護の施しを受けたのを除いて多くは，病に苦しみながら路上に伏しそのまま死に至ったのである。こうした病苦から逃れるため庶民は念仏を唱えることが極楽浄土への途であるとし，信仰の道を選んだのである。そこには庶民の死・苦痛の恐怖からの切なる逃避の願いが込められている。なお，当時の風習として死者を葬るのは現在のように火葬でなく，土葬であったが，なかには葬送の省略を遺言とする者もあった（「吾が屍骸をもて，収め葬すべからず。必ず林野に置きて，鳥獣に施すべし」『拾遺往生伝』巻下第27話）[48]。

ここで，老人の暦年齢についてふれたい。現在，老人福祉法の規定によれば老人ホームへの入所は，65歳以上となっている。また，老人保健法では，その対象年齢を70歳以上の者及び70歳未満の寝たきり老人等としている。ただし，医療等の以外の保健事業の対象年齢は40歳以上となっている。また，介護保険法では，その給付対象を要介護状態にある40歳以上65歳未満の者（要介護認定者）としている。

一方，律令制度における「令義解」の戸令32条の「鰥寡條」では救済対象を次のように規定している。

「凡鰥寡孤獨。貧窮老疾不能自存者。」

「鰥」とは61歳以上で妻のいない者，「寡」とは50歳以上で夫のいない者，「獨」とは61歳以上で子どものいない者で生活に困っており病気に伏している者，「老」とは66歳以上の者で誰の援助も受けることができない生活困難な者をその対象としている。ここでは，老人とは66歳以上であると規定している。こうした経緯をみると，老人とは，古の時代から現代に至るまで65歳位前後とするのが適切と思われる。しかし，そこには個人による差異が生じるため，暦年齢では65歳であっても個人差を考慮して，「老化」（生理的老化と病的老化）に伴う日常生活のADLに支障が生じた場合に介護が必要と考えるのが妥当ではないであろうか。

ここまで，わが国の前近代社会におけるケアについて考察してきたが，まとめとして次のように要約することができる。ケア（＝「介護の措置」）は律令制度のもとですでに存在していたが，その対象はきわめて限定されており，各層（官人・貴族，僧侶，庶民）においてそれぞれ儒教的「孝」思想ならびに仏教的慈善思想のもとでのわが国の老人介護ならびに救貧制度の黎明期といえる。

(2)　近代社会におけるケア

明治期に入り，近代国家形成過程において生じた経済的混乱と政治の抗争によってつくり出された窮乏と社会不安に対処するため，国家の救貧対策として，これまでの救貧の主流であった「仁政」に代わって救貧制度として「恤救規則」が 1874（明治 7）年に制定された。これは原則的に窮民対策であるが，そのなかには貧窮老人も救済対象に含まれている(49)。

「恤救規則」（前文）（明治 7 年 12 月 8 日太政官達第 162 号）

> 済貧恤救ハ人民相互ノ情誼ニ因テ其方法ヲ設ベキ筈ニ候得共
> 目下難差置無告ノ窮民ハ　自今各地ノ遠近ニヨリ五十日以内ノ分
> 左ノ規則ニ照シ取計置委局内務省へ可伺出此旨相達候事

この前文において，救済対象は「無告の窮民」となっており，親類縁者のいるものは救済対象から除外された。この規則はあくまでも家族制度を遵守することを国民に知らしめた規定であるといえる。また，前提条件として「人民相互の情誼」を挙げている。これは人情の義理，交遊の情愛を重んじるもので，「養老律令」の戸令における私的扶養優先思想の流れを汲むものである。尚，老人救済に関しての規定は，「極貧の独身で 70 歳以上で重病者または老衰者」に対して米を年 1 石 8 斗支給するとなっている。同規則は全国の府県で取扱がされたが，府県の行政機構が脆弱でその取扱いも府県によってまちまちであった(50)。しかも，ただ機械的に規則に該当するだけでは「新タニ政府過大ノ冗費ヲ増スノミ」とされその運用に関して厳しく監視された。そして，1889（明治 22）年に「大日本帝国憲法」の発布，翌年には「府県制」「郡制」が制定され国としての骨格が形成された。しかし，一方では政府の緊縮財政のもとで，都市下層生活者が生まれることなった。

このような状況下で時の山懸内閣は「窮民救助法案」を提出した。その対象者「不具廃疾長病不治ノ疾病重傷老衰」其ノ他災厄ノ為自活ノ力ナク飢餓ニ迫ル者」のなかに老人も含まれていた(51)。しかし，この法案は窮民対策を「隣保相扶養ノ情誼」に任せるべきであるという意見のもと否決された(52)。

その後，窮民対策として「恤救法案」や「救貧税法案」が議員提案のかたち

図表 5-8　恤救規則による国庫支給

年　度	年末現員（人）		金　額（円）		1人当たり		5年平均	
明治 9	1854.0	2,521	7837.6	13,426		5.32 円		
10		1,187		2,249		1.89		
11		16,097		6,194		0.38		
12		4,941		37,178		7.52	円	
13	7764.8	4,758	38079.6	43,336		9.11	6.59	
14		6,981		53,189		7.62		
15		6,047		50,501		8.35		（倍）0.77
16		6,402		43,926		6.86		
17		9,624		43,710		4.54		
18	11394.2	10,881	55955.4	55,467		5.10	5.12	
19		14,865		68,024		4.58		
20		15,199		68,650	（11.90）※	4.52		1.17
21		14,721		62,411	（ 8.03）	4.24		
22		14,245		71,833	（ 7.67）	5.04		
23	16656.4	17,488	101361.6	128,872	（16.88）	7.37	5.97	
24		18,282		116,188	（13.94）	6.35		
25		18,536		127,504	（11.82）	6.87		1.45
26		18,145		121,440	（10.02）	6.69		
27		18,088		146,950	（ 8.85）	8.12		
28	16962.0	16,714	145578.6	141,450	（ 6.62）	8.46	8.64	
29		15,823		144,780		9.15		
30		16,040		173,273		10.80		1.38
31		18,415		239,506		13.01		
32		16,104		158,985		9.87		
33	15682.4	15,213	187661.6	183,006		12.03	11.96	
34		14,577		179,353		12.30		
35		14,103		177,458		12.58		1.21
36		15,118		212,597		14.06		
37		15,368		201,398		13.10		
38	14361.8	14,323	206535.6	192,840		13.46	14.44	
39		13,894		208,936		15.04		
40		13,106		216,907		16.55		1.21
41		9,335		193,863		20.77		
42		3,753		62,979		16.78		
43	4217.0	2,877	77756.4	37,864		13.16	17.54	
44		2,718		44,511		16.38		
（大正元）45		2,402		49,565		20.63		

注１）カッコ内数字は人口 10 万人につき新たに救助を受けた人数。
注２）「日本帝国統計年鑑」，各年度版より作成。
（出所：遠藤興一『資料でつづる社会福祉のあゆみ』不昧堂出版　1991　p.60）

で国会に提出されたが，いずれも審議されるには至らなかった。また，1902（明治35）年に安藤亀太郎等は，恤救規則では貧民の自主独立に至らず，貧民に怠惰心を起こしている等の理由で「救貧法案」を国会に提出したが，議会の会期切れによって廃案となった。ついで，1912（明治45）年には「養老法案」も立憲国民党の福本誠によって国会に提出された。その対象は「年齢七十歳ニ達シ無資産無収入」または「無資産ニシテ一年ノ収入額金三十六円五十銭ニ充タス且保護者ナキ者ニハ一日ニ養老金十銭以下ヲ給与ス」となっており，対象者ならびに給付額が具体的に明示された。しかし，この法案も賛成多数を得られず不成立となった(53)。

このように，「恤救規則」の制定以降同規則の不備を補うため，各法案が国会に提出，提案されたのにもかかわらず日の目を見なかったその背景には，当時の国家政策が，防貧に力点を置き，国家自らの救貧政策の充実に反対したからである。そこには，怠惰・惰民の醸成，公費の濫費，納税者への冒トク(54)であるということと感化救済という論理展開が主流を占めていたのである。ところで，江戸末期あるいは明治期に高齢者の「混合収容救護施設」として，小野慈善院（1863年）や東京府養育院（1872年），大勧進養育院（1882年）がある。これらの施設は，はじめ浮浪者や孤児，孤老，身寄りのない貧窮者の保護から始まった(55)。そして，老人のみを収容する施設としてわが国最初の老人福祉施設として誕生したのが，1895（明治28）年の聖ヒルダ養老院である。老人福祉施設としては民間施設であるが，この施設が発端となって全国各地につぎつぎと養老院が創設された。それは，神戸友愛養老院（1899年），名古屋養老院（1901年），大阪養老院（1902年），東京養老院（1903年）であった。その後，1929（昭和4）年の「救護法」の成立によって初めて公的養老院が誕生するのである。養老院の創設の意義は老人だけの保護・援助の必要性と老人も重要な援助の対象であることを社会に認知させたことであり，その陰には貧困の解決にあたり，人道主義的姿勢や強い使命感があった(56)。

大正期に入り，これまでの慈善事業や感化事業が社会事業として姿を変えていった。この間，養老院もその数・規模が増大し発展期を迎えた。ところで養老院の居室は雑居が主体で，5～10人であった。また，食事は一汁一菜が基本であった(57)。しかし，1925（大正14）年に関東大震災の被災者を収容する目的で皇室より御下賜金と義捐金によって設立された浴風園は，これまでの養老院と異なって規模・建物共に大きなもので500人収容となった。しかも，100床の病院を併設したものであった。その処遇観は社会福祉援助技術の基本である個別処遇と医療と福祉の統合を強調した(58)。実際の処遇を具体的に述べると，在園者の身柄調査を正確かつ緻密に行い，それを個々人の処遇上参考にし，過去の経歴と現在の性行との間に関連性を見いだすという科学的処遇を実践した。そして，医療と福祉の統合の実践として，病室から退院した者を一時的に静養室に収容し，回復するまで静養させた。また，虚弱者や身体障害者等起居動作に特別の注意を払う者は同じ寮内に集めて能率的な介護を実施した(59)。そこには，明確なケア思想は存在していなかったかもしれないが，科学的根拠に基づいたケアであったと思われる。こうしたなかで1925（大正14）年に大阪で全国養老事業大会が開催され，その後1932（昭和7）年には全国養老事業協会が設立された。そして，1929（昭和4）年の「救護法」の制定によって養老院が救護施設の1つとして法的に位置づけられた。これによって名実ともに同施設が社会的に認知されることとなった。

このように，老人に対する救護施設が社会事業の成立のもとで整備されてきたが，そこには，民間社会事業家ならびに従事者の想像を絶するような血の滲む諸努力があったであろうことは十分理解できる。こうした，社会情勢のもと一般庶民の老人介護に対する関心度合い，つまり，介護問題はどうであったであろうか。この時代は平均寿命も男女ともに50歳であったので，現在のように寝込んでからの平均余命は長くはなかった。岡本祐三『高齢者医療と福祉』は戦前の介護問題について次のように述べている。青森県の郷土歴史研究家によると「少なくとも昭和20年代まで『寝たきり』という言葉は聞いたことがない。『床ズレ』という言葉はあった。肺炎などで亡くなる前，短期間寝込む状態を『ネプした』(寝した)とはいっていた。常時布団の上で生活しているが，なんとか身を起こすくらいできる，そういう状態になると，朝一家総出で田んぼへいく前に，枕元におにぎりと水を置いておく。昼間は『なげておく』(放置しておく)のが普通でした。夜，家にもどってから，ようやくオシメを換えてやるだけ。その代わり，できるだけ栄養のある食物—主に卵を優先的に回してやったりしたもんです」(60)とある。つまり，当時は短命で寝込む期間も短く，そのため現在のような深刻化した介護問題が存在しなかったといえるであろう。この問題が深刻化，社会化するのは1960年代後半からである。

総じて，前近代社会における老人福祉は養老院を中心とした，老人ホームを中心に発展してきた。それは，救貧慈善恵的な施設，混合収容施設として発足し，その後，分類収容がなされ，養老施設としてみるべきものがある。しかし，生活保護法，老人福祉法の制定に至るまで，その根底には救貧・救護的処遇の域を脱するものではなかった(61)。

(3) 現代社会におけるケア問題

1) 老人福祉施設における「寮母」職

前節で老人収容施設である養老院について述べてきた。この施設は新「生活保護法」の成立以降その名称も「養老施設」として変更され，要保護者を収容する公的保護施設として位置づけられた。そして，1963(昭和38)年に「老人福祉法」が制定されたが，この法律の制定に伴い，それまで生活保護法に規定されていた養老施設が同法から分離され，養護老人ホームと同様，措置された生活困窮者の老人福祉施設の1つとして同法に規定された。ここで，養老院，養老施設並びに老人ホームの介護に直接関わる職員について検討していきたい。第1節ですでにふれたように聖徳太子によって設立されたとされる四箇院(敬田院，施薬院，非田院，療病院)のうち，非田院は老人を含む貧しい人々を収容する施設である。その救済対象と内容について「是れ貧窮孤獨，単己頼る無き者を寄住せしめ，日々眷顧して飢渇を致さしむこと莫かれ，若し勇壮強力を得たる時には，四箇院の雑務に役仕せしむべし」と規定している。つまり，その対象は貧窮孤独な者であるが，救済された者のうちその甲斐あって健康が回復した時は四箇院の仕事に従事することとある。これは，財政事情あるいは社会復帰を兼ねて看護・介護に従事する者を自前で賄うことになったと思われるが，1873（明治6）年に創設された混合収容施設である小野慈善院にても各棟内の窮民のなかから取締人を選び一切の事務を任せている(62)。また，日本で最初の養老院である聖ヒルダ養老院は1939年当時女性収容者9人に対して80歳の常務理事兼主事兼会計1人，台所主任雇1人が収容者の面倒をみていたとされ，看護・介護職員は配属されていなかった(63)。しかし，1903年に設立された東京養老院は1932（昭和7）年の救護法に基づく認可施設となり，それに伴って看護・介護に従事する職員として看護婦ならびに付添い婦が配属されている(64)。このような施設において初めて看護業務に専属の職員が配属されたが，介護に至っては専門職でなく，「付添い婦」（＝世話をする婦人）が配属された。いわゆる「介護」の業務に関しては，この程度の認識であったのである。

そして周知の通り，人口の高齢化現象，家族機能の変容に伴う私的扶養の減退，高齢者を取り巻く生活環境の劣悪化等のもとで老人福祉法が成立した。

同法の第20条の5に「特別養護老人ホームは，第11条第1項の措置に係る者を入所させ，養護することを目的とする施設である」と規定してある。つまり，その対象は65歳以上の者であって，身体上若しくは精神上著しい介護を必要とし，かつ，居宅においてこれを受けることが困難な者を入所させる施設が特別養護老人ホームである。そして，介護に従事する職員として「寮母」を配置することが規定してある。この寮母の多くは，老人福祉施設に従事しているが，それ以外に，身体障害者施設や児童福祉施設の母子寮等の直接処遇職員として従事している。また，資格要件は母子寮の寮母（＝保育士資格取得者）を除いて社会福祉職としての専門的知識の習得義務はなく，極端にいえば健康で労働意欲のある女性であれば寮母としての「資格」を有することになる。このことは，老人福祉施設におけるケア場面において入所する利用者の質的変化（個性化・高年齢化，介護の重度化）によるニーズの多様化，多元化傾向に効率的・効果的に対処することが次第に困難となってくる素地を招く要因となった。

ところで，このように老人福祉施設の直接処遇場面に非専門職である「寮母」が配属された理由として次の点を指摘することができる。まず，①老人福祉施設に対する行政の意識的低さ，認識的甘さを指摘することができる。それは「老人福祉法案」の段階で特別養護老人ホーム並びに養護老人ホームで措置を受けた老人を「収容」する施設と規定した。これらの老人ホームは同法制定により，「生活保護法」における養老施設からその姿は変容したが，行政の施設に対する意識・思想にはあまり変化はなかった。それは，当初，同ホームを「生活の場」でなく，「収容の場」として見なしたところに理由がある。（ただし，1972（昭和47）年に中央社会福祉審議会老人福祉専門分科会が「老人ホームのあり方」に関する中間報告のなかで老人ホームを「収容の場」から「生活の場」への転換を提言した）。ゆえに職員，なかでも直接処遇職員である「寮母」の資格及び業務内容に何等規定されることがなかった。②寮母の仕事が主に身の回りの世話と簡単な助言，相談と想定されていたので，その業務分析を明確に確立することが容易でなかった。そこで，当初，寮母の専門性の必要性が認められなかった。③特別養護老人ホームの設立にあたって前身の養老施設収容者のなかに傷病者が多く含まれていたので医療ニーズを充足するため当初，ナーシングホーム構想もあり，医療施設としての性格をもたせるかどうか議論された。しかし，厚生省内の医療政策関係局との調整の結果(65)，現在の特別養護老人ホームとすることが決定された。それに伴って直接処遇職員も専門性を求められなかったと思われる。④国民の老人福祉施設に関する認識・関心度の稀薄さ，である。その後，老人ホームの設備・運営に関する基準である「養護老人ホーム及び特別養護老人ホームの設備及び運営に関する基準」もいく度か改善されたが，老人ホームにおける日常生活の援助業務が拡大されるなかで介護職員の専門職性が重要視されるようになってきたのにもかかわらず寮母の資格に関する改善は遅遅と進まず，実現への途は長かった。しかし，その後社会福祉関係者の弛まぬ努力と各界の協力の結果，介護に従事する専門職として介護福祉士が誕生することになったのである。

2）ホームヘルパーの登場

わが国において，ホームヘルパーの前身である家庭奉仕員の派遣が開始されたのは1956（昭和31）年4月のことであった。それは，長野県上田市と諏訪市など13市による家庭養護員派遣事業の開始による。

ところで，長野県の高齢化率は1988（昭和63）年度で15.3%，1989（平成元）年では15.9%とともに全国第4位[66]であったのが，総務庁統計局「国勢調査報告」によると1995（平成7）年には19.0%となった。全国での順位は若干下降して山口県と同率第6位となっている。そして，在宅福祉の要であるホームヘルパーの利用状況は1988年度では100人当たりの年間利用日数は全国平均39.3なのに対して長野県は45.1で全国第21位，1989年度では同利用状況の条件で全国が42.2であるのに対して同県では，59.8と前年度より数値をあげ，全国での順位も第10位となった。また，同県の社会資源の推移を見てみると，特別養護老人ホーム，老保健施設，老人病院，ホームヘルパー数，デイサービス実施施設数において老人病院を除く，各施数ならびに定員数が伸びている。なかでもホームヘルパー数の推移は1988年463名，1989年563名，1990年757名と順調にその数を延ばしている[67]。1996（平成8）年度末には，同県のヘルパー数は1,783人[68]となった。これは全国都道府県のうち第9位の数字である。このように長野県は高齢化率の高い県に属している。また同県は地形的に平野部が少なく山岳地帯が多くなっている。そのため，農林水産省「耕地面積および作付面積統計」によると1996年統計で耕地面積は，水田と田畑がほぼ半々となっている。また気候的に，中央高地型（内陸気候）に属し寒暖の差が大きくなっている。このような厳しい地理的，気候的条件のもとでの地域住民の保健医療・福祉の維持・向上を図るため，全国で最初の家庭養護婦派遣事業が発足したのである。なお，その雇用形態と派遣対象は以下の通りとなっている。

［雇用形態］

臨時採用で1時間17円50銭支給

［派遣対象］

① 不時の疾病，傷害等のため家庭内の家事処理者が通常の家庭業務を行うことが困難になった場合に原則として1カ月以内の期間で派遣

② とくに家庭内の主婦を中心とする家庭処理者のほか，乳幼児や義務教育修了前の児童・要介護老人・身障者および傷病者のみから世帯を構成する家庭には無料で優先的に派遣するというサービス内容(69)，となっている。

ここで，この事業の問題点について簡潔にふれてみる。まず，雇用形態が，（これは現在もホームヘルパーの最大の懸案事項となっているが）正規の雇用でないということである。つまり，このような雇用形態は，従事者を常に雇用不安に陥れ，業務に対する責任感を欠如あるいは軽視させることになる。また，賃金も一時雇用であるので時間給となっており収入の安定度に欠ける。因みに，この時給17円50銭は決して高額ではない。この要因として，当時の既婚女性の就業率が低く，業務の専門性の未確立を指摘することができる（この状況は現在もあまり改善されていない）。その対象は何等かの障害等を抱えており，経済的に困窮している家庭となっている。

この長野県に続いて大阪市が1958（昭和33）年に「臨時家政婦派遣事業」を発足させた（翌年に「家庭奉仕員派遣制度」と名称が変更された）。その目的と対象ならびにその特徴は次の通りである。

［目的］

「生活に困窮した独居の老人が，老衰その他の理由により日常生活に支障をきたしている場合に家庭奉仕員を派遣して身のまわりの世話，その他必要なサービスを行い，日常生活の便益を供与することを目的とする。」

［派遣対象］

① 原則として独居被保護老人であること。

② 家庭奉仕員の派遣により，問題の全部または一部が解決できる見通しのあ

ることとして，派遣対象世帯を制限したもの。

［特徴］

① 業務内容が家政業務のほか，必要によっては，看護，及び実質的に相談業務をも対象としていた。

② 家庭奉仕員を派遣する方法は，週間ごとに，派遣計画を立て，派遣サービスの程度を家庭奉仕員1人1日2ケース（標準）としていた。

③ 家庭奉仕員の報酬は月額9,000円としていたが，実質的には日給月給方式であった。

④ 福祉事務所のケースワーカーが派遣開始後1カ月目，その後は3カ月ごとにサービスの効果測定を実施するとしていた(70)。

この大阪市の派遣事業は，その対象を独居被保護老人に限定している。ただし，その業務内容は看護，相談にも及ぶものでケアを包括しているといえる。また，ケース担当数も事前に決まっている。そして，そのモニタリング（再評価）として福祉事務所のケースワーカーがサービス効果を測定するとなっており，雇用形態を除けば，業務内容，運営形態は当時として画期的なものとなっている。このような長野，大阪における派遣事業につづいて，布施市（現東大阪市），名古屋市，神戸市，東京都と各都市で「家庭奉仕員制度」「老人家庭奉仕員制度」等が実施されていった。このような動向を厚生省も注視するようになり，1962（昭和37）年には250名の家庭奉仕員の予算化が行われ事業として発足した。その「老人家庭奉仕事業運営要綱」によるとその派遣対象は「要保護老人世帯」と限定された。しかも，被保護老人世帯の占める割合を50％以上とし派遣を厳しく制限した。そして「老人福祉法」の制定により，寝たきり老人対策として老人家庭奉仕事業が在宅福祉対策として同法第12条に規定された。その規定は「市町村は，社会福祉法人その他の団体に対して，身体上又は精神上障害があって日常生活を営むのに支障がある老人の家庭に老人家庭奉仕員を派遣してその日常生活上の世話を行なわせることを委託することができる」とされている。その後，1965（昭和40）年度から派遣対象が低所得の家庭まで拡大された。また，1967（昭和42）年に身体障害者福祉法に基づく「身体障害者家庭奉仕員派遣事業」，1970（昭和45）年には「心身障害児家庭奉仕員派遣事業」が発足した。その後，幾度か要綱が改正された。そして，厚生省は1981（昭和56）年12月の中央社会福祉審議会老人福祉専門分科会「当面の在宅老人福祉対策のあり方について」（意見具申）を受けて1982（昭和57）年からヘルパーの派遣世帯を課税対象者以外にも適用するようになり，いわゆる，有料制が導入された。その後，1985年（昭和60）年には家庭奉仕員の指導と連絡調整業務等を担当する主任家庭奉仕員（チーフ・ヘルパー）制度が導入された。そして，1994（平成6）年に「高齢者保健福祉10カ年戦略の見直し」（新ゴールドプラン）によってホームヘルパーの最終目標数値が10万人体制から17万人体制に修正されることとなった。これを受けて，新たに「ホームヘルパー養成研修事業実施要綱」がだされ各級の養成課程が改正され[71]より現実に対処した養成がされるようになった。そして，「健康日本21」（2000）の制定による保険事業第4次計画との連携を図るため新ゴールドプランが終了する2000（平成12）年度以降の具体的対応策として「今後，5ヵ年間の高齢者保健福祉策の方向（ゴールドプラン21）」が策定された。そこで，今後より一層，要介護高齢者の増加が予測されるなか，介護保険制度の下での在宅福祉サービスを促進するため，2004（平成16）年度までの目標数値としてホームヘルパー35万人体制を整備することが決定した。

3）介護福祉士の誕生

衆目の注視するなかで1987（昭和62）年の「社会福祉士及び介護福祉士法」の成立によって介護福祉士が誕生した。この法律が制定された社会背景として，人口高齢化に伴う要介護老人の増加，家庭の介護力の低下等を挙げることができるが，その一方でこれまで見てきたように介護領域における職業的専門性の必然性もあったと思われる。つまり，寮母職の限界性，非科学性である。介護福祉士の誕生によってケア業務の社会的認知・容認されるようになった。それは，これまでの単なる「世話」という領域をはるかに越えたものである。そこには，利用者のニーズに基づいた身体的，心理的・社会的側面の援助に関するケアの科学的分析が必要となる。

両者の業務を対比するとすれば寮母におけるこれまでの「おもいつき」「非科学性」に対して，ケアワーカー（介護福祉士）の業務は，「理解」「科学的」業務であるといえよう。

このように誕生した介護福祉士は，全国の養成施設あるいは国家試験によってその資格を取得することができるが，2003（平成15）年4月1日現在，その養成施設数は384校459課程にまでになった。また，同年5月末現在の介護福祉士の登録者数は34万8,965人（厚生労働省）となり，30万人を突破している。今後，その数は順調に推移すると予測される。これまでの介護福祉士の進路先は，そのほとんどが老人福祉関連施設であるが，地域福祉政策のもとで在宅介護が展開されているなか，ますますその役割が重要視されている。周知の通り，介護福祉士養成カリキュラムにおいて在宅福祉に関する科目，または実習が規定されておらず，在宅介護を推進するうえでこれからの重要課題である。ホームヘルパーの資質向上は以前からいわれてきたテーマであるが，介護福祉士の誕生によって，業務内容の科学性，有効性がより一層推進されねばならない。ホームヘルパーの業務内容は，① 身体介護，② 家事援助，③ 相談・助言となっているが，その目標は利用者の「生活の快適性」の達成にある。その目標遂行のためにも，ホームヘルパーの介護福祉士資格取得がその一助となる。現在，新ゴールドプランに基づいてホームヘルパーの目標値（17万人）の達成に向かって増員が推進されているが，北欧福祉先進諸国に比較すればその目標数値は相当低いというのが現状である（ただし，「ゴールドプラン21」により，ホームヘルパーの目標値が35万人となった）。また，ホームヘルパーは在宅福祉の担い手であると同時にその道のスペシャリストでなければならない。そのためにも処遇改善は今後解決すべき命題である。介護保険の実施を控えて各自治体においてホームヘルパーの待遇改善に動く傾向がある。なかでも，登録ヘルパーの待遇改善が各自治体の懸案事項となっている。これまでのように，有償へルパーや登録ヘルパーに依存する限り，その待遇改善ばかりでなく質的向上も望めないであろう。

ところで，一般的にケアとは医療を広義に捉えることをいい，それに対してキュアは医療を狭義に理解するとされている。そこで，ケアの対象について解剖学の権威である養老　孟司は，「人間の生老病死（四苦）を越えた身体，つまり自然の身体（歴史的なかけがえのない一度限りの身体）である」(72) と規定している。それに対してキュアの対象は「自然科学的，論理的，モデル化された身体である」(73) 具体的に比喩している。つまり前者が個別化された身体であるとしているのに対して，後者は一般化，モデル化された身体を対象とするとしている。このことは，ケアの思想が全人間に関わる行為となる。21 世紀に入り，家庭介護の脆弱化，女性の就労化が進むなかで，ケアの問題は，より我々の生活において日常的問題として普遍化している。ゆえにケアワーカーの果たす役割に期待と希望が託されているのである。

これまで，各時代におけるケアの歴史的展開を検証してきた。そのなかで，さまざまな問題点が明らかにされたが，なかでも老人に対する思想が各時代の慣習，風習と密説に関連することがわかった。なかでも特筆すべきは，古代律令制社会においてすでに老人介護制度が私的扶養にせよ「養老律令」の注釈書である「令義解」にて規定されていることである。しかし，それ以降，老人介護に関する具体的な法的規定は存在しなかった。そして，ようやく，明治期に入り養老院において老人保護・救済が具体的に民間社会事業を担い手として始まったのである。こうした時間的空白は，長期間にわたる封建制度という支配・服従社会の存在によって生じたものである。当然そこには人間としての尊厳・尊重が重んじられることはなかった。その歪な構造，隙間を埋めたのが，儒教であり仏教慈善思想であった。今後，ケアワーク（介護福祉援助活動）の担い手は介護福祉士を中心に展開するが，その存在意義，価値がますます問われることになる。

図表 5-9　介護保険施設による介護支援専門員の配置状況

（平成 14 年 7 月 1 日現在）

	介護老人福祉施設	介護老人保健施設	介護療養型医療施設			
			療養病床（病院）	療養病床（診療所）	老人性痴呆疾患病床	介護力強化病棟
施設数	4,414	2,668	2,267	1,013	92	96
配置数	4,750	2,832	2,376	1,372	96	101
配置率	93%	94%	95%	74%	96%	95%

（出所：厚生労働省老健局振興課「介護保険施設における介護支援専門員の配置状況に関する調査」より作成）

4）介護福祉士の動向

介護福祉士の登録者数が 2003（平成 15）年度で約 35 万人に達したことは前述した通りである。ところで，介護保険施設における介護支援専門員（ケアマネジャー）の配置状況に関する全国調査結果（平成 14 年 7 月老健局振興課）に基づく配置率をみると，介護老人福祉施設は 7 %，介護老人保健施設は 5.79%，介護療養型医療施設のうち療養病床（病院）の配置率は 4.59%，同じく療養病床（診療所）26.17%，また，老人性痴呆疾患療養病床は 4.17%，そして，介護強力強化病棟は 4.95%となっており，療養病床（診療所）以外 93%以上の配置率となっている（図表 5-9 参照）。これらの施設のなかで療養病床（診療所）の介護支援専門員の配置率が目立って低いのは施設自体の規模・組織が脆弱なことがネックとなっている。

このように，介護保険制度施行後，各施設に介護支援専門員が配置（配置形態として，従来から雇用関係にある職員が資格を取得するかあるいは新たに介護支援専門員を雇用するケースがある）されることとなったが，最近，この有資格者のなかで介護福祉士が占める割合が目立って多くなっている（図表 5-10 参照）。

この介護支援専門員実務研修受講試験結果から第 1 位は看護師，准看護師で合格者数は 1 万 322 人，構成比率は 34.8%となっている。そして，注目すべき

図表 5-10　職種別合格者数（第 1 回～第 10 回）

職　　種	人　数	構成比率
医師	14,738	3.3
歯科医師	3,335	0.8
薬剤師	18,220	4.1
保健師	23,439	5.3
助産師	1,686	0.4
看護師，准看護師	143,373	32.5
理学療法士	8,532	1.9
作業療法士	4,978	1.1
社会福祉士	18,632	4.2
介護福祉士	**127,997**	**29.0**
視能訓練士	158	0.0
義肢装具士	96	0.0
歯科衛生士	9,221	2.1
言語聴覚士	590	0.1
あん摩マッサージ指圧師，はり師，きゅう師	5,753	1.3
柔道整腹師	2,675	0.6
栄養士（管理栄養士を含む）	9,319	2.1
精神保健福祉士	2,306	0.5
相談援助業務従事者・介護等業務従事者	46,473	10.5
合　　計	441,521	100.0

（出所：厚生労働省老健局振興課）

ことは，介護福祉士が合格者数 9,757 人，構成比率 32.9％で第 2 位となっていることである。本来，介護福祉士の業務は「社会福祉士法及び介護福祉士法」（昭和 62 年法律第 30 号）の第 2 条の 2 よりその業務は「専門的知識及び技術」をもって「身体上又は精神上の障害」があるため「日常生活に支障をきたす者」に対する「入浴，排泄，食事その他の介護」並びに「介護者に対する介護に関する指導」となっており，主としてその業務は身体的，生活援助となっている。すなわち，介護福祉士は「介護等」の業をする者であり，社会福祉士の業務である「相談援助」とは異なっている。しかし，介護支援専門員として介護サー

図表 5-11　介護支援専門員の研修体系

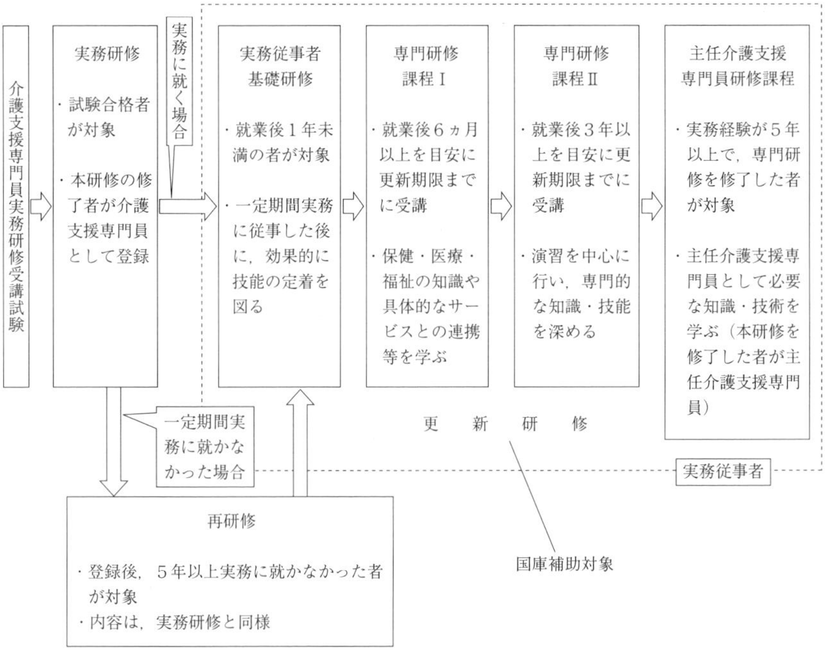

介護支援専門員実務研修受講試験

実務研修
・試験合格者が対象
・本研修の修了者が介護支援専門員として登録

実務に就く場合

実務従事者基礎研修
・就業後1年未満の者が対象
・一定期間実務に従事した後に，効果的に技能の定着を図る

専門研修課程Ⅰ
・就業後6ヵ月以上を目安に更新期限までに受講
・保健・医療・福祉の知識や具体的なサービスとの連携等を学ぶ

専門研修課程Ⅱ
・就業後3年以上を目安に更新期限までに受講
・演習を中心に行い，専門的な知識・技能を深める

主任介護支援専門員研修課程
・実務経験が5年以上で，専門研修を修了した者が対象
・主任介護支援専門員として必要な知識・技術を学ぶ（本研修を修了した者が主任介護支援専門員）

更　新　研　修

一定期間実務に就かなかった場合

実務従事者

再研修
・登録後，5年以上実務に就かなかった者が対象
・内容は，実務研修と同様

国庫補助対象

（出所：厚生統計協会編『国民の福祉の動向（2008）』 厚生統計協会　p.196）

ビス計画（ケアプラン）策定業務に従事し，しかも有資格者は5万人をオーバー（第1～5回までの職種別介護支援専門員合格者の合計数は5万1,135人であり，看護師，准看護師に次いで多くなっている）しており，その業務のなかにケアマネジメントが含まれているのである。このことは現行の専門学校並びに短大等における2年生養成課程では，カリキュラム等の内容を含めて，より専門性を備えた介護福祉士の誕生は困難である。そうした状況を反映してか，ここ数年4年生の福祉系大学で介護福祉士の養成が始まっている。このことは価値・技術・知識を具備した質的に高い介護福祉士を登場させるうえにおいて願ってもない好機であるといえよう。このように，今後の介護福祉士は従来の業務の範囲だけでなく，ケアワーカーとしての機能を果たすことが必要となる

であろう。なお，現在の介護支援専門員の研修体系は図表 5-11 の通りとなっている。

本章は，拙論「日本におけるケアの歴史的展開」『社会福祉学研究』第 2 号 神戸女子大学 1998 を新たに修正・加筆して掲載したものである。

[注]

（1） J.A ドラン著／小野泰博・内尾貞子訳『看護・医療の歴史』誠信書房　1995　p.6

（2） 池川清子『看護—生きられる世界の実践知』ゆみる出版　1991　p.126

（3） ジーン・アクターバーク著／長井英子訳『癒しの女性史』春秋社　1994　p.35

（4） 「癒しの医療」に関しては，医師の立場で中川米造が『医療のクリニック』新曜社　1994,『医療の原点』岩波書店　1996,『「医の知」の対話』人文書院　1995 等においてその重要性を指摘している。

（5） 中川米造『医療の原点』岩波書店　1996　p.118

（6） 同上書　p.4

（7） 前掲（1）p.52

（8） 立川昭二『神の手　人の手』人文書院　1995　p.10

（9） 『岩波哲学・思想事典』岩波書店　1998　p.1327

（10） フローレンス・ナイチンゲール著／湯槇ます他訳『看護覚え書』現代社　1996　p.126

（11） ディター・ジェッター著／山本俊一訳『西洋医学史（ハンドブック）』朝倉書店　1996　p.43

（12） 前掲（8）p.112

（13） 同上

（14） 前掲（11）p.176

（15） 前掲（3）p.88

（16） ハインリッヒ・シッパーゲス著／濱中淑彦監訳『中世の患者』人文書院　1993　pp.278-279

（17） 同上

（18） 前掲（3）pp.105-118

（19） 前掲（16）p.253

（20）（21） モーリス・ブルース著／秋田成実訳『福祉国家への歩み』法政大学出版局　1984　p.40

（22）（23） エンゲル著／大内兵衛・向坂悦郎『イギリスにおける労働者の状態』

新潮社　1967　p.51, 119
(24)　C・ディケンズ著／小池　滋訳『オリヴァー・トゥイスト』ちくま文庫　1990　pp.30-31
(25)　ケロウ・チェズニー著／植松靖夫・中坪千夏子訳『ヴィクトリア朝の下層社会』高科書店　1992　p.24
(26)　B・エイベル・スミス著／多田羅浩三・大和田建太郎訳『英国の病院と医療』保健同人社　1981　p.47
(27)(28)　同上　p.90
(29)　クリストファー・J. マッグス著／大西和子監訳『近代看護の起源』相川書房　1991　p.68
(30)　前掲(26) p.100
(31)　湯槇ます監修『ナイチンゲール著作集』第2巻　現代社　1992　p2, 3, 4
(32)　湯槇ます監修『ナイチンゲール著作集』第3巻　現代社　1993　pp.248-249
(33)　金井一薫「ケアの原形論・序説(3)—イギリスにおける“近代ケア論”の生成過程とその理念」『総合看護』1995年2号(第30巻第2号)現代社
(34)　前掲(32) p.440
(35)　『看護理論家とその業績(第2版)』　医学書院　1995　p.139
(36)　中垣昌美『社会福祉の基礎』さんえい出版　1996　p.6
(37)　新訂増補『国史大系—令義解—』吉川弘文堂　1997　p.94
(38)　『広辞苑(第4版)』岩波書店
(39)　遠藤興一『史料でつづる社会福祉のあゆみ』不味堂出版　1991　p.22
(40)　同上　p.20
(41)　新村　拓『老いと看取りの社会史』法政大学出版局　1991　pp.21-33
(42)(43)　経済企画庁編『平成8年版国民生活白書』p.185
(44)　新村　拓『医療社会化の文化誌』法政大学出版局　1998　p.322
(45)　坂井洲二『ドイツ人の老後』法政大学出版局　1995　pp.32-50
(46)　新村　拓『死と病と看護の社会史』法政大学出版局　1989　p.108
(47)　同上　p.109
(48)　同上　p.122
(49)　遠藤興一『資料でつづる社会福祉のあゆみ』1991　p.59
(50)　『厚生省五十年史(記述編)』中央法規　1988　p.243
(51)　同上　p.243
(52)　同上　pp.243-244
(53)　同上　p.248
(54)　一番ケ瀬康子編『新・社会福祉とはなにか』ミネルヴァ書房　1993　p.19
(20) 小笠原祐次『介護の基本と考え方』中央法規　1995　p.3
(55)　同上　p.5

(56)　同上　p.8
(57)　同上　p.8
(58)　百瀬　孝『日本老人福祉史』中央法規　1997　p.51
(60)　岡本祐三『高齢者医療と福祉』岩波新書　1996　p.37, 38
(61)　鴨脚　清他『高齢化社会と老人処遇』いなほ書房　1991　p.239
(62)　百瀬　孝『日本老人福祉史』中央法規　1997　p.30
(63)　同上　p.31
(64)　同上　p.33
(65)　浅野　仁他編『日本の施設ケア』中央法規　1993　pp.261-262
(66)(67)　厚生大臣官房老人保健福祉部老人福祉課監修『目で見る日本の老人保健・福祉』全国社会福祉協議会　1992　p.98, 99
(68)　(1997年版)『国民の福祉の動向』厚生統計協会　p.312
(69)　東京在宅福祉研究会編『ホームヘルパーのためのガイドブック』1995　誠信書房　p.114
(70)　同上　p.114
(71)　成清美治『ケアワークを考える』八千代出版　1996　p.77
(72)(73)　1997.9.27「日本介護福祉学会」(東海大学)における養老猛司氏の記念講演「ケアの思想を求めて―キュアとケア」より

第6章　ケアワーカーの処遇問題

1.「社会福祉士及び介護福祉士法」の改正

2007（平成19）年12月5日に「社会福祉士法及び介護福祉士法の一部を改正する法律」（平成19年法律第125号）が公布された。この背景には，介護ニーズの多様化・高度化とサービス提供における人材の確保と質的向上とがある。これによって，介護福祉士については，1）定義規定の見直し，2）義務規定の見直し，3）資格取得方法の変更等が見直されることとなった。これらの点に関して順次検討する。

(1)　定義規定の見直し

増加する後期高齢者に伴う認知症高齢者の増加や身体介護のみならず心理的・社会的支援の重要性のもとで新たなるサービスの必要性が唱えられている昨今の状況を鑑みて，定義規定が見直されることとなった。その改正点は図表6-1の通りである。

この見直しによって，従来の定義における「―入浴，排せつ，食事その他の介護等―」が新たに「―心身の状況に応じた介護等―」へ変更された。このことはすでに既述した通り，この改正によってケア（介護）は心身の両面を考慮

図表6-1　介護福祉士の定義規定の新旧比較

旧	新
専門的知識・技術をもって，入浴，排せつ，食事その他の介護等を行うことを業とする者	専門的知識・技術をもって，**心身の状況に応じた介護**等を行うことを業とする者

（出所：厚生労働省社会・援護局）

図表 6-2　介護福祉士の義務規定の新旧比較

	旧	新
誠実義務	（なし）	その担当する者が**個人の尊厳を保持**し，その有する能力及び適性に応じ**自立した日常生活を営むことができるよう**，常にその者の立場に立って，誠実にその業務を行わなければならない。
連携	医師その他の医療関係者との連携を保たなければならない	その担当する者に，**認知症であること等の心身の状況その他の状況に応じて**，福祉サービス及びこれに関連する保健医療サービスその他のサービスが総合的かつ適切に提供されるよう，**福祉サービスを提供する者又は医師その他の保健医療サービスを提供する者その他の関係者との連携**を保たなければならない。
資質向上の責務	（なし）	社会福祉及び介護を取り巻く環境の変化による業務の内容の変化に適応するため，介護等に関する**知識及び技能の向上**に努めなければならない。

（出所：厚生労働省）

図表 6-3　介護福祉士の資格取得の方法

	現　　行	改　正　後
養成施設ルート	養成施設 2 年以上（1,650 時間）の養成課程を卒業すると，資格が取得できる（国家試験不要）。	養成施設 2 年以上（1,800 時間程度）を経た上で，**国家試験を受験**。卒業すると，**当分の間は准介護福祉士の名称を使用**できる。【平成 24 年 4 月 1 日施行→平成 25 年 1 月の国家試験から】
福祉系高校ルート	福祉系高校の養成課程（1,190 時間）を経た上で，国家試験を受験。	福祉系高校の養成課程（1,800 時間程度）を経た上で，国家試験を受験。【平成 21 年度入学者から。経過措置あり】
実務経験ルート	実務経験 3 年以上を経た上で，国家試験を受験。	実務経験 3 年以上かつ**養成施設 6 月以上（600 時間程度）**を経た上で，国家試験を受験。【平成 24 年 4 月 1 日施行→平成 25 年 1 月の国家試験から】

（出所：厚生労働省）

した支援が必要であることを規定している。

(2) 義務規定の見直し

保健・医療・福祉領域においては，業種間の協力・連携・協働がいわれて久しい。しかしながら，現実問題としてこの課題は未解決のままになっているといっても過言ではない。とくに高齢者ケアの処遇場面においては，看護と介護の連携が介護保険創設以来，困難な問題を状況にある。こうした状況を解消するためには，介護福祉士の資質向上が最も望まれるが，今回の改正において「資質向上の責務」として，資格取得後の自己研鑽が重要となる。具体的な義務規定の改正は次の図表6-2の通りである。

図表6-4　介護福祉士の資格取得方法の概要図

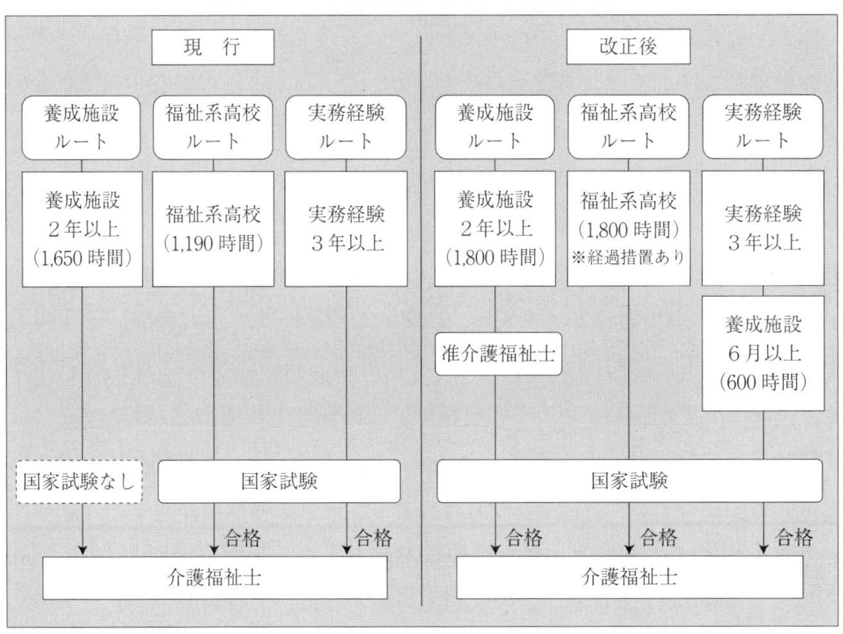

(出所：厚生労働省)

(3) 資格取得方法の変更

今回の法改正により，資格取得方法も変更された。その最も重要な点は，従来からいわれていた国家試験の導入である。これによって，介護福祉士が社会的に認知される度合いが大きくなることはまちがいないであろう。従来は国家資格にもかかわらず養成機関を卒業すると自動的に資格が付与されていた。そのため，養成側並びに学生側もやや資格認識が欠如していたのは相違ないであろう。ただし，今回の国家試験導入に際して，受験に失敗したものに対して当分の間准介護福祉士の名称を使用することが許可されたが，この点に関しては期限を限定しなければ，看護師，准看護師と同様の問題を抱える危険性がある。

なお，新たなる資格取得方法は，図表6-3，4の通りである。

2．介護福祉士の課題―処遇改善

以上，介護福祉士の改正のポイントについてみてきたが，ここ数年介護福祉士の離職者の増加並びに希望者の減少が著しく，在宅・施設経営・運営者の頭を悩ましている。その主たる要因は，一般企業に比較して，就労条件が良くないということに尽きる。元来，介護職は3K（きつい，きたない，きけん）といわれてきたが，介護従事者の「気概」と「やりがい」で何とか凌いできた感があった。しかし，一般企業と比較するとあまりにも厳しい低賃金（2007年度で平均賃金が正社員の場合20万8千円：2008年10月24日付『朝日新聞』）により人手不足（人手不足を解消する手段として政府は，経済連携協定（EPA）に基づきインドネシアから第一陣として看護師・介護福祉士候補生が205人来日した。最終的には介護福祉士を2年間で600人受け入れ予定）が深刻化している。厚生労働省の統計では，2006年10月時点で117万人介護職員が従事しているが，有効求人倍率は2.10倍と一般企業の0.97倍を大きく上回っている（2008年10月13日付『日本経済新聞』）。この問題を解決するには介護報酬の引き上等労働条件の引き上げが急務となっている。こうした介護現場の危機的状況に対して，

図表 6-5　介護ビジョンの骨子（概要）

「安心と希望の介護ビジョン」案（概要）

参考1

超高齢社会を迎える中で，募る将来の不安を乗り越え，「安心」と「希望」を抱いて生活できる社会を築いていくために，2025年を見据えて取り組むべき施策を提言する。

1．高齢者自らが安心と希望の地域づくりに貢献できる環境づくり

～高齢者や要介護者が最期まで生き方に選択肢を持ち，人とのつながりを持って生きていける社会を創るために～

① **コミュニティ・ワーク・コーディネーターの養成**

…地域の高齢者が「求めていること」と「できること」を結びつけ，意欲ある高齢者が主体的・積極的に参加するコミュニティ・ビジネス等を育成する担い手役として，厚生労働大臣が「コミュニティ・ワーク・コーディネーター」を養成（今後10年間，年間300人ずつ輩出）

② **地域包括支援センターのコミュニティ支援機能の強化**

2．高齢者が，住み慣れた自宅や地域で住み続けるための介護の質の向上

～たとえ介護が必要となっても，住み慣れた自宅や地域で住み続けるために～

① **在宅生活を支援する介護サービスの基盤整備**

…「24時間・365日」対応可能な訪問介護・訪問看護のネットワーク整備等

② **在宅生活支援リハビリテーション強化**

…リハビリテーションの拠点整備と質の向上に向けた取組の推進等

③ **医療と介護の連携強化**

…経管栄養や喀痰吸引を行うことのできる新たな介護の資格（療養介護士（仮称））の創設，緩和ケアの積極的な推進等

④ **認知症対策の充実**

…認知症ケアの標準化，成年後見制度の活用等

⑤ **地域の特性に応じた高齢者住宅等の整備**

…地域特性に応じた住宅整備，多世代交流機能を持つ小規模住宅の整備等

3．介護従事者にとっての安心と希望の実現

～介護従事者が働きやすく，介護の仕事に誇りとやりがいを持って取り組み続けていけるために～

① **各事業所における介護従事者の労働条件や給与水準の積極的な公表の推進**

② **介護従事者が誇りとやりがいをもって働くことができる環境の整備**

…介護従事者の処遇改善に資する介護報酬の設定，ワークライフバランスへの配慮，資格や経験等に応じたキャリアアップの仕組みの構築，介護ロボットの研究開発の推進等

③ **介護従事者の確保・育成**

…潜在的介護福祉士等の掘り起こし，現場復帰に向けた研修の実施，介護未経験者の就業支援等

（出所：厚生労働省）

介護従事者の人材不足を解消するために超党派で「介護従事者等の人材確保のための介護従事者の処遇改善に関する法律」(通称介護人材確保法案) が 2008 (平成 20) 年 5 月 21 日成立した。これによって懸案事項であった介護従事者の賃金等の処遇改善が図られることになった。つづいて，政府は 2025 年の医療・介護費用の試算をまとめて 2008 年 10 月 23 日付で社会保障国民会議 (サービス保障分科会) に提示した。この試算によると，医療・介護の総費用は 91 兆円～93 兆円 (大胆な改革) になると試算された。この結果，今後消費税と保険料 (医療・介護) の引き上げが必至となると予測される。こうした背景の下で政府は，2008 年 11 月 20 日に 2025 年を見据えて「安心と希望の介護ビジョン」の提言書をまとめた。その概要は図表 6-5 の通りである。これによって，「安心と希望の介護ビジョン」案の骨格は，①「地域活動推進」，②「在宅介護支援」，③ 「待遇改善」となっている。これにより，一層明確に介護従事者の処遇改善の方向性が示されることとなった。

3．介護報酬の改定

厚生労働省 (「社会保障審議会給付費分科会〈第 63 回〉」) は懸案事項であった介護報酬の改定内容を 2008 年 12 月 26 日に発表した。「平成 21 年度介護報酬改定について―骨子―」と「平成 21 年度の介護報酬改定の概要」を併せてみることにする。まずⅠ，基本的な考え方 1，改定率についてでは，1) 改定率について，① 介護従事者の離職率が高く，人材確保が困難であるといった状況，② 本年の通常国会で「介護従事者等の人材確保のための介護従事者の処遇改善に関する法律」が成立，③ 平成 20 年 10 月 30 日に，政府・与党において「介護従事者の処遇改善のための緊急特別対策」として，平成 21 年度介護報酬改定率を 3.0％とすることが決定 (うち，在宅分 1.7％，施設分 1.3％)。つづいて，2，基本的な視点として，① 介護従事者の人材確保，② 医療との連携や認知症ケアの充実 (ア，医療と介護の機能分化・連携，イ，認知症高齢者等の増加を踏まえた認知症ケアの推進)，③ 効率的なサービスの提供や新たなサービスの検証（ア，サービスの質を確保した上での効率的かつ適正なサービスの提供イ，平成18年度に新たに導入されたサービスの検証及び評価の見直し）を挙げている。

次にⅡ，各サービスの見直しの内容（主な事項）では，1，介護従事者処遇改善に係る各サービス共通の見直しに関するものとして，

① サービスの特性に応じた業務負担に着目した評価

たとえば，施設における夜勤業務負担への評価，重度・認知症対応への評価や訪問介護4におけるサービス提供責任者の緊急的な業務負担につき評価を行うなど，各サービスの機能や特性に応じ，夜勤業務など負担の大きな業務に対して的確に人員を確保する場合の評価を行う。

② 介護従事者の専門性のキャリアに着目した評価

介護従事者の専門性等に係る適切な評価及びキャリアアップを推進する観点から，介護福祉士の資格保有者が一定割合雇用されている事業所が提供するサービスについて評価を行うとともに，職員の早期離職を防止して定着を促進する観点から，一定以上の勤続年数を有する者が一定割合雇用されている事業所が提供するサービスについて評価を行う。加えて，24時間のサービス提供が必要な施設サービスについては，安定的な介護サービスの提供を確保する観点から，常勤職員が一定割合雇用されている事業所について評価する。

③ 地域区分の見直し

介護従事者の給与は地域差が大きく，大都市部の事業所程給与費が高く経営を圧迫する傾向にあることを踏まえ，地域差を勘案する人件費にかかる職員の範囲を「直接処遇職員」から「人員配置基準において具体的に配置を規定されている職種の職員」に拡大し，人件費の評価を見直す。また，経営実態調査の結果を踏まえて，サービスごとの人件費割合について見直すとともに，各地域区分の報酬単価の上乗せ割合についても見直す。

〈地域区分ごとの報酬単価〉

特別区	12%	⇨	15%
特甲地	10%		10%
甲　地	6%		6%
乙　地	3%		5%
その他	0%		0%

④ 中山間地域等における小規模事業所の評価

いわゆる中山間地域等にある小規模事業所については，規模の拡大や経営の効率化を図ることは困難であり，人件費等の割合が高くならざるを得ず，経営が厳しい状況にあることを踏まえ，いわゆる中山間地域等のうち，現行の特別地域加算対象地域以外の半島振興法指定地域等について，当該地域に所在する小規模の事業所が行う訪問看護等の一定のサービスについて評価を行う。

中山間地域等の小規模事業所がサービスを提供する場合⇒所定単位数の10%を加算

⑤ 中山間地域等に居住する者にサービス提供した事業所への評価

事業所が通常の事業実施地域を越えて中山間地域等に居住する者にサービスを提供した場合には，移動費用が相当程度必要となることを踏まえ，評価を行う。

中山間地域等にサービスを提供する場合⇒所定単位数の５%を加算

等を挙げている。その他の見直しとして，２，居宅介護支援・介護予防支援，３，訪問介護系サービス，４，通所系サービス，５，短期入所系サービス，６，特定施設入居者生活介護，７，福祉用具貸与・販売（介護予防福祉用具貸与・

図表 6-6　介護従事者の専門性等のキャリアに着目した評価

<table>
<tr><th>サービス</th><th>要　件</th><th>単　位</th></tr>
<tr><td>訪問入浴介護</td><td rowspan="2">○　研修等を実施しており，かつ，次のいずれかに該当すること。
①　介護福祉士が30％以上配置されていること。
②　介護福祉士及び介護職員基礎研修修了者の合計が50％以上配置されていること。</td><td>24単位／回</td></tr>
<tr><td>夜間対応型訪問介護</td><td>12単位／回
（包括型　84単位／人・月）</td></tr>
<tr><td>訪問看護</td><td>○　研修等を実施しており，かつ，3年以上の勤続年数のある者が30％以上配置されていること。</td><td>6単位／回</td></tr>
<tr><td>訪問リハビリテーション</td><td>○　3年以上の勤続年数のある者が配置されていること。</td><td>6単位／回</td></tr>
<tr><td>通所介護
通所リハビリテーション
認知症対応型通所介護</td><td>次のいずれかに解答すること。
①　介護福祉士が40％以上配置されていること。
②　3年以上の勤続年数のある者が30％以上は位置されていること。</td><td>①：12単位／回
②：6単位／回
※介護予防通所介護・介護予防通所リハビリ
要介護1は
①：48単位／人・月
②：24単位／人・月
要支援2は
①：96単位／人・月
②：48単位／人・月</td></tr>
<tr><td>療養通所介護</td><td>3年以上の勤続年数のある者が30％以上配置されていること。</td><td>6単位／回</td></tr>
</table>

（出所：厚生労働省）

販売も同様），8，地域密着型サービス，9，介護保険施設，10，認知症関係サービス，11，栄養管理体制・栄養ケアマネジメント加算等の見直し，12，口腔機能向上，栄養改善（栄養ケアマネジメント）サービスの見直し，13，事業所評価加算の見直し等を挙げている。

以上，厚生労働省が発表した介護報酬改正のうち，介護従事者処遇改善に係る点についてみてきた。この介護報酬3％アップで介護従事者の平均賃金が2

万円上るといわれているが，最終的には事業者の判断で左右されるために実際にどの程度アップするか予断を許さない状況である。少子・高齢社会にあって，介護問題は決して高齢者や障害者だけが給付の対象でなく，乳幼児・障害児から障害者・高齢者まですべての人々を対象とした，相互行為（「する側」と「される側」の対等関係）を原則とする援助である。かつて，相互扶助を基本としたわが国の社会の仕組みが機能しなくなった今日において，社会的ケアサービスとして登場した介護保険制度は，契約・利用者制度の導入を前提としたものである。この介護保険制度にあって，ケアサービスの質の向上を図ることと，ケアサービスに従事する人々の処遇改善問題は表裏一体の関係にある。今後，持続可能な制度として発展するためにも，ケアサービスは国・地方自治体の財政支援のもとで発展しなければ，安全網（セーフティネット）としての役割を果たさないのである。ケアが社会的評価あるいは社会的認知を受けるために，また，健全な労働市場を構築するためにも，社会福祉専門職としてのケアワーカーの処遇改善は急務の課題である。

第Ⅱ部　ケアワークに関する諸政策・諸制度

第7章　社会福祉基礎構造改革と介護保険制度

1．社会保障の構造改革—戦後の社会福祉の変遷

(1)　社会保障制度の確立期

戦後，わが国の社会保障，社会福祉は国民の最低生活の保障と国民生活の再建を目的とし，生活困窮者に対する「生活保護法」(1946成立，1950改正）の制定，浮浪児，戦災孤児等を含むすべての児童に対する健全育成を目的とした「児童福祉法」(1947)，傷痍軍人の職業・職場復帰を目的とした「身体障害者福祉法」(1949) 等のいわゆる福祉3法が成立した。これらの法律の制定は戦後の経済的混乱期のなかで，必然的に生まれたものであるがこの期の特徴は，イギリスの「ベヴァリッジ報告」の影響のもとで確立した社会保障体制の構築にある。このことによって，国家責任体制のもとで国民の生活が保障されることになった。そして，社会福祉サービスは対象者に対して「措置制度」という行政指導の名のもとで特定の階層に対して画一的に提供されることとなった。しかしながら，この制度は全国どの地域において同一，同質の福祉サービスを享受することができるという利点があった。

↓

措置制度のもとでの一定の所得階層を対象とした行政処分

(2)　高度経済成長と社会福祉の発展

わが国の経済の発展は，1960年代から目覚しいものがあり，当時の西ドイツ同様世界各国から驚異の目でみられていた。その主役は，第2次，第3次産業の隆盛であった。そのため国民生活も向上の一途をたどり，各家庭には電気洗濯機，電気冷蔵庫，テレビ等の，いわゆる三種の神器が入り，「豊かな生活」を享受した。しかしながら，一方では家族形態の縮小（拡大家族から核家族へ）による家族機能の衰退，親子の断絶，いじめ等の問題が新たに社会問題化した。また，企業活動は多くの公害問題（水俣水銀病，四日市ぜんそく，富山のイタイイタイ病等）問題を露呈した。こうした時代背景のもと，社会福祉法に関しては社会の要請もあって新たに「精神薄弱者福祉法（現，知的障害者福祉法）」(1960)，「老人福祉法」(1963)，「母子福祉法（現，母子及び寡婦福祉法）」(1964) が成立した。これによって福祉6法体制が確立するのであるが，生活問題の多様化・複雑化による社会福祉の対象拡大が進むことになった。

↓

福祉六法体制の確立

(3)　社会保障・社会福祉の基礎構造改革

中近東の石油資源をめぐって起こった戦争による第1次，第2次石油ショック以降，世界経済は停滞の一途を辿った。日本も例外ではなく，各企業活動は衰退し，長期不況のため国・地方の税収入も減収となった。このため国，地方財政が破綻した。その結果，福祉予算も厳しくなり，抑制傾向が始まった。また同時に少子・高齢化，核家族の進行，情報関係等新たなる産業の勃興は就労構造並びに就労形態に変化をもたらすこととなった。このように財政の逼迫，家族形態の変容，就労構造の変化は社会福祉のあり方に変容をきたすこととなった。すなわち，社会福祉の対象の拡大化，ニーズの多様化，介護等新たなるサービス需要に対する対応の必要性が生じてきた。そこで新たに，福祉見直し論（自立・自助・相互扶助）が登場するとともに，「新経済7カ年計画」(1979)のなかで，これまでの公的責任を柱とした福祉国家的政策ではなく，日本古来の伝統である相互扶助を基調とした「日本型福祉社会」論が脚光を浴びることとなった。その後，「老人福祉法等の一部を改正する法律」(福祉関係八法改正)が1990（平成2）年に成立した。同法の成立により，各自治体に老人保健福祉計画の策定が義務づけられることになった。なお，高齢者対策として「高齢者保健福祉推進10カ年戦略」(ゴールドプラン)(1989)，「新高齢者保健福祉推進10カ年戦略」(新ゴールドプラン)(1994)，「今後5か年間の高齢者保健福祉施策の方向」(ゴールドプラン21)(1999)等が策定された。また，子ども，障害者の長期プランとして，「今後の子育て支援のための施策の基本的方向について」(エンゼルプラン)(1994)，「重点的に推進すべき少子化対策の具体的な実施計画について」(新エンゼルプラン)(1999)「障害者プラン」(ノーマライゼーション7か年戦略)(1995)も同時期に策定された。なお，当時の厚生大臣の私的諮問機関である高齢社会福祉ビジョン懇談会が「21世紀福祉ビジョン」をまとめた。その概要は，① 公正・公平・効率的社会保障制度の確立，② 介護・子育て等福祉対策の充実，③ 自助・共助・公助による地域保健医療福祉システムの確立等が提言された。このビジョンが新ゴールドプラン，エンゼルプランの策定に影響を与えたことは周知の通りである。こうした改革を推進するために社会保障・社会福祉の基礎構造改革が必要となったのである。その具体化に関連したのが中央社会福祉審議会社会福祉構造改革分科会の「社会福祉基礎構造改革について（中間まとめ）」(1998)である。

その基本方向は，① サービスの利用者と提供者の対等な関係，② 個人の多様な需要への地域での総合的な支援，③ 幅広い需要に応える多様な主体の参入促進，④ 信頼と納得が得られるサービスの質と効率性の向上，⑤ 情報公開等による事業運営の透明性の確保，⑥ 増大する費用の公平かつ公正な負担，⑦ 住民の積極的な参加による福祉文化の創造等となっている。なお，介護専

図表 7-1　社会福祉事業法等一部改正法の概要

○社会状況の変化に伴う社会福祉のあり方の変遷

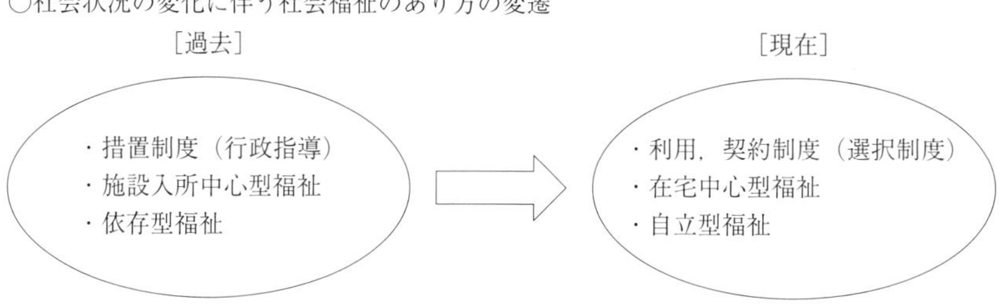

○改正の内容

①利用者の立場に立った社会福祉制度の構築
・福祉サービスの利用制度化
・利用者保護（成年後見制度・地域福祉権利擁護事業（現，日常生活自立支援事業））
・運営適正化委員会が都道府県社会福祉協議会に設置される
②サービスの質の向上
・事業者によるサービスの質の自己評価などによる質の向上
・事業運営の透明性の確保，サービス利用者の選択に資するために
③社会福祉事業の充実・活性化
・社会福祉事業の範囲の拡充
・社会福祉法人の設立要件の緩和
・社会福祉法人の運営の弾力化
④地域福祉の推進
・市町村地域福祉計画及び都道府県地域福祉支援計画
・知的障害者福祉等に関する事務の市町村への委譲
・社会福祉協議会，共同募金，民生委員・児童委員の活性化
⑤その他の改正
・社会福祉施設職員等退職手当共済法の見直し，公益質屋法の廃止等

門職に関する改革として，① サービスの質の向上（利用者の需要に的確に対応するため），② サービスの効率性（サービスの質の確保を前提とした効率），③ 人材養成・確保（相手から信頼される人材）等となっている。そして，社会福祉行政の構造を改革するため「社会福祉の増進のための社会福祉事業等の一部を改正する等の法律」（通称，社会福祉事業法等一部改正法）(2000) が成立した。改正の対象となった法律は，① 社会福祉事業法（「社会福祉法」に題名変

図表 7-2　社会福祉基礎構造改革によるサービス提供の変化

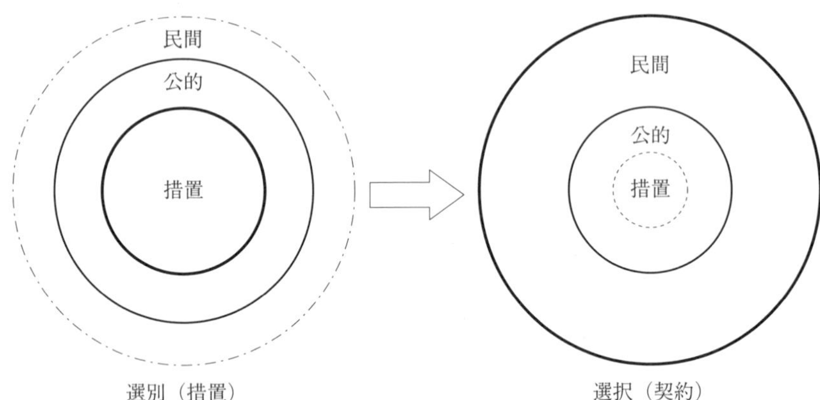

図表 7-3　社会福祉基礎構造改革について（中間まとめ）の概要

① サービスの利用者と提供者の対等な関係の確立
② 個人の多様な需要に対する地域での総合的な支援
③ 幅広い需要に応える多様な主体の参入促進
④ 信頼と納得が得られるサービスの質と効率性の向上
⑤ 情報公開等による事業運営の透明性の確保
⑥ 増大する費用の公平かつ公正な負担
⑦ 住民の積極的な参加による福祉文化の創造

更），② 身体障害者福祉法，③ 知的障害者福祉法，④ 児童福祉法，⑤ 民生委員法，⑥ 社会福祉施設職員等退職手当共済法，⑦ 生活保護法の一部改正，⑧ 公益質屋法の廃止，となっている。

このようにして，社会保障・社会福祉の基礎部分の見直しが開始されたのであるが，基礎構造改革の基本的視点である『措置制度』から『利用者制度』への転換のきっかけをつくったのが「社会福祉事業のあり方に関する検討会」（当時の厚生省社会・援護局長の私的検討会）の「社会福祉基礎構造改革について（主な論点）」(1997) である。

これによって，措置制度が見直されることとなった。そして，翌年の「社会福祉基礎構造改革について（中間まとめ）」（1998）によって社会福祉構造改革がより具体的に示された。そして，社会福祉基礎構造改革の申し子として「介護保険法」（1997）に成立し，2000（平成12）年から介護保険制度がスタートした。また，同年に「社会福祉の増進のための社会福祉事業法等の一部を改正する等の法律」が成立し，「社会事業法」が「社会福祉法」に名称変更され利用者の保護，地域福祉の推進，福祉事業の適正な実施，事業者の健全な発達，福祉の増進等目的としている。

2．介護保険制度創設の目的と背景

(1) 介護保険制度創設の目的

介護保険制度創設の目的は，①かつて，家族が担ってきた「家庭内介護力」が女性の就労化率の向上に伴い，衰退の一途をたどったため介護の社会化が必要となった。なお，介護の社会化とは社会構造の変化，家族規模，家族間の意識の変化，女性の社会的進出等による家庭内介護の限界を社会的システムによ

図表7-4　保健・医療・福祉の法律の関係

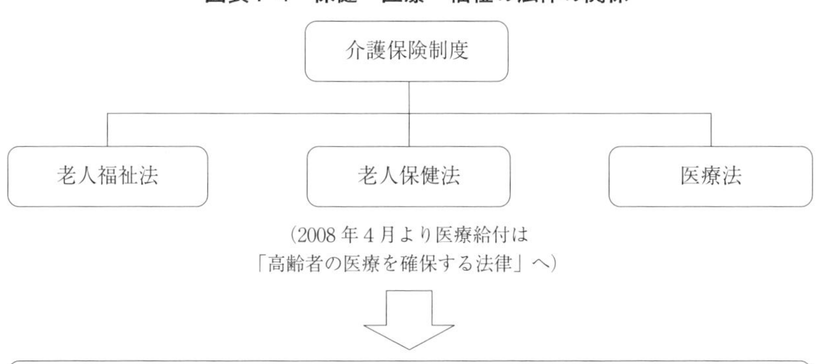

図表 7-5　日本の介護保険システムの特徴

① 財政システム：ドイツにならって社会保険方式
② ケアマネジメント：イギリス「NHS 及びコミュニティケア法」のケアマネジメント導入
③ アセスメント：アメリカの MDS（Minimum Date Set-Home Care）方式
④ 地方分権化：デンマーク，スウェーデンを参考

って担うことである。そして，この介護の社会化を促進するためにはア，居住環境の改善，イ，介護サービス基盤の充実，ウ，介護サービス従事者の確保，エ，地域社会におけるサービスのネット化，オ，24 時間介護サービス体制の構築等が大切となる。② これまで医療と介護が別体系サービスのもとで行われていたのが介護サービスと保健医療サービスを一体化することにより，効率的，効果的サービスの実施を行う，③ サービスの負担を支えるために相互扶助を理念とした社会保険方式を採用する，④ 医療費高騰の主要因であった「社会的入院」を解消し，医療と介護を分離することによって，医療費の削減を図ること，等となっている。

(2)　介護保険制度創設の社会的背景

介護保険制度の創設の社会的背景には，少子・高齢社会があり，今後ますます超高齢社会が進展するもとで前節にてふれたように社会保障・社会福祉基礎構造改革の必然性があった。介護保険創設の社会的背景の要因を挙げると，① 高齢化の進展と要介護高齢者の増加，② 女性の社会進出等による家族介護の脆弱化，③ 地域社会の弱体化と相互扶助思想の衰退，④ 高齢者福祉対策の不備が「社会的入院」を促進し，結果的に高齢者医療費の高騰化を招く（国民総医療費の 30％以上を占める），⑤ 家庭内介護者の弱体化による「社会的介護」の必要性の逼迫，⑥老人福祉法と老人保健法の再構築の必要性，等となる。なかでも，国民総医療費に占める高齢者医療費の年々の増加は，社会保障財政を圧迫することとなった。ここで，高齢者の医療費高騰化の経緯についてみる

図表 7-6　長寿医療制度（後期高齢者医療制度）の運営の仕組み（平成 20 年度）

○　75 歳以上の後期高齢者については，その心身の特性や生活実態等を踏まえ，平成 20 年度に独立した医療制度を創設。
○　財源構成は，患者負担を除き，公費（約５割），現役世代からの支援（約４割）のほか，高齢者から広く薄く保険料（１割）を徴収する。
○　現役世代からの支援は，国保（約 4200 万人）・被用者保険（約 7100 万人）の加入者数に応じた支援とする。
○　後期高齢者の心身の特性等にふさわしい医療が提供できるよう，新たな診療報酬体系を構築。

〈対象者数〉75 歳以上の後期高齢者　約 1300 万人
〈後期高齢者医療費〉11.4 兆円
　給付費　10.3 兆円　　患者負担　1.1 兆円

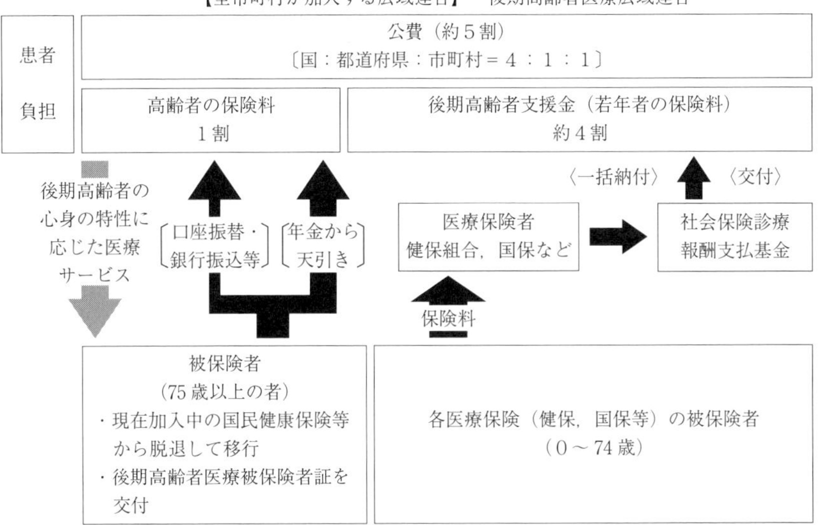

注　1）現役並み所得者については，老人保健法と同様に公費負担（50%）はないため，実質的な公費負担率は 46%，後期高齢者支援金の負担率は 44%となる。
　　2）国保および政管健保の後期高齢者支援金について，各々 50%，16.4%の公費負担があり，また，低所得者等の保険料軽減について公費負担があり，これらを含めた公費負担率は 58%となる。
（出所：厚生統計協会編『国民の福祉の動向（2008 年版）』厚生統計協会　p.123）

と，その一端は「老人福祉法の一部改正」(1972) にある。この改正により高齢者の医療費の一部負担が公費により賄われることとなり，本人の自己負担はゼロとなった。いわゆる，「老人医療費の無料化」である。しかし，その後も高

図表 7-7　老人保健法の改正について

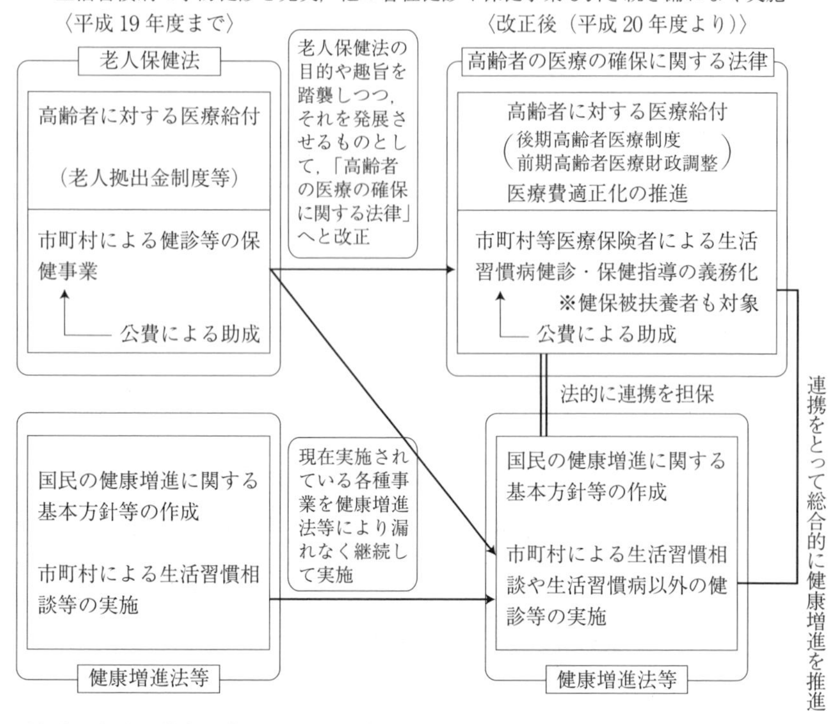

（出所：厚生統計協会編『国民の福祉の動向（2008）』厚生統計協会　p.126）

齢者が病院に「居住の場」を求めた結果として，「社会的入院」と人口の高齢率の上昇（1970 年：７％，1994 年：14％）とが相まって，高齢者の医療費を押し上げる結果となった。こうした社会的状況下で，政府は健康維持の促進と医療費の高騰化を抑止するため，「老人保健法」（1882）を制定した。同法の目的は「国民の老後における健康の保持と適切な医療の確保を図るため，疾病の予防，治療，機能訓練等の保健事業を総合的に実施し，もって国民保健の向上及び老人福祉の増進を図る」（第１条）となっていた。なお，同法は「医療制度改革大綱」（2005）に沿った「健康保険法等の一部を改正する法律」（2006）に基づき，

図表 7-8　健診（検診）に係る制度の変更

市町村が行っていた「基本健診（老健事業）」は，平成 20 年度から，医療保険者が行う「特定健診／75 歳以上健診」と介護保険者が行う「生活機能評価」が引き継ぐ形となる。

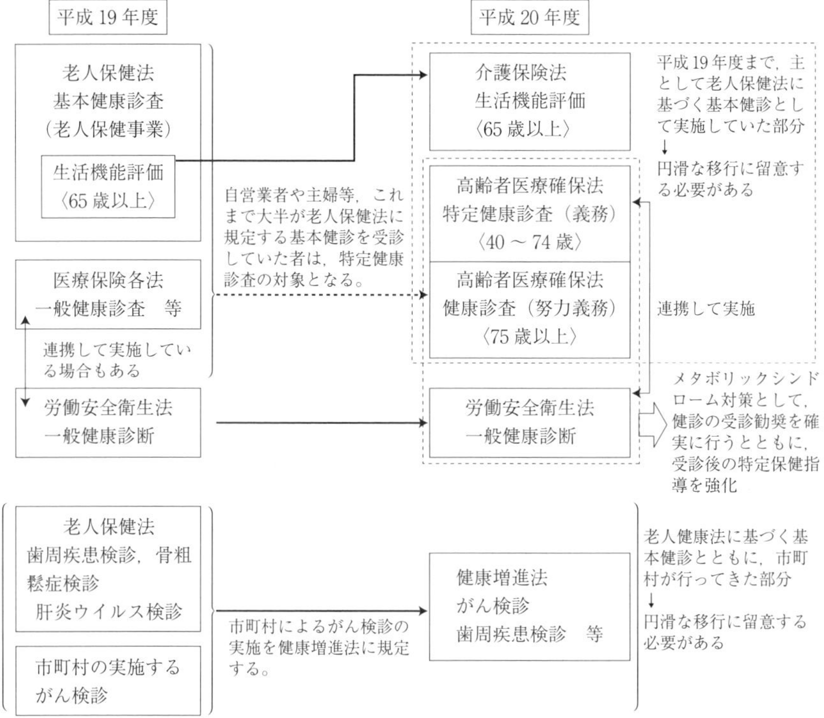

（出所：厚生統計協会編『保険と年金の動向（2008）』厚生統計協会　p.116）

老人保健法の一部改正のうち，2008（平成 20）年４月施行分の改正により，法律の題名を「高齢者の医療の確保に関する法律」と改められた。そして，① 医療費適正化，② 生活習慣病予防のための健診・保健指導の保険者に対する義務づけ，③ 新たなる高齢者医療制度創設（「後期高齢者医療制度」：通称長寿医療制度が 2008 年４月からスタートした）等を行うものとなった。

ところで，老人保健法制定の目的は，高齢者の健康保持のための疾病予防にあるが。同法の制定により，医療費の一部負担の導入が図られるとともに老人保健事業の規定が定められた。しかしながらも，その後も高齢化率の上昇傾向

図表 7-9　高齢者福祉・医療・介護政策の経緯

	福　　祉	医　　療	介　　護	高齢化率
1960年代	「老人福祉法」制度（1963） 養老院（「生活保護法」） ▽ 老人ホーム（「老人福祉法」） 「寝たきり老人実態調査」 全社協（1968）191,352人	国民皆保険体制 （1961） 感染症疾患 から 成人病対策へ	ホームヘルプサービス事業発足（「生活保護法」に基づく）（1962） 家庭・家族介護中心	5.7% （1960）
1970年代	「社会福祉施設緊急整備5カ年計画」の策定（1970） 老人ホームが「収容の場」～「生活の場」へ転換される 「老人福祉法」改正（1972） ▽ 老人医療費の無料化	医療費の増大傾向 （1966～1973年度 医療費平均 伸び率は17.0%） 成人病疾患 から 精神障害疾患へ	福祉の医療化 （「社会的入院」） 問題の発生 ▽ 要介護者の受け入れを病院が担う	7.1% （1970）
1980年代	「老人保健法」制定（1982） （「老人福祉法」第10条2削除） 「老人保健法」改正（1986） 老人保健施設の創設 老人一部負担金改定 「ゴールドプラン」の策定（1989）	精神障害疾患 から 老人病対策へ	在宅ケアの拡大と「離床」 （「寝たきり老人」ゼロ作戦）	9.1% （1980）
1990年代	「老人福祉法の一部を改正する法律」（1990） 「21世紀福祉ビジョンの策定」（1994.3） 「社会保障制度審議会・社会保障将来像委員会第2次報告」（1994.9） 「高齢者介護・自立支援システム研究会」報告（1994.12） 「新ゴールドプラン」の策定（1994.12） 「老人保健福祉審議会中間報告」（1995.7） 「老人保健福祉審議会第2次報告」（1996.1） 「介護保険法案」の成立（1997.12.9）	国民の「健康」 と 「生活の質」向上 「介護保険の構想・審議」 「健康保険等」の改正（1994.10） ▽ （付添看護・介護，基準給食の廃止） 「健康保険法等」の改正（1997.6） ⇩	在宅サービスの具体的権限が各市町村に移譲される （市町村単位の老人福祉計画） ▽ 2000年より，「介護保険」が実施され「在宅」「施設」の介護サービスが同時に開始される	16.5% （1999）
保健・医療・福祉の連携による生活の支援				

（出所：成清美治『ケアワーク論』学文社　1999　p.107）

のもとで，老人保健制度は医療費の高騰化の抑止策にはならなかった。その後，介護保険構想・審議が論議されるようになった。その始まりは，高齢社会福祉ビジョン懇談会による「21世紀福祉ビジョン」(1994) の策定であった。そのなかで，新ゴールドプランの策定と新介護システムの構築を提言した。また，高齢者介護・自立支援システム研究会の「新たな高齢者介護システムの構築をめ

図表 7-10　介護保険制度の概要

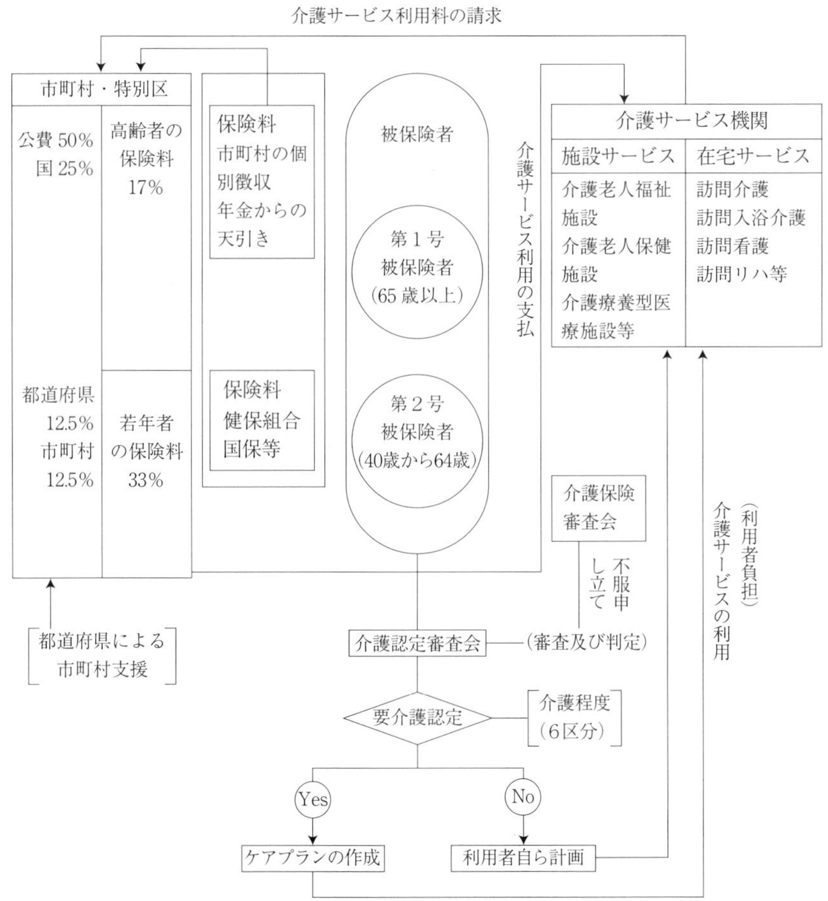

(出所：成清美治『ケアワーク論』学文社　1999　p.109)

ざして」(1994) あるいは「社会保障制度審議会（勧告）」(1995) の公的介護保険制度の勧告，老人保健福祉審議会による「新たな高齢者介護システムの確立について（中間報告について）」(1995) 等の報告で，新介護システムの構築あるいは介護保険制度の確立の必要性が提言された。そして，「介護保険制度案大綱」(1996) が老人保健福祉審議会に諮問された。その後，同年 6 月に介護保険制度創設に関する与党合意がなされた。そして，厚生省高齢者介護対策本部より，「介護保険法案について」(1996) の報告がなされた。その後，国会の審議を経て，1997（平成 9）年に「介護保険法」が成立し，社会的介護の基本法として同制度事業の推移が見守られることとなった。なお，わが国の高齢者福祉・医療・介護政策の経緯は図表 7-9 の通りである。介護保険制度の骨子は，財源構成面

図表 7-11　成年後見制度と日常生活自立支援事業の関係

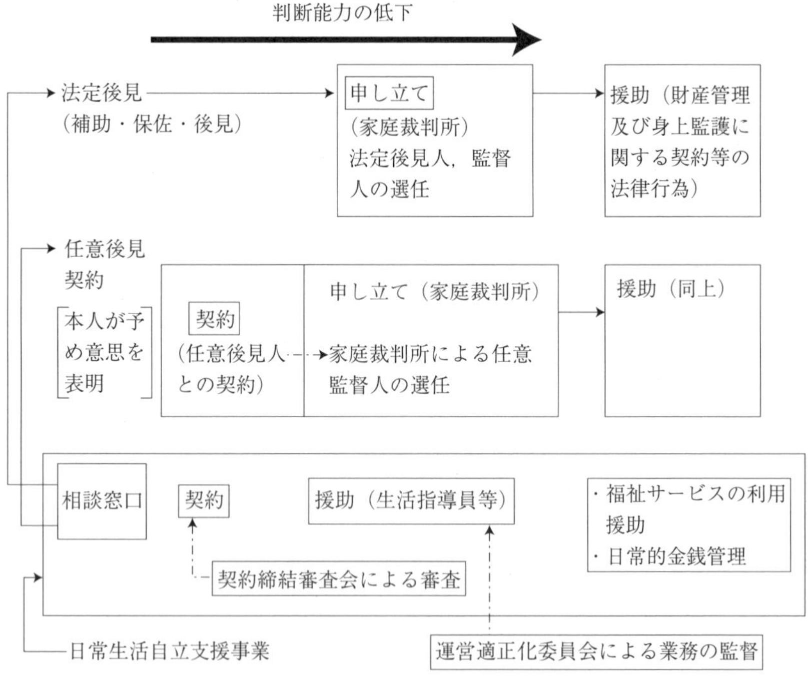

においては，費用の安定的確保のため，保険料2分の1，公費（国，都道府県，市町村）負担2分の1とした。また，保険者は各市町村（特別区を含む），被保険者は40歳以上の者，介護サービス対象者は原則65歳以上（ただし，特別疾患の場合40歳以上），利用者負担は介護サービス費用の1割負担，保険給付の種類は在宅サービス（12種），施設サービス（3種）とし，わが国最初の「社会的介護」システムがスタートしたのである（図表7-10参照）。また，すでにその業務内容について第3章で述べた要介護認定等に対する介護サービス計画（ケアプラン）の作成，訪問調査の代行等を行うケアマネジャー（介護支援専門員）が養成されることとなり，第1回の試験が1998（平成10）年に実施された。そして，介護保険制度創設と同長年の懸案事項であった認知章や精神的障害等により判断力が低下あるいは脆弱化あるいは体力的衰退のため財産管理や介護保険サービスの手続き等が困難になった人々に対してこれまでの禁治産・準禁治産制度に代わって1999年に成年後見制度に改められた。また，地域で生活する認知症あるいは知的障害者の福祉サービス利用を促進する目的で，生活日常生活自立支援事業（旧地域福祉権利擁護事業）が同年に開始された（図表7-11参照）。

第８章　介護保険制度の改革とケアサービス

1．介護保険法の改正

2000（平成12）年に介護保険制度は，「いつでも，どこでも，だれでも」というキャッチフレーズのもとでスタートした。しかしながら，サービス開始以降，要支援者，要介護者の増加も相まって，しかも，要支援並びに要介護１等の軽度に属する被保険者の給付の成果が上がらず，結果的に給付費が年々増加し，介護保険財政を圧迫することとなった（2000年度：3.2兆円⇒2005年度6.0兆円）。それに伴って，１人当たりの高齢者が負担する保険料も高騰化した。このような状況下で，法施行後５年を目途とした規定（介護保険法附則第２条）等もあり，介護保険制度の見直しが行われることとなった。

その結果，2005（平成17）年６月29日に「介護保険法の一部を改正する法律」（以後，改正介護保険法）が成立した。その骨子は１．予防重視型システムへの転換，２．施設給付の見直し，３．新たなサービス体系の確立，４．サービスの質の確保・向上，５．負担のあり方・制度の運営の見直し，６．被保険者・受給者の範囲等となっている（図表8-1参照）。

この改正介護保険法のポイントは，これまでの介護予防をより一層推進するための予防重視型システムへの転換，利用者負担の見直し，新たなサービス体系の確立，サービスの質の確保・向上，制度運営・保険料の見直し等となっている。

改正の具体的内容は，⑴予防給付の見直し（2006年４月施行）：これまでの介護保険給付のもとで軽度に対するサービスが本人の状態改善に継承されてい

図表 8-1　介護保険制度改革の全体像

見直しの基本的視点

明るく活力ある超高齢社会の構築　　制度の持続可能性　　社会保障の総合化

見直しの全体像　　※施行：平成18年4月（ただし施設給付の見直しについては平成17年10月施行）

課題	見直し	内容
軽度者（要支援・要介護1）の大幅な増加 軽度者の状態像を踏まえた介護予防の重視	1予防重視型システムへの転換	(1)新予防給付の創設 ○軽度者の状態像を踏まえ，現行の予防給付の対象者，サービス内容，ケアマネジメント体制を見直し ○新予防給付のケアマネジメントは「地域包括支援センター」が実施 (2)地域支援事業の創設 ○要支援・要介護になるおそれのある高齢者を対象とした効果的な介護予防事業を，介護保険制度に位置付け
在宅と施設の給付と負担の公平性 介護保険と年金の調整	2施設給付の見直し	(1)居住費・食費の見直し ○介護保険3施設の居住費（ショートステイは滞在費）・食費，通所サービスの食費を保険給付の対象外に (2)所得の低い人に対する配慮 ○所得の低い人の施設利用が困難にならないよう，負担軽減を図る観点から新たな補足給付を創設
認知症高齢者や一人暮らし高齢者の増加 サービス体系の見直しと地域包括ケア 中重度者の支援強化，医療と介護の連携	3新たなサービス体系の確立	(1)地域密着型サービスの創設 ○地域の特性に応じた多様で柔軟なサービス提供が可能となるよう，「地域密着型サービス」を創設 (2)居住系サービスの充実 ○特定施設の拡充 ○有料老人ホームの見直し (3)地域包括ケア体制の整備 ○地域の中核機関として，「地域包括支援センター」を設置 (4)中重度者の支援強化，医療と介護の連携・機能分担
サービスの質の確保が課題 サービスの利用者による選択と専門性の向上 実効ある規制ルール ケアマネジメントをめぐる問題	4サービスの質の確保・向上	(1)介護サービス情報の公表 ○介護サービス事業者に事業所情報の公表を義務付け (2)サービスの専門性と生活環境の向上 ○訪問介護における専門性の向上とユニットケアの推進等 (3)事業者規制の見直し ○指定の欠格事由の見直し，更新制の導入等 (4)ケアマネジメントの見直し ○ケアマネジャー資格の更新制の導入，研修の義務化 ○ケアマネジャー標準担当件数の引き下げ，不正に対する罰則の強化等
保険料設定における低所得者への配慮 公平・公正な要介護認定 市町村の保険者機能の発揮	5負担の在り方・制度運営の見直し	(1)第1号保険料の見直し ○負担能力をきめ細かく反映した保険料設定に ○特別徴収（年金からの天引き）の対象を遺族年金，障害年金へ拡大 (2)要介護認定の見直しと保険者機能の強化 ○申請代行，委託調査の見直し ○事業所への調査権限の強化と事務の外部委託等に関する規定の整備 (3)費用負担割合等の見直し ○介護保険施設等の給付費の負担割合の見直し ○特定施設の事業者指定の見直し
	6被保険者・受給者の範囲	社会保障に関する制度全般についての一体的な見直しを併せて検討を行い，平成21年度を目途として所要の措置を講ずるものとする。

（出所：社会保障入門編集委員会編『社会保障入門（2008）』中央法規出版　2008　p.50）

ないことが判明したため，1）対象者として新たに要支援者（「要支援状態にある者」）を設定すると同時に，2）新たな予防給付を創設した。介護予防サービスとして，① 介護予防訪問介護，② 介護予防訪問入浴介護，③ 介護予防訪問看護，④ 介護予防訪問リハビリテーション，⑤ 介護予防居宅療養管理指導，⑥ 介護予防通所介護，⑦ 介護予防通所リハビリテーション，⑧ 介護予防短期入所生活介護，⑨ 介護予防短期入所療養介護，⑩ 介護予防特定施設入居者生活介護，⑪ 介護予防福祉用具貸与及び特定介護予防福祉用具販売等がある。

そして，3）介護予防サービスの利用を前提とした，介護予防サービス計画作成を義務づけるケアマネジメント体制を構築することになった。(2) 地域支援事業の創設（2006 年 4 月施行）：要支援・要介護状態になることの予防と地域における包括的・継続的なマネジメント機能の強化を図ることを目的とし，その事業内容は，① 介護予防事業，② 包括的支援事業，③ その他（市町村の任意事業—介護保険給付費適正化事業，家族支援事業等）となっている。(3) 利用者負担の見直し（2005 年 10 月施行）：通所介護，通所リハビリテーション，短期入所生活介護，短期入所療養介護，認知症対応型共同生活介護並びに特定施設入所生活介護，施設サービスにおける食費及び居住費等を保険給付から除外した（ただし，低所得者に対する配慮あり）。(4) 地域密着型サービス（2006 年 4 月施行）：これまでの介護保険給付が全国一律であったものが，各市町村（自治体）独自のサービスの弾力的な運用が可能となった。地域密着型サービスとして，① 夜間対応型訪問介護，② 認知症対応型通所介護，③ 小規模多機能型居宅介護，④ 認知症対応型共同生活介護（グループホーム），⑤ 地域密着型特定施設入居者生活介護，⑥ 地域密着型介護老人福祉施設（入所定員が 29 人以下の特別養護老人ホーム）入所者生活介護等がある。また，地域密着型介護予防サービスとして，① 介護予防認知症対応型通所介護，② 介護予防小規模多機能居宅介護及，③ 介護予防認知症対応型共同介護が予防給付として利用者に提供される。(5) 地域包括支援センター（2006 年 4 月施行）：地域の介護予防支援を行う中心的役割を担う。なお，設置者は市町村となっているが，老人介

図表 8-2　サービスの種類

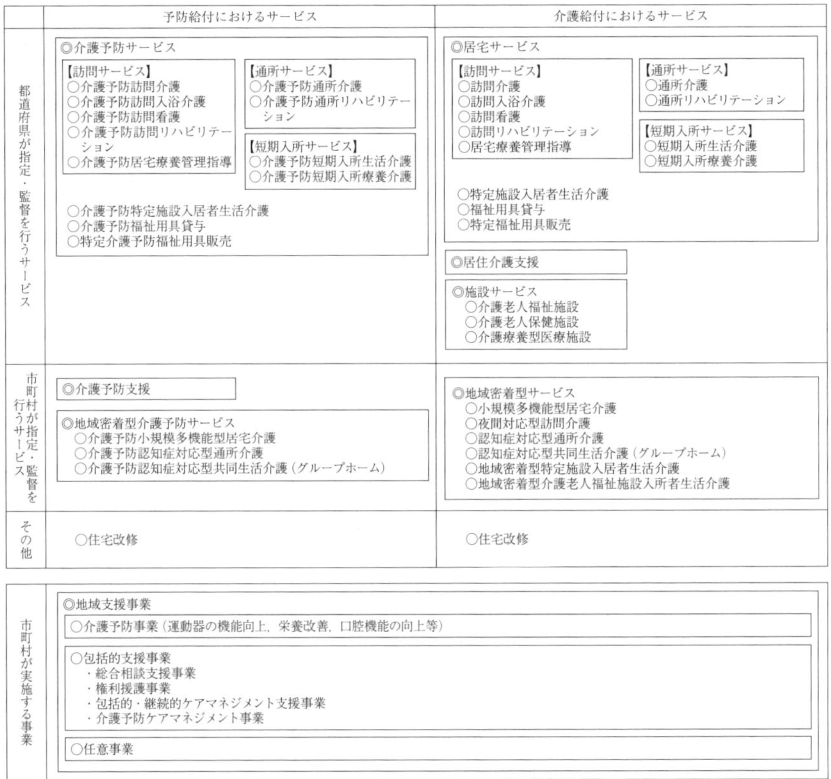

（出所：厚生統計協会編『保険と年金の動向（2008）』厚生統計協会　2008　p.123）

護支援センターの設置者やその他の厚生労働省令で定める者が，市町村より委託を受けて事業を実施することができるが，その場合，事前に各市長村長に届け出ることとなっている（図表 8-2 参照）。

2．改正介護保険法とケアサービス

今回の介護保険法の改正の全体像は，介護保険制度の改革と介護サービスのあり方の見直しにある。前節で介護保険制度の改革に関しては概観したが，この節では介護サービス基盤の見直し，すなわち，ケアサービスのあり方について見ることにする。その視点は，高齢者が住み慣れた身近な地域で暮らし続けることができるよう，地域における介護サービス基盤の整備にある。周知の通り，介護サービスには大別して在宅サービスと施設サービスがある。2008（平成20）年4月末現在2,757万人となっている。内訳は居宅サービス受給者が

図表 8-3　介護サービス利用状況

（単位：万人）

第1号被保険者数（2008年4月末現在）　2,757			
要介護（要支援）認定者数　454.8（第1号被保険者に対する割合約16.5%）			
居宅（介護予防）サービス受給者	263.7	施設サービス受給者	82.5
地域密着（介護予防）サービス受給者	19.8	介護老人福祉施設 介護老人保健施設 介護療養型医療施設	41.4 30.7 10.7

（出所：厚生労働省の数値をもとに作成する）

図表 8-4　第1号被保険者1人あたり保険給付費（都道府県別）

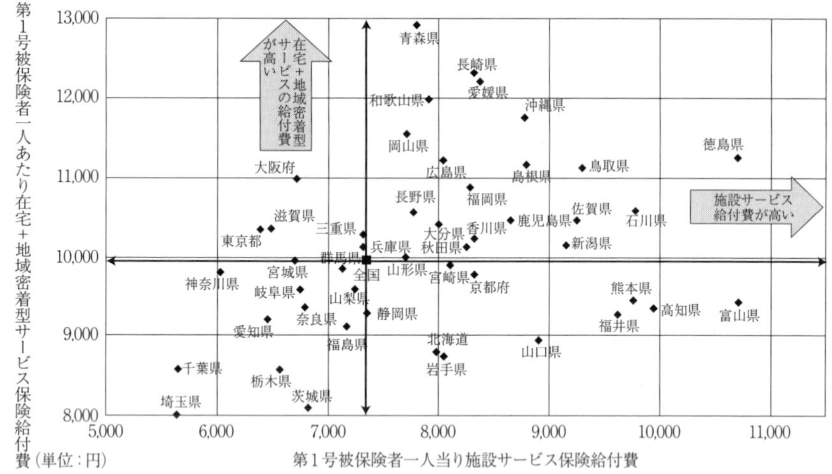

※1　特定入所者介護サービス費，高額介護サービス費等は含まれていない。
※2　保険給付費については，第2号被保険者分を含んだ数値を使用している。

（出典：介護保険事業状況報告（平成20年2月サービス分））

（出所：厚生労働省）

263.7万人，施設サービス受給者は82.5万人となっている（図表8-3参照）。なお，第1号被保険者1人当たり保険給付費（都道府県別）は図表8-4の通りであるが，地域によって居宅（在宅＋地域密着型）サービス利用者給付費と施設サービス利用者給付費の差異があるが，一定の法則は見当たらないが，強いていえば，比較的地方都市のほうが施設サービス給付費は高いようである。この要因として，都市部に比較して，多くの地方都市における在宅ケアサービスの量的不足が考えられる（図表8-4参照）。

このように，介護サービス利用者は年々増加しているが，それに伴ってケアサービスの質と量が問題となる。今回の介護保険制度改革のなかで，サービスの質の確保・向上を挙げている。その内容は，①介護サービスの情報の公表，②サービスの専門性と生活環境の向上，③事業者規制の見直し，④ケアマネジメントの見直し等となっている。この背景には一部の不正請による指定業者の「指定」の取り消し事例の増加による利用者に対する被害の防止等の目的と良質なサービスの提供を維持・推進するため業者間の公正な競争による介護サービスの向上を図るためこのような仕組みが導入された。これによってサービスの質の確保・向上を図ることとした。また，同時にケアマネジャー（介護支援専門員）の5年ごとの資格の更新制度も新たに導入された。今回の法改正でケアサービスに対する問題点が明らかとなったのは，①介護サービスの担い手の中心であるケアワーカー（介護福祉士）の処遇改善対策が欠如していることである。なかでも賃金は，他業種と比較して格段に低いため離職率が多く，特に入所施設においては100％機能しないという現象が各地で起こっている。この問題に対して，政府は，「介護従事者等の人材確保のための介護従事者の処遇改善に関する法律」（2008・5）に成立させた。つづいて，同省は「平成21年度介護報酬改定について」（2008・12）を発表した（詳しくは第5章の(6)参照）。これによって，介護従事者の報酬の引き上げが明確になった。ただし，今回の介護従事者の平均報酬の3％が引き上げ（月2万円）が，果たして介護従事者の生活賃金となるかどうかは議論の余地のあるところである。②認知症要介

図表 8-5　認知症の原因別割合

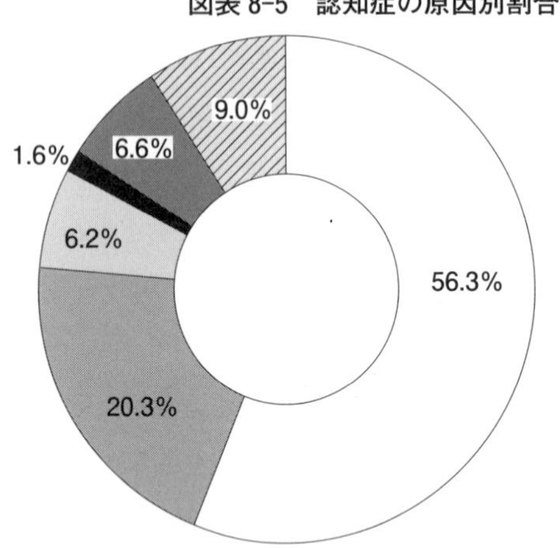

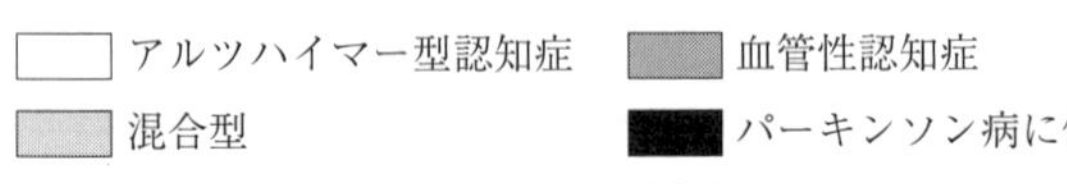

1987〜2001 年の間に報告された 39 の文献で認知症と診断された 5,620 人の原因別割合。
（出典）Clarfield AM: *Arch Intern Med*, 163: 2219-2229（2003）.
（出所：日本認知症ケア学会編『改訂・認知症ケアの基礎』ワールドプランニング　2008　p.16）

護者に対するケアのあり方である。認知症の原因は，アルツハイマー型認知症と血管性認知症に大別することができるが，その他に混合型やパーキンソン病に伴う認知症等がある（図表 8-5 参照）。

また，認知症高齢者数は高齢化の進展とともに今後ますます増加傾向にある。要介護（要支援）認定者（第 1 号被保険者）における認知症高齢者の将来推計は図表 8-6 の通りである。その数は，2045 年には認知症である高齢者の自立度Ⅱ以上が 378 万人，認知症である高齢者の自立度Ⅲ以上が 208 万人，トータルで 586 万人となる（図表 8-6 参照）。

ここで，認知症の定義は「発達過程で獲得した知能，記憶，判断力，理解力など種々の精神機能が脳の器質的障害によって障害され，独立した日常生活や社会生活，円滑な人間関係を営めなくなった状態」[(1)] となっている。尚，器

図表 8-6　要介護（要支援）認定者（第1号被保険者）における認知症高齢者の将来推計

（単位：万人）

	2002年	2005	2010	2015	2020	2025	2030	2035	2040	2045
認知症である高齢者の自立度Ⅱ以上	149 (6.3)	169 (6.7)	208 (7.2)	250 (7.6)	289 (8.4)	323 (9.3)	353 (10.2)	376 (10.7)	385 (10.6)	378 (10.4)
(参考) 認知症である高齢者の自立度Ⅲ以上	79 (3.4)	90 (3.6)	111 (3.9)	135 (4.1)	157 (4.5)	176 (5.1)	192 (5.5)	205 (5.8)	212 (5.8)	208 (5.7)

注　1）（　）内は65歳以上人口比（%）である。
　　2）2002（平成14）年9月末について推計した「要介護（要支援）認定者における認知症高齢者」と「日本の将来推計人口（平成14年1月推計）」から算出したもので，治療や介護に関する技術の発達など政策的な要素は織り込まれていない。

（出所：厚生統計協会編『国民の福祉の動向（2008）』厚生統計協会　2008　p.112）

質的障害とは，生体反応の結果である脳の病理組織学的変化を基盤にした障害である(2)。

この認知症高齢者対策として厚生労働省は「認知症老人対策推進本部」（1986）を設置以降，幾多の居宅・施設対策が講じられてきた。例えば，居宅対策として，1994（平成6）年に制定された「新・高齢者保健福祉推進十か年戦略」（通称，新ゴールドプラン）に基づく訪問介護員（ホームヘルパー）・短期入所生活介護（ショートステイ）・日帰り介護施設（デイサービスセンター）等の整備，1997（平成9）年には認知症対応型老人共同生活援助事業（認知症高齢者グループホーム）がスタートした。また，施設対策として，これまで施設処遇は，精神科病院・一般病院等への入院，特別養護老人ホーム・介護老人保健施設等への入所を担ってきた。現在，厚生労働省は認知症の総合的対策の推進として，認知症対策等総合支援事業を実施している（図表8-7参照）。

ところで，認知症高齢者は，判断能力が衰退するため権利擁護が必要となる。その一環として2000（平成12）年に介護保険制度が開始すると同時に認知症高齢者・障害者等の財産や権利を擁護する成年後見制度や自立が困難な者に対する日常的生活支援を生活援助員が行う日常生活自立支援事業（都道府県社会福

図表 8-7　認知症対策等総合支援事業

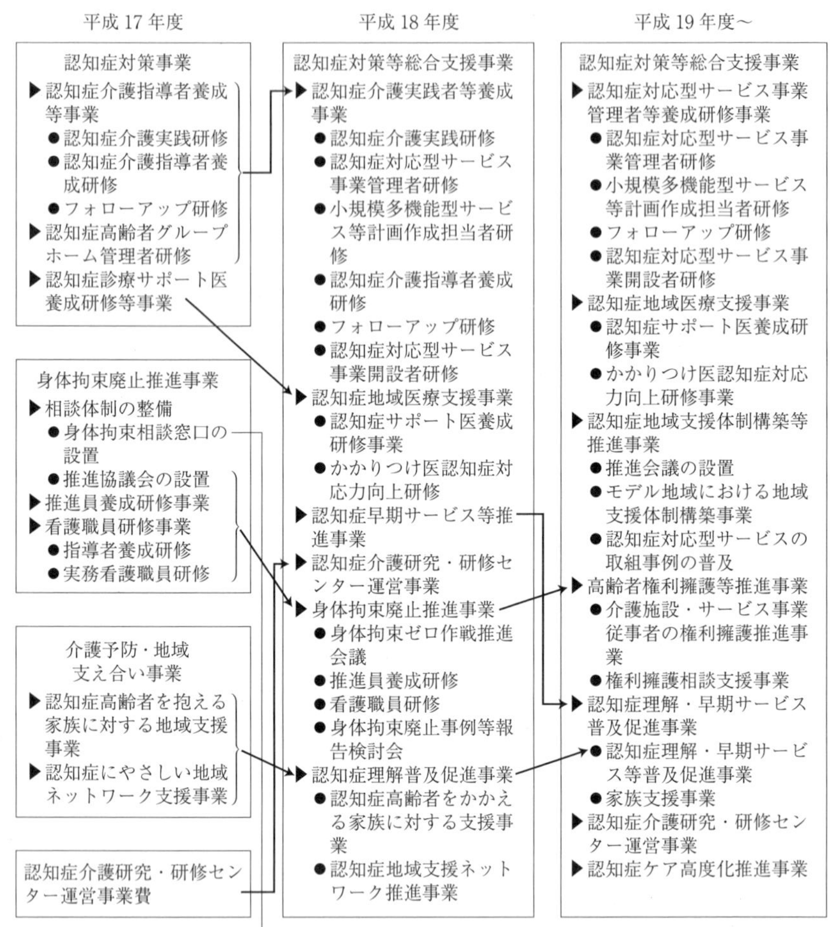

注　1）　認知症介護実践研修と認知症介護指導者養成研修は，平成 20 年度から国庫補助が廃止された。
　　2）　認知症地域支援体制構築等推進事業は平成 19 年度に，認知症ケア高度化推進事業は平成 20 年度に創設された。

（出所：厚生統計協会編『国民の福祉の動向（2008）』厚生統計協会　2008　p.114）

図表 8-8　養護者による高齢者虐待の種類

身体的虐待	高齢者の身体に外傷が生じ，または生じるおそれのある暴力を加えること
介護・世話の放棄・放任	高齢者を衰弱させるような著しい減食，長時間の放置，養護者以外の同居人による虐待行為の放置など，養護を著しく怠ること
心理的虐待	高齢者に対する著しい暴言または著しく拒絶的な対応その他の高齢者に著しい心理的外傷を与える言動を行うこと
性的虐待	高齢者にわいせつな行為をすることまたは高齢者をしてわいせつな行為をさせること
経済的虐待	養護者または高齢者の親族が当該高齢者の財産を不当に処分することその他当該高齢者から不当に財産上の利益を得ること

（出所：「高齢者虐待防止法」第 2 条の 4 より作成）

祉協議会が実施主体）がスタートした（詳しくは，第 7 章の(2)参照）。なお，認知症高齢者の自立度に関しては，「認知症高齢者の日常生活自立度判定基準」（1993 年 10 月 26 日厚生労働省老人保健福祉局長通知，2006 年一部改正）に基づいて認知症高齢者の自立度が，ランクⅠ～ランク M まで規定されている。

また，認知症高齢者は，ケア場面において保護者，養護者からの虐待に遭遇する危険性が常在している。なぜならば認知症高齢者は，日常生活における自立度が低く，しかも見当識障害が伴うため本人が不安と混乱に陥り，精神的な異常をきたし，予測できない行動をとる場合がある。しかも，認知症が進行するにつれて暴言，暴力が伴うことがあるので，ときには介護者に悪態をつき暴力をふるうケースもあるので，通常のケアが困難となる場面がある。高齢者虐待に対する法的規制として「高齢者虐待の防止，高齢者の養護者に対する支援等に関する法律」（通称，高齢者虐待防止法）が，2005（平成 17）年 11 月 1 日に成立した。高齢者虐待の概念は「高齢者虐待とは，一般的に家庭内或いは施設内において，家族・親族または介護スタッフ等から，生活の維持や人権が侵害される身体的，精神的，経済的に虐待とみなされる行為を受けることである」と規定することができるが，同法においては，「高齢者虐待」とは，養護者による高齢者虐待及び養介護施設従事者等による高齢者虐待をいう」（同法第 2

条の3）と定義している。高齢者虐待を，① 身体的虐待，② 介護・世話の放棄・放任，③ 心理的虐待，④ 性的虐待，⑤ 経済的虐待（図表8-8参照）と5つに区分している。

3．高齢者虐待の実態

前節で高齢者虐待の概念と種類について明らかにしたが，本節では高齢者虐待の実態について，厚生労働省（医療経済研究機構）による「家庭内における高齢者虐待に関する調査」（担当ケアマネジャー，重複回答あり）（2004・3）によると虐待の実態は以下の通りである。

(1) 虐待を受けている高齢者本人の状況

① 年齢

「75歳以上85歳未満」: 43.3%

「85歳以上95歳未満」: 34.3%

「65歳以上75歳未満」: 19.2%

「95歳以上」　　　　　:　3.2%

② 性別

男性：23.6%　女性：76.2%

③ 要介護度

「要介護度3以上」: 51.4%

「要支援，要介護1，2」: 45.4%

「自立」: 0.4%

④ 認知症老人の日常生活自立度

「認知症なし」: 17.9%

「自立度Ⅰ」: 20.5%

「自立度Ⅱ」: 25.1%

「自立度Ⅲ」: 21.1%

「自立度Ⅳ以上」: 11.6%（うち不明3.9%）

※虐待を受けている高齢者の認知症の自立度については,「Ⅱ以上」が60%以上を占めている。

⑤ 世帯の経済状況

「余裕がある」: 19.1%

「生活に困らない程度」: 46.9%

「時々, 生活に困ることがある」: 14.2%

「常時, 生活に困窮している」: 15.6%

「不明」: 4.2%

※虐待を受けている高齢者の経済状況については,「余裕がある」と「生活に困らない程度」を合わせると66.0%となっている。この結果, 虐待と経済問題の相関関係は希薄である。

(2)　主な虐待者の状況

① 高齢者本人と続柄

「息子」: 32.1%

「息子の配偶者（嫁）」: 20.6%

「配偶者」: 20.3%（「夫」: 11.8%,「妻」: 8.5%）

「嫁」: 16.3%

② 主な虐待者の年齢

「40歳代～おおむね64歳程度」: 64.4%

「おおむね65歳以上」: 27.7%

③ 性別

「男性」: 49.9%

「女性」: 49.8%

④ 同居・別居の状況

「高齢者本人と同居」: 88.6%

⑤ 虐待者と高齢者の接触時間

「日中を含め常時」: 51.5%

「日中以外は常時」: 27.5%

※虐待者と高齢者の接触時間が長いほど虐待に至る場合が多くなる。

⑥ 虐待の発生の要因として考えられること

「虐待をしている人の性格や人格」: 50.1%

「高齢者本人と虐待をしている人のこれまでの人間関係」: 48.0%

「高齢者本人の性格や人格」: 38.5%

「虐待者の介護疲れ」: 37.0%

「高齢者本人の排せつ介助の困難さ」: 25.4%

「配偶者や家族・親族の無関心」: 25.1%

「経済的困難」: 22.4%

※最も多いのは，虐待者や高齢者の性格・人格，人間関係上の問題である。

⑦ 虐待の発見，気づきの状況

「記入者所属の機関の気づき」: 47.0%

「高齢者本人からの申告」: 15.6%

「高齢者本人の家族，親族からの申告」: 9.8%

「虐待をしている人からの申告」: 7.4%

※在宅での被虐待者の発見は，高齢者の相談，介護を直接担当するケアマネジャー，看護職，介護職等が最も多くなっている。

⑧ 日常生活自立支援事業，成年後見制度の利用状況

「日常生活自立支援事業を利用」: 5.0%

「成年後見制度を利用」: 2.5%

「いずれも利用していない」: 89.7%

※両事業の利用者が極端に少ないのは，情報不足と費用負担問題がある。

⑨ 問題解決のために行った虐待者への働きかけ

「介護サービスの利用を勧めた」: 63.5%

「虐待者の気持ちの理解に努めた」: 58.4%

「虐待者の相談に十分のった」: 41.0%

「虐待者以外の親族への理解を求めた」: 36.4%

「一時的な分離を勧めた」: 29.4%

(3)　虐待の状況（複数回答あり）

① 虐待の内容

「身体的虐待」: 50.0%

「心理的虐待」: 63.6%

「性的虐待」: 1.3%

「経済的虐待」: 22.4%

「介護・世話の放棄・放任」: 52.4%

② 虐待についての自覚

ア，高齢者本人の自覚

「自覚がある」: 45.2%

「自覚がない」: 29.8%

イ，虐待者の虐待に対する自覚

「自覚がある」: 24.7%

「自覚がない」: 54.1%

(4)　問題解決のためのサービス利用状況

① 問題解決のためのサービス利用状況

「特に入院・施設入所等のサービス利用なし」: 26.3%

「病院に入院した」: 14.6%

「入所・入院の手続きまたは待機中」: 12.9%

「老人保健施設に入所した」: 8.0%

「特養に入所した（措置以外）」: 5.6%

「措置で特養または養護老人ホームに入所」: 1.9%

② 解決のために新規・増加させた在宅サービス

「短期入所者生活介護」: 31.8%

「訪問介護」: 29.8%

「ケアマネ，在宅介護支援員報問回数増加」: 29.0%

「通所介護」: 28.2%

「新規利用，増加はしていない」: 10.1%

以上が「家庭内における高齢者虐待に対する調査」(ケアマネジャー担当) 結果であるが，この調査結果から判明したのは，① 被虐待者は後期高齢者が多く，性別には女性が多く占めている，② 被虐待者の多くは要介護度 3 以上であること，③ 認知症高齢者日常自立度は，Ⅱランク (日常生活に支障を来すような症状・行動や意志疎通の困難さが多少みられても，誰かが注意していれば自立できる) 以上が 60% 近くを占めている，④ 世帯の経済状況は必ずしも困っていないが 60% 以上を占めている，⑤ 虐待者の続柄は息子が一番多く，続いて息子の配偶者 (嫁) となっている，⑥ 虐待の自覚については被虐待者の 45% 以上があるが，これに対して虐待者の自覚は半数以上がないという，⑦ 問題解決のためのサービス利用状況はその多くがサービスの利用をしている，⑧ 問題解決のために新規・増加させた在宅サービスのうち最も多いのがショートステイ，ホームヘルパーの利用となっている。これらの結果から，虐待者の多くは息子であり，被虐待者は女性である。また，要介護度はⅢ (とくに認知症) 以上であり，被虐待者は後期高齢者が多数を占めている。そして，養護者 (家族・親族等) は虐待をしているという自覚が希薄であることが明らかとなった。それでは，次になぜ，高齢者虐待が生じるかその要因について，調査結果を加味しながら指摘する。その要因は，① 過去の人間関係 (たとえば，嫁・姑の関係) が介護場面に影響を及ぼす，② 性別役割分業 (男は稼ぎ手，女は家庭を守る) の存在，③ 日本は契約社会でなく，血縁社会である (日本では，伝統的に介護は身内の者がするという暗黙の了解があった。しかし，かつて，ドイツやスウェーデンでは「隠居契約」が存在し，血縁関係以外の第３者が契約のもとで，老人介護を担った。このことが，ソーシャル・ケアサービスの普遍化の要因となった)，④ 男性介護者の非自立が虐待に結びつく要因となる，⑤ 世間体・社会の目を気にする（「身内の過剰な責任感」)，⑥ 認知症高齢者の介護が介護者のストレスをより招く，⑦「イエ」意識の存在が，公的介ケアサービスを排除する，⑧ 血縁信仰・先祖信仰が介護の丸がかえとなる，⑨ 要介護高齢者に対する尊敬の念の欠如，⑩ 養護者（介護者）のストレス等が考えられる。

最後に高齢者虐待防止における国・国民・各団体・関係者の責務について各法の役割を明らかにすると以下の通りとなる。

① 国及び地方公共団体の責務等（高齢者虐待防止法第３条第１～３項「国及び地方公共団体の責務等」）
② 国民の責務（同第４条「国民の責務」）
③ 保健・医療・福祉関係者の責務（同第５条「高齢者虐待の早期発見等」）
④ 市町村の役割
ア，養護者による高齢者虐待について
○高齢者や養護者に対する相談，指導，助言（同第６条「相談，指導及び助言」）
○通報を受けた場合，協力者と対応協議（同第９条第１項「通報等を受けた場合の措置」）
○老人福祉法に規定する措置及びそのための居室の確保，成年後見制度利用開始に関する審判の請求（同第９条第２項「通報を受けた場合の措置」，第 10 条「居室の確保」）等
イ，養介護施設従事者等による高齢者虐待について
○高齢者虐待を受けたと思われる高齢者を発見した場合，速やかに市町村に通報に対する対応窓口の周知（同第 21 条第５項「養介護施設従事者等による高齢者虐待に係る通報等」，第 18 条「周知」）

○養介護施設従事者等による高齢者虐待について（同第19条「都道府県の援助等」）
ウ，財産上の不当取引による被害防止（同27条「財産上の不当取引による被害の防止等」）
⑤ 都道府県の役割
ア，養護者による高齢者虐待について（同第19条「都道府県の援助等」）
イ，養護施設従事者等による高齢者虐待について（同第24条「通報等を受けた場合の措置」，第25条「公表」）
⑥ 国及び地方公共団体の役割（同26条「調査研究」，第28条「成年後見制度の利用促進」）
⑦ 養介護施設の設置者，養介護事業者の責務（同20条「養介護施設従事者等による高齢者虐待の防止等のための措置」）

ところで，高齢者虐待防止法の第16条（「連携協力体制」）に，「市町村は，養護者による高齢者虐待の防止，養護者による高齢者虐待を受けた高齢者の保護及び養護者に対する支援を適切に実施するため，老人福祉法や地域包括支援センターその他関係機関，民間団体等との連携協力体制を整備しなければならない」とある。具体的には各市町村に設置されている地域包括支援センターが構築する「高齢者虐待防止ネットワーク」を活用し，高齢者虐待防止から個別支援に至る各段階において関係機関・団体等との連携を行い，虐待の危険性のある養護者・家族に対する支援を行う。その3つの機能は，① 民生委員，地域住民，社会福祉協議会等からなる「早期発見・見守りネットワーク」，② 介護保険サービス事業者等からなる「保健医療福祉サービス介入ネットワーク」，③ 行政機関，法律関係者，医療機関等からなる「関係専門機関介入支援ネットワーク」である。このネットワークによって高齢者虐待を防止することになる（図表8-9参照）。

図表 8-9　高齢者虐待防止ネットワークの例

地域包括支援センター
相談窓口・各ネットワークのコーディネート
① 相談・通報の受付 → ② 実態把握 → ③ 支援計画 → ④ サービス，制度，機関へのつなぎ → ⑤ モニタリング
市町村

①相談・通報
②実態把握
④見守り
社会福祉協議会
民生委員
介護相談員
家族の会
自治会
NPO
ボランティア
早期発見・見守りネットワーク

①相談・通報
④サービス，制度，機関へのつなぎ
⑤モニタリング
訪問看護
訪問介護
養護老人ホーム
特別養護老人ホーム
短期入所
ケアマネジャー
保健医療福祉サービス介入ネットワーク

①助言・支援
権利擁護団体
家庭裁判所
消費者センター
警察
医療機関（精神含む）
関係専門機関介入支援ネットワーク

（出所：厚生労働省）

4．認知症高齢者のケア

厚生労働省老健局長の私的研究会である高齢者介護研究会は，2003（平成15）年 6 月 26 日に「2015 年の高齢者介護～高齢者の尊厳を支えるケアの確立について～」を報告した。その 4 つの柱として，① 介護予防・リハビリテーションの充実，② 生活の継続性を維持するための，新しい介護サービス体系，③ 新しいケアモデルの確立―痴呆性（現，認知症）高齢者ケア―，④ サービスの質の確保と向上である。ここでは③について検討する。現状認識として，ア，これまでの精神障害者に対するケアは，身体ケアと比べて遅れている認知症ケアである。イ，要介護高齢者の相当部分が認知症高齢者である。ウ，要介護者のほぼ半数，施設入所者の 8 割が認知症高齢者である，としている。そのうえで，新しいケアモデルを確立するためには，認知症高齢者のケアの普遍化が必

図表 8-10　新しいケアモデルの確立—認知症高齢者ケア—

現状

- ●身体ケアと比べて遅れている認知症高齢者ケア
- ●要介護高齢者の相当部分が認知症高齢者
- ●要介護高齢者のほぼ半数（認知症老人自立度Ⅱ以上）
- ●施設入所者の８割

身体ケアのみではなく，認知症高齢者に対応したケアを高齢者介護の標準とするべき

認知症高齢者ケアの普遍化

認知症高齢者ケアの基本＝尊厳の保持

認知症高齢者の特性
- ・記憶障害の進行と感情等の残存
- ・不安・焦燥等→徘徊等の行動障害
- ・環境変化への適応困難

➡

生活そのものをケアとして組み立てる
- ・環境の変化を避け，生活の継続性を尊重
- ・高齢者のペースでゆったりと安心した生活
- ・心身の力を最大限に発揮した充実した暮らし

日常の生活圏域を基本としたサービス体系

- ・小規模な居住空間
- ・家庭的な雰囲気
- ・なじみのある人間関係
- ・住み慣れた地域での生活の継続

- ・グループホーム
- ・小規模多機能サービス拠点
- ・施設機能の地域展開
- ・ユニットケアの普及

事業者・従事者の専門性と資質の確保・向上

ケアの標準化と方法論の確立

認知症の症状等に効果的に応えることができる介護サービスに関して，系統的なエビデンスの収集と評価，サービスのパッケージの開発等

認知症高齢者と家族を支える地域の仕組み

- ・家族や地域住民に対する認知症についての正しい知識と理解の啓発
- ・住民による主体的な健康づくりと認知症介護予防活動
- ・早期発見，相談機能の強化，専門的人材の育成
- ・地域の関係者に対するネットワークによる支援

（出所：老人保健福祉法制研究会編『高齢者の尊厳を支える介護』法研　2003　p.158　一部修正）

要とし，その条件として，①認知症高齢者ケアの基本は「尊厳の保持」であることを前提として，具体化するためには，認知症高齢者の特性であるア，障害の進行と感情等の残存，イ，不安・焦燥感→徘徊等の行動障害，ウ，環境変化への適応困難等を把握し，生活そのものをケアとして組み立てることを把握し，ア，環境の変化を避け，生活の継続性を尊重，イ，高齢者のペースでゆったりと安心した生活，ウ，心身の力を最大限に発揮した充実した暮らし等を整備することが尊厳の保持につながると指摘している。②日常の生活圏を基本としたサービス体系として，ア，小規模な居住空間，イ，家庭的な雰囲気，ウ，なじみの人間関係，エ，住み慣れた地域での生活を前提としたア，グループホーム，イ，小規模多機能サービス拠点，ウ，施設機能の地域展開，エ，ユニットケアの普及を挙げている。③ケアの標準化，方法論の確立として，認知症の病状に効果的に応えることができる介護サービスに関して，系統的なエビデンスの収集と評価，サービスのパッケージの開発等を挙げている。④認知症高齢者と家族を支える地域の仕組みとして，ア，家族や地域住民に対する認知症についての正しい知識と理解の啓発，イ，住民による主体的な健康づくりと認知症介護予防活動，ウ，早期発見，相談機能の強化，専門的人材の育成，エ，地域の関係者に対するネットワークによる支援等を挙げている（図表8-10参照）。

なお，認知症高齢者の自立度の判定基準として1993（平成５）年に当時の厚生省老人保健福祉局長通知の「認知症高齢者の日常生活自立度判定基準」（2008年に一部改正）がある。この判定基準は，家庭・地域あるいは施設等において，認知症高齢者に対して適切な対応がとれるよう医師が認知症と診断した高齢者の自立度の程度すなわちケアの必要度を保健・医療・福祉の専門職（保健師・看護師・介護福祉士等）が客観的かつ短期間に判定することを目的として作成されている（図表8-11参照）。

また，「認知症ケアに対する優れた学識と高度な技術，および倫理観を備えた専門技術士を養成し，わが国における認知症ケア技術の向上ならびに保健・福祉に貢献する」ことを目的として設けられた，日本認知症ケア学会が認定す

図表 8-11　認知症高齢者の日常生活自立度判定基準

ランク	判断基準	みられる症状・行動の例	判定にあたっての留意事項
Ⅰ	何らかの認知症を有するが，日常生活は家庭内および社会的にほぼ自立している。		在宅生活が基本であり，ひとり暮らしも可能である。相談，指導等を実施することにより，症状の改善や進行の阻止を図る。
Ⅱ	日常生活に支障をきたすような症状・行動が意志疎通の困難さが多少みられても，だれかが注意していれば自立できる。		在宅生活が基本であるが，ひとり暮らしは困難な場合もあるので，日中の居宅サービスを利用することにより，在宅生活の支援と症状の改善および進行の阻止を図る。
Ⅱa	家庭外で上記Ⅱの状態がみられる。	たびたび道に迷うとか，買い物や事務，金銭管理などそれまでできたことにミスが目立つ等	
Ⅱb	家庭内でも上記Ⅱの状態がみられる。	服薬管理ができない，電話の応対や訪問者との応対など1人で留守番ができない等	
Ⅲ	日常生活に支障をきたすような症状・行動が意志疎通の困難さがみられ，介護を必要とする。		日常生活に支障をきたすような行動や意思疎通の困難さがランクⅡより重度となり，介護が必要となる状態である。「時々」とはどのくらいの頻度を指すかについては，症状・行動の種類等により異なるので一概には決められないが，一時も目を離せない状態ではない。在宅生活が基本であるが，ひとり暮らしは困難であるので，夜間の利用も含めた居宅サービスを利用し，これらのサービスを組み合わせることによる在宅での対応を図る。
Ⅲa	日中を中心として上記Ⅲの状態がみられる。	着替え，食事，排便・排尿がじょうずにできない，時間がかかる。やたらにものを口に入れる，ものを拾い集める，徘徊，失禁，大声・奇声を上げる，火の不始末，不潔行為，性的異常行為等	
Ⅲb	夜間を中心として上記Ⅲの状態がみられる。	ランクⅢaに同じ	
Ⅳ	日常生活に支障をきたすような症状・行動や意志疎通の困難さが頻繁にみられ，常に介護を必要とする。	ランクⅢに同じ	常に目を離すことができない状態である。症状・行動はランクⅢと同じであるが，頻度の違いにより区分される。家族の介護力等の在宅基盤の強弱により居宅サービスを利用しながら在宅生活を続けるか，または特別養護老人ホーム・老人保健施設等の施設サービスを利用するかを選択する。施設サービスを選択する場合には，施設の特徴を踏まえた選択を行う。
M	いちじるしい精神症状や周辺症状あるいは重篤な身体疾患がみられ，専門医療を必要とする。	せん妄，妄想，興奮，自傷・他害等の精神症状や精神症状に起因する問題行動が継続する状態等	ランクⅠ～Ⅳと判定されていた高齢者が，精神病院や認知症専門棟を有する老人保健施設等での治療が必要となったり，重篤な身体疾患がみられ老人病院等での治療が必要となった状態である。専門医療機関を受診するよう勧める必要がある。

（平成18年4月3日　老発第0403003号「「痴呆性老人の日常生活自立度判定基準」の活用について」の一部改正について）
（出所：日本認知症ケア学会編『改訂・認知症ケアの基礎』ワールドプランニング　2008　pp.14-15）

る更新制の資格として「認知症ケア専門士」が養成されている。今後，政・官・民（政府・行政・民間事業者）の連携と処遇理念（哲学・倫理）を具備した専門職である認知症ケア専門士（専門介護福祉士）・保健師・看護師等の連携が効果的かつ有効的に機能することが，認知症高齢者ケアの基本である人権の保持を前提としたケアを実現することにつながるのである。

[注]

（1）　相川直樹他編『医学大辞典』南山堂　1998　p.1360

（2）　糸川嘉則総編集，交野好子・成清美治・西尾裕吾編集『看護・介護・福祉の百科事典』朝倉書店　2008　p.255

[参考文献]

金子善彦『老人虐待』星和書店　1998

多々良紀夫編著『高齢者虐待』中央法規　2003

パトリシア・ブラウネル他著／多々良紀夫・塚田典子監訳『世界の高齢者虐待防止プログラム』明石書店　2004

富士谷あつ子・岡本民夫編著『長寿社会を拓く―いきいき市民の時代』ミネルヴァ書房　2006

第9章　障害者福祉とケアサービス

1．現代社会における障害者福祉

2008年9月にアメリカのサブプライムローン（米国の信用度の低い人向けの住宅ローン）問題を発端とした金融危機が瞬く間に世界経済を巻き込み，100年に一度といわれる「金融恐慌」となり，世界経済をどん底に落とし入れると同時に多くの人々の生活を直撃した。日本経済もこの流れに逆らえず，経済が急速に冷え込み，労働市場では，非正規雇用者を中心に解雇が相次いだ。この主要因として，2004（平成16）年3月1日より，「改正労働者派遣法」が施行されたことにより，派遣労働者の受け入れ期間の延長を挙げることができる。このことによって，各企業は労働者の雇用・解雇を時の経済情勢に応じて，柔軟に行うことができるようになった。

かつて，日本の雇用関係は，終身雇用，年功序列型賃金であり，経済的・精神的安定を労働者にもたらしていた。また，地域社会では社会連帯的相互扶助型による家庭，学校・地域社会が有効的に機能していた。しかし，近年の経済のグローバル化による生産拠点の海外移転や成果主義，競争原理，市場経済の導入の結果，人件費の抑制策として，正社員の雇用を抑制し，非正社員の雇用を増大化する結果となった（総務省労働力調査によると2007年の非正社員は1,732万人となり，全雇用者に占める割合も33.5%となった）（図表9-1参照）。

こうした雇用の不安定化・不確実性は，新たなる貧困層を生み出し，社会不安を誘因すると同時に，人心を荒廃させることにつながった。こうした経済情勢下で，地域間，あるいは国民間にいちじるしい経済的格差（近年のOECDの報告によると，日本の相対的貧困率はOECD諸国のなかで，下からアメリ

図表 9-1　雇用形態別雇用者数の推移（正規の職員・従業員と正規以外の職員・従業員）

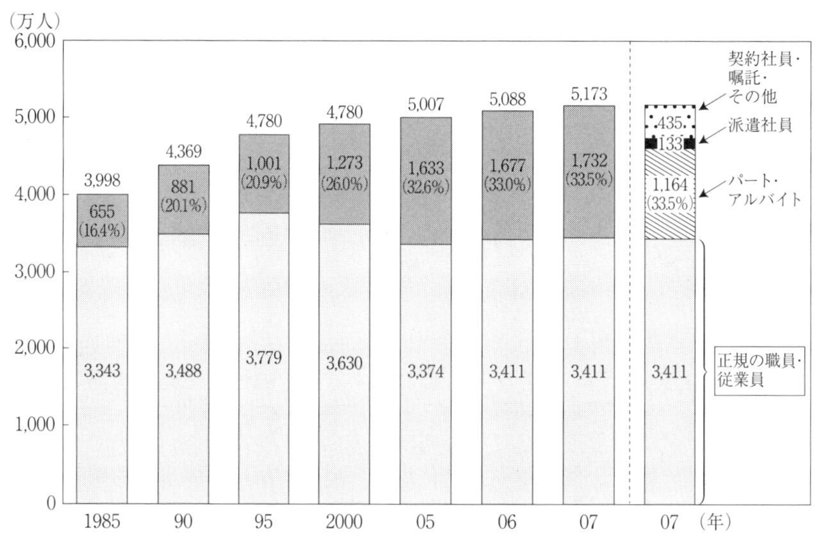

資料出所　総務省統計局「労働力調査（特別調査）」，「労働力調査（詳細集計）」
（注）1985 年から 2000 年までは「労働力調査特別調査」（2月調査），2005 年から 2007 年までは「労働力調査（詳細集計）」（年平均）
（出所：厚生労働省編『労働経済白書（平成 20 年版）』厚生労働省　2008　p.174）

図表 9-2　国民の平均所得額の推移

	1997 年	1998 年	2000 年	2004 年	2006 年
全世帯の1世帯当たり平均所得金額（万円）	657.7	655.2	616.9	580.4	566.8
対前年増加率（%）	−0.5	−0.4	−1.5	0.1	0.5
高齢者世帯の1世帯当たり平均所得金額（万円）	323.1	335.5	319.5	296.1	306.3
対前年増加率（%）	2.2	3.8	−2.9	1.8	1.5
児童のいる世帯の1世帯当たり平均所得金額（万円）	767.1	747.4	725.8	714.9	701.2
対前年増加率（%）	−1.9	−2.6	0.6	1.8	−2.3

（出所：厚生労働省「平成 19　国民生活基礎調査の概況」）

カに次いで2番目となっている）が生じる結果となった。このような社会を「格差社会」というが，格差社会＝貧困化は，差別を誘発し，人権意識を弱体化することによって，高齢者や障害者，児童等の生存権，教育権等を脅かしている。こうした経済状況のもとで，国民の平均所得額の鈍化と生活保護受給者の増加が顕著となった。まず，国民の平均所得額の推移をみると1997年以降，全世帯並びに高齢者世帯の1世帯当たりの平均所得金額は年々低下し，児童のいる世帯の1世帯当たりの平均所得金額も一部の年を除いて下降している。反面，一部の経済的エリートである富裕層が増大し，所得の二極分化が起こり，「総中流社会」が瓦解した（図表9-2参照）。

次に生活保護受給者の実態をみることにする。公的扶助である生活保護制度は国民の最後の生活安全網（セーフティネット）といわれている。しかし，この制度に近年異変が起っている。すなわち，国民生活における経済的格差が主たる要因となって，被保護人員と一般人の構成割合，被保護世帯人員の保護率ともに年々増加させていることである（図表9-3参照）。

こうした事態を打開するため厚生労働省は，2006年6月に生活保護費の削減を決定した。具体策として，①「老齢加算」の廃止，② 15歳以下の子どもをもつ1人親家庭の「母子加算」の段階的廃止，③ 持ち家に住んでいる高齢者の生活保護支給を廃止し自宅を担保にして生活資金を貸し付ける「リバースモゲージ」制度の導入等を行うことを決定した。しかしながら，サブプライムローン問題によって，日本経済も急速に減速化したため，大量の失業者が発生すると予測されるなかで，生活保護受給者が増大することは容易に考えられる。

一方，雇用対策として国は，さまざまな対策を講じてきた。たとえば，高齢者の安定した雇用の確保と推進策として，「高齢者等の雇用の安定等に関する法律の一部を改正する法律」（2004改正），女性労働者が性別によって差別されず，母性を尊重することを理念とした「改正男女雇用機会均等法」（2005改正），若者の雇用対策として登場した「フリーター20万人常用雇用化プラン」（2005）等であるが，これらの施策は雇用関係の安定化と被保護世帯並びに被保護者が

図表 9-3　被保護人員・一般人口の構成割合・被保護世帯人員の保護率

各年7月1日現在

年　次	総　数	0～14歳	15～59歳	60歳以上
		被保護人員（%）		
平成7年（1995）	100.0	13.0	43.0	44.0
12　（2000）	100.0	12.5	40.0	47.6
17　（2005）	100.0	12.6	37.6	49.8
18　（2006）	100.0	12.3	37.5	50.2
		一般人口（%）		
平成7年（1995）	100.0	16.0	63.5	20.5
12　（2000）	100.0	14.6	61.8	23.6
17　（2005）	100.0	13.6	58.4	27.9
18　（2006）	100.0	13.6	59.2	27.2
		保護率（‰）		
平成7年（1995）	6.82	5.55	4.62	14.63
12　（2000）	8.13	6.96	5.23	16.57
17　（2005）	11.22	10.36	7.23	20.05
18　（2006）	11.54	10.41	7.31	21.32

（出所：厚生労働省社会援護局「被保護者全国一斉調査結果報告書」）

減少することを目標として行われてきたが，アメリカを震源地とした世界的恐慌のもとで立ちすくんでいるのが現状であり，新たなる雇用対策が施行される必要がある。

なお，障害者に対する雇用促進としては，全障害者の雇用促進を目的とした「障害者の雇用の促進等に関する法律」（2005改正）が，中心となって障害者の雇用を推進してきた。そして，障害者の就労と地域生活を進め，自立を支援する視点から登場したのが「障害者自立支援法」（2005）である。この法律は，身体障害者，知的障害者，精神障害者に対するサービスの一元化を図り相互利用を可能とすると同時に，支援費制度の理念（「自己決定と自己選択」と「利用者本位」）を継承し，就労を支援したものとなっているが，安定的な財源の確保を名目とした利用者負担の導入（原則1割負担）は障害者にとって厳しいものとなり，見直しが要望されている。

こうした状況下で社会保障・社会福祉全般においては，年金問題，医療問題，介護問題が社会問題化し，見直しあるいは改正等について論議されてきた。年金問題に関しては，2007年6月に国会にて年金加入者の未処理問題が明らかにされた。このことは，これまでの国民年金未加入者問題，第3号被保険者の問題，年金の統合化問題と相俟って国民の間に不安感を醸成している。また，医療問題では，高齢者の医療費削減問題，後期高齢者医療保険制度の創設あるいは一般，精神科の入院期間の短縮化問題等を挙げることができる。そして，介護問題においては，介護保険型あるいは医療型の療養型医療施設の廃止，削減問題，介護保険料高騰化問題，介護予防の促進化の問題，人材育成の問題，FTA（自由貿易規定）に基づくフィリピンからの介護士導入問題等と問題が山積している（EPA（経済連携協定）により，インドネシアより，2008年8月7日に看護師・介護福祉士候補205人が来日する）。

2．障害者自立支援法

支援費支給制度（2003・4・1施行）に代わって，登場したのが「障害者自立支援法」（2005）である。支援費支給制度の概要は次の通りとなっている。まず，障害者福祉サービスについて支援費支給を希望する本人あるいは扶養義務者が都道府県知事の指定した指定事業者・施設に直接利用の申し込みを行う（契約）と共に市町村に支給の申請を行う。次に市町村は支給を行うことが適切であると認めるときは，支給決定を行い，受給証を交付する。なお，給付に関しては，本人が受給の範囲内でサービスを利用したときは，本人及び扶養義務者の負担能力に応じて，決まった利用者負担額を控除した額を支給する。そして，指定事業者・施設に対して本人・扶養義務者は，利用者負担の支払いをする。この制度は従来の「措置制度」ではなく，利用者（障害者）がサービスを選択し，サービス提供指定業者と対等関係にたってサービスを利用するというものであった。しかしながら，同制度施行後，①利用者が急増し，②実施主体である

図表 9-4 「障害者自立支援法」のポイント

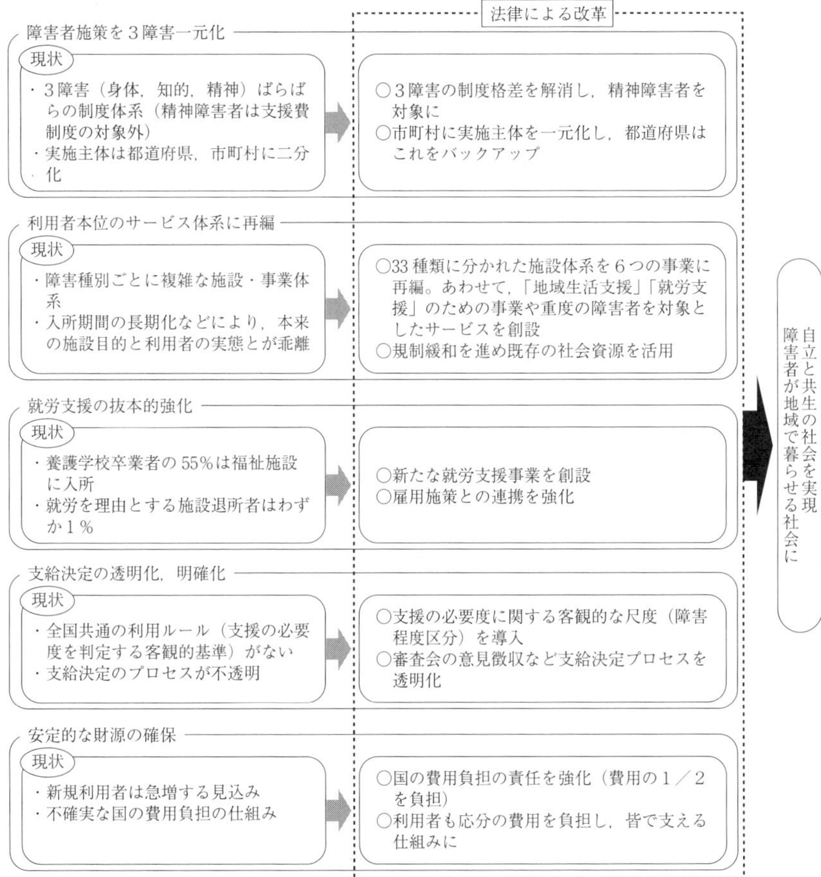

（出所：厚生労働省・援護局障害保健福祉部）

各市町村の財政負担が急増したこと，③ 地域間格差，④ 精神障害者は対象外であったこと等により，新たに障害者自立支援法に移行することとなった（図表 9-4 参照）。

ところで，障害者自立支援法の目的は，障害者基本法の基本的理念にのっとり，他の障害者及び障害児の福祉に関する法律と相まって，障害者及び障害児がその有する能力及び適性に応じ，自立した日常生活又は社会生活を営むことができるよう，必要な障害福祉サービスに係る給付その他の支援を行い，もって障害者及び障害児の福祉の増進を図るとともに，障害の有無にかかわらず国民が相互に人格と個性を尊重し安心して暮らすことのできる地域社会の実現に寄与することを目的とする」(障害者自立支援法第1条) とある。すなわち，自立と共生社会の実現―障害者が地域で暮らせる社会に―を目的としている。そ

図表 9-5　支給決定のプロセス

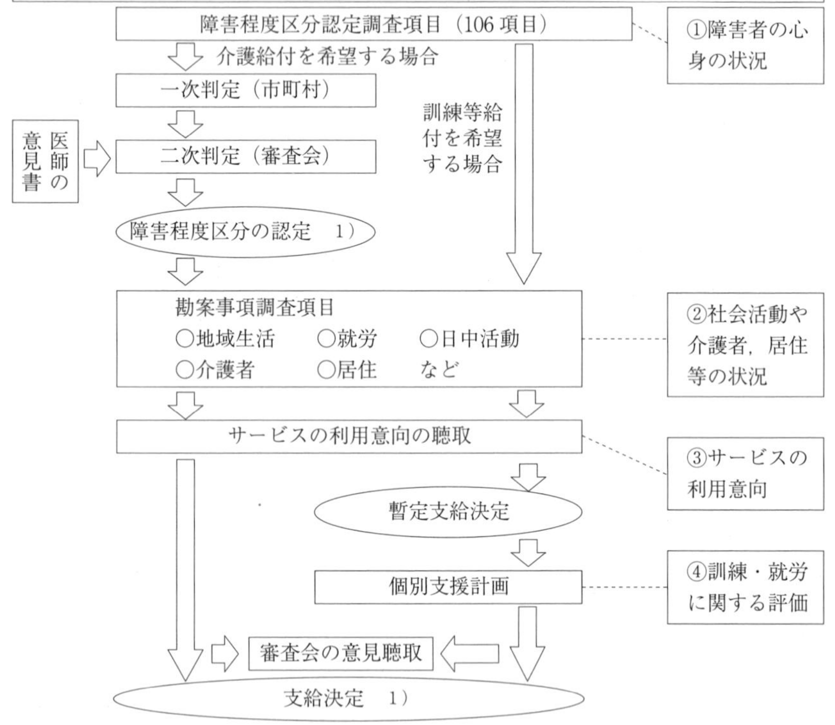

注　1）不服がある場合，都道府県に不服申し立てすることができる。
（出所：厚生統計協会編『国民の福祉の動向（2008）』厚生統計協会　2008　p.79）

して，障害者福祉サービスを次のように規定している。すなわち，「この法律において「障害者福祉サービス」とは，居宅介護，重度訪問介護，行動援護，療養介護，生活介護，児童デイサービス，短期入所，重度障害者等包括支援，共同生活介護，施設入所支援，自立訓練，就労移行支援，就労継続支援及び共同生活援助」をいう（同第5条）とある。この障害福祉サービスの必要性を明らかにするため，当該障害者等の心身の状態を総合的に示すものとして厚生労働省令で定める「障害程度区分」（1から6までに分類。6を最重度とする）がある。この障害程度区分に基づいて支給が決定する（図表9-5参照）。

自立支援給付として，「介護給付費，特例介護給付費，訓練等給付費，特例訓練等給付費サービス利用計画作成費，高額障害福祉サービス費，特定障害者特別給付費，特例特定障害者特別給付費，自立支援医療費，療養介護医療費，基準該当療養介護医療費及び補装具費の支給」（同6条）を挙げている。なお，自立支援システム全体像は図表9-6の通りである。

しかしながら，同法律は施行当初より，問題を抱えていた。それは，サービス利用者の一律1割負担の問題である。すなわち，同法律が施行以前，低所得者の居宅・施設サービスは，ほとんど自己負担がなかったという事実である。しかしながら，今回の法律施行により低所得者に対しても一律1割の負担が課されることになった。このことが，結果的に低所得で重度障害者のサービス利用を削減することとなっている。これに対して国（厚生労働省）は，「障害者自立支援法の円滑な運営のための特別対策および障害者自立支援法の抜本的見直しに向けた緊急措置の実施」（以後，特別対策）（2006～2008年度）を行うことにした。その骨子は，①利用者負担のさらなる軽減，②事業者に対する激変緩和措置，③新法への移行等のための緊急的な経過措置→直ちには移行できない事業者の支援と法施行に伴う緊急的な支援等となっている。この特別対策は，2008（平成20）年度までの経過措置であったが，特別対策に加えて，以下の3つの柱からなる緊急措置が講じられることとなった。

図表 9-6　自立支援システムの全体像

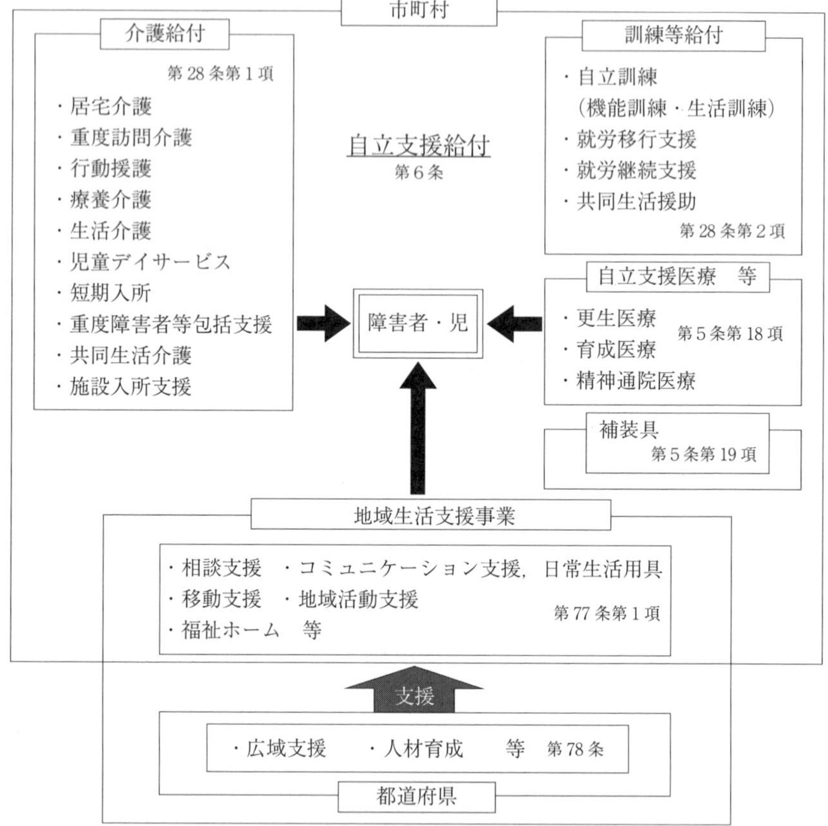

注）自立支援医療のうち育成医療と，精神通院医療の実施主体は都道府県等。
（出所：厚生統計協会編『国民の福祉の動向（2008）』厚生統計協会　2008　p.77）

① 利用者負担の見直し（2008年7月～）

・低所得者世帯を中心とした利用者負担の軽減

［障害者・障害児］

負担上限月額を現行の半額程度に引き下げ

・軽減対象となる課税世帯の範囲の拡大［障害児］

年収約600万円未満→約800万円未満（3人世帯の場合）

・個人単位を基本とした所得段階区分への見直し［障害者］

② 事業者の経営基盤の強化（2008年4月〜）

・通所サービスに係る単価の引き上げ

・入所サービスにおける入院・外泊時支援の拡充等ほかに基金事業の活用

③ グループホーム等の整備促進（2008年度）

・グループホーム等の施設設備に対する助成

3．人権尊重と権利擁護

(1)　人権尊重

第2次世界大戦の反省を踏まえ，恒久平和を願って1945年10月24日に国際連合（UN）が成立した。しかし，今日，世界の至るところで地域紛争が勃発し，戦場にて罪のない児童，女性，老人等の多くが犠牲となっている。

ところで，今日の社会において，障害児・者に対する人権意識は，われわれの意識の希薄さ，無関心も手伝って進学，就職，結婚，居住等の各方面において充分に尊重されてはいないのである。この障害者の人権問題は人種・性別・老若男女を問わず生きていく上において必要不可欠なものである。基本的人権には一般的に，① 平等権，② 自由権，③ 社会権等がある。まず，① 平等権は人種，信条，性別，社会的身分及び家柄等において差別されないものである。すなわち，人格に関する対等性を意味するものであり，人間の尊厳に関するものであるから，障害者が社会で人間らしく生きるうえにおいて最も基本的なものであり，社会的，経済的に機会を保障されるべきものである。次に，② 自由権とは，基本的人権の1つで最も重要な人権である。この自由権は人間としての思考，行動等において他者から強制されないもので，日本国憲法のもとで，精神の自由，経済活動の保障，身体の自由に区別されている。また，③ 社会権とは人間が社会において，働くことによって，人間らしい生活を営み文化的生活を享受することである。

ところで，世界平和と人権の尊重を掲げて登場したのが，第２次世界大戦後の第３回国連総会にて採択された「世界人権宣言」(1948) である。この宣言は全文が30条から成り，基本的人権，思想・良心および宗教の自由，表現の自由，平和，人間の尊厳並びに男女同権等を掲げている。第１条では「すべての人間は，生まれながらにして自由であり，かつ，尊厳と権利とについて平等である。」とし，人間としての尊厳と権利の平等性を謳っている。さらに，第２条は「すべて人は，人種，皮膚の色，性，言語，宗教，政治上その他の意見，門地その他の地位又はこれに類するいかなる事由による差別をも受けることなく，この宣言に掲げるすべての権利と自由とを享有することができる」と，差別に対する厳しい見解を示している。また，第22条では「社会保障を受ける権利」，25条では「衣食住，医療及び必要な社会的施設等により，自己及び家族の健康及び福祉に十分な生活水準を保持する権利」等を明記し，社会保障に対して人権としての地位を付与したものとなっている。このように全人類に対する人権が世界人権宣言を通じて高らかに謳われているが，「障害者」に対する定義と尊厳をはじめて規定したのは，第30回国連総会で採択された「障害者の権利宣言」(1975) である。定義に関しては「障害者という言葉は，先天的か否かにかかわらず，身体的又は精神的能力の不全のために，通常の個人又は社会生活に必要なことを確保することが，自分自身では完全に又は部分的にできない人のことを意味する」(障害者の権利宣言第１条) と規定している。また，人権に関しては「障害者は，その人間としての尊厳が尊重される，生まれながらの権利を有している。障害者は，その障害の原因，特質及び程度にかかわらず，同年齢の市民と同等の基本的権利を有する」(同第３条) と規定している。知的障害者に対する諸権利を定めたのは，第26回国連総会にて採択された「知的障害者の権利宣言」(1971) であった。すなわち，「知的障害者は，最大限実行可能な限り，他の人間と同等の権利を有する」(第１条) として，知的障害者の権利を認めている。

また，「知的障害者は，適切な医療ケアと物理療法に対する権利，ならびにその能力を発達させ最大限の可能性を開花させうるような教育，訓練，リハビリテーションおよび指導への権利を有する」(同第2条) としている。

なお，同宣言においても知的障害者の諸権利と同様に制限または抑制が適用されている (同第7条)。また，その適用に際しては適切な法的手続きが必要である。

このように，第2次世界大戦の犠牲と教訓として，全人類に対する人権の尊重と理念の高揚のもと，これまで差別の対象として社会の片隅に追いやられていた，障害者の「人権の尊重」「生命の尊重」「人格の尊重」等が各人権宣言の各条文に明記されることによって，障害者の諸権利が認められるようになった。このように，国際的動向のもとで障害者福祉の理念が形成されるのであるが，障害者の人権や福祉に対する諸課題に対して多大なる影響を与えたのは，「国際障害者年」(1981) であり，「国連・障害者の十年」(1983-1992) であった。また，アメリカにおいて，「公民権法」(1964) と「リハビリテーション法」(1973) を発展させ，障害者に対する画期的な法律である「障害をもつアメリカ人法」(1990) が成立した。

(2)　わが国の障害者福祉理念の構築

第2次世界大戦後，わが国の経済・社会は完全にマヒ状態に陥った。多くの国民は戦後の混乱，悪性インフレのなかに投げだされた。こうしたなか，海外からの救援物資・援助と国民と政府の戦後の復興に対する着実な努力によって，わが国の経済は徐々に回復傾向を辿ることになった。なかでも，朝鮮戦争の特需はわが国経済のカンフル剤となって，日本経済は復興の道を歩むこととなり，その後の高度経済成長期を迎えることとなった。こうしたなか，わが国の社会福祉もアメリカの影響もあって徐々に体制を整えていくことになった。具体的には，社会保障制度審議会の「社会保障制度に関する勧告」(1950) によって，社会保障の基本的理念であるナショナルミニマム (「最低生活の保障」) を目標として，わが国の社会保障制度はスタートした。こうしたなか，すべての児童の健全育成と児童の生活保障を基本理念とした,「児童福祉法」(1947) が成立した。これによって,身体障害児に対しては,医療と教育を結合させた「療育」という側面から対策が講じられるようになった。具体的には児童相談所,肢体不自由児施設等が設置されたことである。また,身体障害児 (満 18 歳未満) については保護指導 (措置) がとられることとなった。

その後,1967 (昭和 42) 年には「児童福祉法」の一部改正により,重度の知的障害と肢体不自由が重複している重症心身障害児を入所させて,保護すると同時に,医療的ケア,治療,日常生活指導を行うことを目的とする重症心身障害児施設が新設された (同時に国立療養所へ委託も制度化されることになった)。また,1969 (昭和 44) 年には肢体不自由児通園施設が設置された。在宅対策として,在宅重症心身障害児の家庭訪問指導や心身障害児家庭奉仕員派遣事業 (1970) も行われるようになった。

一方,身体障害者 (満 18 歳以上) に対しては,身体障害者福祉法によって,保護されることになるが,直接の要因は戦争で犠牲を負った人々に対する救済と援護にある。同法の制定に拍車をかけたのが,視力,聴力,言語障害であり,アメリカの著述家で,女性教育家・社会福祉事業家であったケラー (Keller, Helen Adams) の来日である。彼女の来日 (1937, 1948, 1955 年の 3 度) は,敗戦で国民が意気消沈しているときに,国民の間に一筋の希望の光を投げかけることとなり,各地で熱狂的な歓迎をうけた。とくに 2 度目の来日が,主として傷痍軍人対策とした「身体障害者福祉法」(1949) の成立に影響を与えたとされている。現在,同法の目的は「この法律は,障害者自立支援法と相まつて,身体障害者の自立と社会経済活動への参加を促進するため,身体障害者を援助し,及び必要に応じて保護し,もつて身体障害者の福祉の増進を図ることを目的とする。」となっている。このなかで,身体障害者の自立を謳っているが,これは単なる経済的自立 (=職業的自立) のみではなく,自らの意思・決定に基づいた日常生活を営むことを意味している。また,第 4 条で「この法律において,「身体障害者」とは,別表に掲げる身体上の障害がある 18 歳以上の者であつて,都道府県知事から身体障害者手帳の交付を受けたものをいう」と定義している。このようにして，身体障害者の法的整備が行われた。そして，「精神薄弱者福祉法」（現「知的障害者福祉法」，以後，「知的障害者福祉法」）（1960），「老人福祉法」（1963），「母子福祉法」（現「母子及び寡婦福祉法」）（1964）等の三法が成立し，戦後直ちに成立した，「生活保護法」（1950），「児童福祉法」，「身体障害者法」と合わせて，福祉六法体制が確立された。

このようにして，知的障害者対策が生活保護法の枠組みで行われていたが，「知的障害者福祉法」の成立以降，同法の枠組のなかで処遇されることとなった。「知的障害者福祉法」の成立の背景は，児童福祉法において知的障害児対策が施設，在宅の両面から行われていたが，年齢制限（満 18 歳未満）が存在していたため，知的障害者の援護事業対策が必要となった。同法の目的は，「この法律は，障害者自立支援法と相まつて，知的障害者の自立と社会経済活動への参加を促進するため，知的障害者を援助するとともに必要な保護を行い，もつて知的障害者の福祉を図ることを目的とする」とあり，法の目的も成立時の「更生と保護」から「自立と社会経済活動の参加」と変化している。なお，「知的障害者福祉法」に改正されると同時に，これまで差別用語であるとして，評判の良くなかった『精神薄弱者』の呼称が『知的障害者』に改められた。そして，社会福祉構造改革の一環として「社会福祉事業法」が「社会福祉の増進のための社会福祉事業法等の一部を改正する等の法律」（2000）の成立により「社会福祉法」に題名改正された。そして，地域で生活する知的障害者の自立と社会経済活動への参加を支援するため，知的障害者相談支援事業，知的障害者デイサービス事業，知的障害者デイサービスセンターが新たに追加された。また，身体障害者福祉法にも身体障害者の地域生活を支援する事業として，身体障害者相談支援事業と手話通訳事業が加えられた。そして，翌年の 2001（平成 13）年に，身体障害者生活訓練等事業，盲導犬訓練施設が開始・設置された。このようにわが国の障害児（者）対策は，「児童福祉法」「身体障害者福祉法」「知的障害者福祉法」を中心に展開してきた。しかし，「国際障害者年」あるいは「国連・

障害者の十年」の宣言後，わが国の障害者対策も「完全参加と平等」というスローガンを実現させるため，1993（平成5）年3月に同年から約10年間の障害者施策の基本方針である「障害者対策に関する新長期計画」が策定された。そして，同年12月に障害者の権利を保障するために制定された「心身障害者対策基本法」(1970) が，障害者の自立と社会参加を推進するため，「障害者基本法」(1993) に改正されることになった。

同法第2条で「この法律において「障害者」とは，身体障害，知的障害又は精神障害があるため，継続的に日常生活又は社会生活に相当な制限を受ける者をいう」と定義している。すなわち，同条において障害者を身体障害者，知的障害者，精神障害者であると定義している。また，同法3条の1において「すべて障害者は，個人の尊厳が重んぜられ，その尊厳にふさわしい生活を保障される権利を有する」とし，同条の2では「すべて障害者は，社会を構成する一員として社会，経済，文化その他のあらゆる分野の活動に参加する機会が与えられる」と規定している。そして，同条の3では「何人も，障害者に対して，障害を理由として，差別することその他の権利利益を侵害する行為をしてはならない」と明記し，障害者（身体障害者・知的障害者・精神障害者）の人権と尊厳を重んじ，生活を保障される権利を有すると同時に，社会を構成する一員としての社会参画を認め，差別の撤廃ならびに障害者の諸権利を保障するべきであるとしている。

精神障害者に対する法的保護は，精神障害者の医療と保護の機会の提供を目的とした「精神衛生法」(1950) から，精神障害の人権保護と国民の精神保健の向上を目的とした「精神保健法」(1987) へ，そして，精神障害者に対する福祉施策の充実を目的とした「精神保健及び精神障害者福祉に関する法律」(1995) へ改正・改名されてきたのである。精神障害者については同法の第5条で「この法律で「精神障害者」とは，精神分裂病，精神作用物質による急性中毒又はその依存性，知的障害者，精神病質その他の精神疾患を有する者をいう。」と定義している。なお，2005（平成17）年の同法改正により，「精神分裂病」が

「統合失調症」に改められた。

また，精神障害者の社会復帰を促進する社会福祉専門職である精神保健福祉士が「精神保健福祉士法」(1997) の制定によって誕生した。

すでに本章の第1節で述べた「障害者自立支援法」においても，個人の尊厳と障害者に対する差別の撤廃，権利権益を侵害する行為の禁止という障害者基本的理念に基づいて，障害者の人権尊重と権利擁護を謳っている。以上のようにわが国の障害者福祉の理念は，国際的には「国際障害者年」(1979) をきっかけに，国内的には「身体障害者福祉法」をスタートとして，各法律や諸計画のもとで諸施策が実施されてきた。

しかし，今後，行政と地域並びに市民が連携して，ノーマライゼーションの理念のもとでいかに障害者の福祉理念を普遍化し，定着化させていくことができるかが課題である。

4．ノーマライゼーション

かつて，社会保障制度や社会福祉サービスが十分でない時代においては，社会から隔離されていた障害者，家庭や社会から疎んじられていた高齢者，養育を放棄されていた児童等が自立した人格として尊重され，地域社会のなかで差別されることなく暮らすことは至難の業であった。また，第2次世界大戦後も相変わらず障害者等に対する隔離政策は継承されていた。こうしたなか，知的障害者に対する差別意識，劣等処遇の撤廃を提唱したのがデンマーク人のバンク＝ミケルセン N.E. (Bank-Mikkelsen, Neils Erik) であった。

彼の理念は，1950 年以降デンマークやスウェーデンを経由して，北米に広がった。そして，1981 年には国際連合が大規模キャンペーンを実施して，障害者の啓蒙活動を行ったのが国際障害者年である。この宣言のテーマは「完全参加と平等」であり，差別の撤廃と障害者福祉並びにリハビリテーションである。ちなみに，WHO (世界保健機関) は 1980 年に障害を機能障害，能力障害，社会的不利に分類した国際障害分類 (ICIDH) を発表した。また，翌年には

CBR（地域に根ざしたリハビリテーション）の定義が明らかにされた。「国際障害年」の完全実施を呼びかけるため，1983（昭和58）年から1992（平成4）年を「国連・障害者の十年」とし，世界規模で障害者問題に取り組むことにした。また，1993（平成5）～2002（平成14）年を「アジア太平洋障害者の十年」とした。このような一連の国際的な障害者に対する宣言等はわが国の障害者問題の啓蒙・啓発に多大なる影響を与えることとなった。彼の思想の特徴は「障害がある人の基本的人権を認め，障害のある人とない人が同じ環境のもとで生活すること」であり，障害のある人とない人が共に暮らす社会を理想とした。そして，知的障害者に対する差別―優生手術，隔離等―政策を撤廃・禁止することを目的とし，知的障害者の親の会の運動を通じて「知的障害者及びその他の発達遅滞の福祉に関する法律」（通称，「1959年法」）の成立に寄与した。この法律の基礎的思想が「ノーマライゼーション」である。そして，彼はノーマライゼーションの理念を達成する手段として，インテグレーション（統合）を位置づけた。この思想を生み出した背景には，彼の信仰心に溢れる穏やかな家庭環境と，戦時中の悲惨な収容所での体験の影響があったこと並びに彼が生まれ育ったデンマークの思想・風土を無視することはできない。すなわち，キルケゴール（Kierkegaard, Sören）による実存主義哲学（「自己の存在のあり方を問う」）の確立，世界的に著名な童話作家で，平等社会を渇望したアンデルセン（Andersen, Hans Christian 1805-1875），そして，デンマークの「近代精神の父」として慕われ，国民に対して自由と尊厳を説いた「近代思想の父」グルンドヴィ（Grundtvig, N.F.S）等による国民の「自由」と「平等」思想等の存在が彼の思想の構築にあたって影響を与えたことは推測できる。このように「1959年法」の制定により，デンマークの障害者政策が大きく転換されることとなった。すなわち，社会防衛思想の否定，親の育成の責任，脱施設生活等の内容が盛り込まれたものであった。

つづいて，ノーマライゼーションの原理の「育ての親」であるスウェーデン人のニーリエ（Nirje, Bengt）は，「知的障害者の生活をでるだけ健常者の生活に近づけること」を主眼として，1969（昭和44）年に「8つの原則」を定めた。

また，アメリカ人のヴォルフェンスベルガー（Wolfensberger, wolf 1934-）は，デンマーク，スウェーデンを経由してアメリカに渡ったノーマライゼーションの原理をアメリカやカナダに紹介した。彼の思想の特徴は，ノーマライゼーションの理念を目標としてではなく，具体的手段としてサービスシステムの開発，研修を行ったことである。つまり，ノーマライゼーションの文化的あるいは社会的な面に対する役割を強調した。

5．自立とリハビリテーション

(1)　自立とは

自立とは一般的に人間が他者の援助を受けず経済的あるいは精神的に自らの力で生活することを意味するが，障害者に対する自立はこれまで経済的・職業的自立や身辺自立を可能にするADL（日常生活動作）を実現するための職業訓練であったため，結果として身辺自立が困難な重度障害者や経済的自立が不可能な障害者が除外されていた。しかし，今日では，自立にQOL（生命の質，生活の質，人生の質）の理念が導入され重度障害者に対する自立概念が変容した。すなわち，ADLの自立は他者の援助に任せ，QOLの向上にエネルギーが費やされるようになり，残存能力の活用を図ることによって，自己実現が達成されると同時に，社会参加が可能となった。障害者の自立に関して影響を与えたのはアメリカが発祥の地となったIL運動（自立生活運動）である。この運動はベトナム戦争で脊椎損傷等による障害を負ったアメリカの障害者によって始められた運動で瞬く間に世界各地に広まった。その後，アメリカで自立生活者をサポートするプログラムとして，精神的サポートであるピア・カウンセリング（対等あるいは友人がカウンセリングを担当する）に対して，より実践的プログラムを計画して実践する支援方法である自立生活技術プログラムが導入された。障害者にとって，自ら望む事柄を自分の意思に基づいて決定し，実行する能力の獲得，つまり，自己実現の欲求は人間にとって最も崇高なものである。この自己実現の欲求に関して，アメリカの心理学者のマズロー（Maslow, Abraham）は「人間にはまだ実現されていない可能性を最大限に成就したいという欲求が等しく備わっており，この欲求を自己実現の欲求という」と定義している。故に，自己決定＝自己実現となり，「自立」と捉えることができる。このように自立を獲得することは障害者なかでも重度障害者にとって最大の意義は人権意識の擁護に他ならないのである。

(2) リハビリテーション

近年，リハビリテーション（＝「全人間的復権」）は高齢者や障害者のQOLを高め人間としての生きる権利を得る手段として，その重要性が年々増している。

まず，語源であるが，「Rehabilitation」とはもともと，ラテン語で，「Re」（再び）と「Habilitation」（もとに戻す）からなっており，その意味するところは，人間が何らかの理由で障害・疾病等により，日常生活において人間らしくない生活に陥ったとき，再び人間として相応しい状態に戻ることである。この語源は中世ヨーロッパに求めることができる。20世紀に入り，身体的あるいは精神的な障害のために社会生活に復帰できない人々に対して，医学的治療に加えて，教育的，社会的，職業的，経済的な援助を行うことによって，社会復帰をめざす総合的な考え方が主流となった。

次に，リハビリテーションが世界的に注視されるようになったのは，第1次世界大戦後の大量の傷痍軍人の存在であった。アメリカでは，「戦傷軍人リハビリテーション法」(1918) が制定され，つづいて同国で，軍人以外の身体障害者の自立に関係の深い「職業リハビリテーション法（Vocational Rehabilitation Act)」(1919) が制定された。さらに第2次世界大戦後は，戦場における被弾等による負傷が各国での傷痍軍人を増加させ，リハビリテーションの必要性が増すこととなった。また，イギリスでは，「障害者リハビリテーションに関する各省合同委員会」(1940) が，アメリカは「全米リハビリテーション審議会」(1943) が設立されることにより，リハビリテーションが世界的に注目されることとなった。

最後に，リハビリテーションの定義であるが，代表的なものを挙げると，① 全米リハビリテーション審議会の定義がある。すなわち，「リハビリテーションとは，障害者をして，可能な限り，身体的，精神的，社会的及び経済的に最高度の有用性を獲得するように回復させることである。」(1943) としている。ここでは，リハビリテーションのあり方を提示しているが，具体性に欠けている。ただ，当時としては画期的なものであった。

また，② 世界保健機関 (World Health Organization; WHO) は「リハビリテーションとは医学的，社会的，教育的，職業的手段を組み合わせ，かつ，相互に調整して，訓練あるいは再訓練することによって，障害者の機能的能力を可能な限り最高レベルに達せしめることである」(1968) とし，リハビリテーションを医学的リハビリテーション，社会的リハビリテーション，教育的リハビリテーション，職業的リハビリテーションの4つに分類した。そして，③ 国連の「障害者に関する世界行動計画 (World Programme of Action concerning Disabled Persons)」(1982) の定義は「リハビリテーションとは，身体的，精神的，かつまた社会的に最も適した機能水準の達成を可能にすることによって，各個人が自らの人生を変革して行くための手段を提供していくことを目指し，かつ，時間を限定したプロセスである」とある。ここでは，人生の目標を設定するのは障害をもった人自身であり，障害をもった人々が自らの人生を変革するための手段を提供するのがリハビリテーションであるとし，これまでの理念と体系を大きく変化させた。すなわち，これまで，障害の解決は医療専門家（「医学モデル」）として位置づけられていたのが，この定義ではリハビリテーションは当事者自身（「生活モデル」）によるものであるという考え方に移行している。この定義は現在，世界的に共通の認識として定着しているが，より現実的な対策は，国・行政側の諸施策の実施であり，当事者の社会変革意識と行動である。

具体的方法として社会的弱者である障害者の人権擁護を基盤に社会参加，社会環境の改善，社会意識の変革，諸施策を促進するソーシャルワークの援助方法のひとつであるソーシャルアクション（social action）の活用がある。このように欧米のリハビリテーションは障害を「医学モデル」側面のみで捉えるのではなく，「生活モデル」の側面からも捉えられるようになった。この考え方を取り入れているのが，世界保健機関の国際障害分類によるICIDHモデル（International Classification of Impairments, Disabilities, and Handicaps）（1992）である。このモデルでは，疾病や変調の帰結として機能障害（impairment）が起こり，その機能障害が原因でコミュニケーションや行動等の能力障害（disabilities）を生起し，その結果，身体の自立や移動性あるいは経済的自立における社会的不利（handicaps）を蒙るというものである。すなわち，障害を生物学的（病気や怪我）レベルで見る機能障害，個人的レベル（能力の低下や機能の減退）でみる能力障害，社会生活的レベル（生活の水準や社会参加）の３つに区別し，構造的概念モデルとして捉えている。

このICIDHモデルを改良し，障害をマイナス面だけ評価するのではなく，プラスの面も評価し，障害者の主体性を強調したものが，世界保健機関が提示したのがICFモデル（International Classification of Functioning, Disability and Health）（2001）である（図表9-7参照）。

わが国のリハビリテーションの歴史において，リハビリテーションを最初に導入したのは，東京帝国大学整形外科の教授であった高木憲次（1888-1963）である。彼は，日本で最初の肢体不自由児学校である光明学校（1932）や整肢療護園（現・心身障害児総合医療療育センター）（1942）を開校し，その治療過程においてわが国で最初にリハビリテーションを導入した。そして，身体障害児に対しては，医療と養育が大切であるとし，「療育」という言葉を初めて使った。戦後のリハビリテーションは「身体障害者福祉法」のもとで，戦傷者をはじめ肢体不自由者，視覚・聴覚障害者に対して法的保護のもとで福祉施策が始まったが，現在と異なって，リハビリテーション＝更生の意味のもとで保護が行わ

図表 9-7　ICF（国際生活機能分類）から ICIDH（国際障害分類）へ

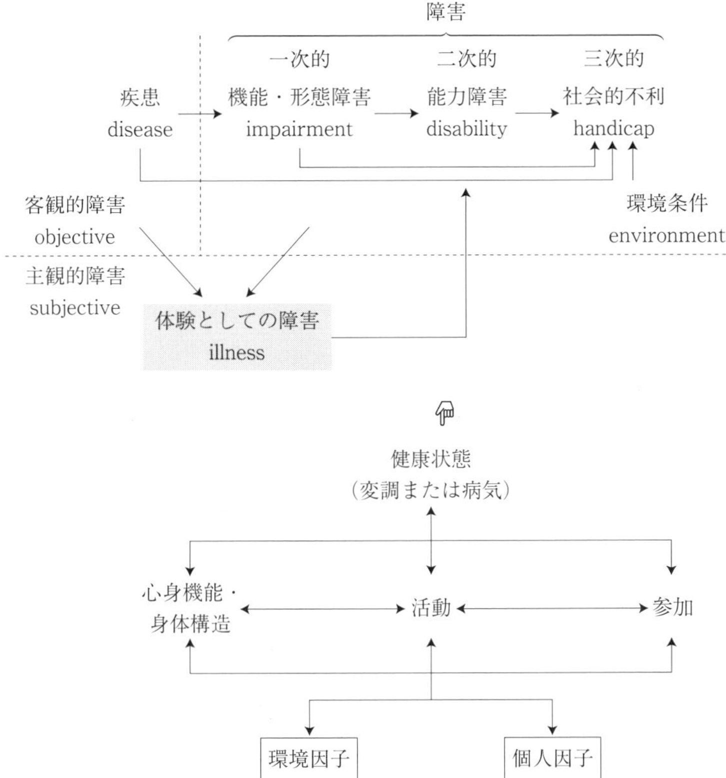

（出所：上田敏『目でみるリハビリテーション医学（第２版）東京大学出版会　1994　p.3，障害者福祉研究会編／世界保健機構（WHO）『ICF 国際生活機能分類―国際障害分類決定版―』中央法規　2002　p.17）

れた。一方，京都帝国大学出身で滋賀県に奉職していた，糸賀一雄（1914-1968）は戦後の 1946（昭和 21）年，滋賀県に知的障害児施設「近江学園」（1946）を創設した。その後，重症心身障害児施設「びわこ学園」を創設し，わが国の知的障害児に対する発展に多大なる影響を与えた。彼は「精神薄弱児の父」と慕われたが，その実践活動のなかから生まれた療育思想である「この子らを世の光に」は余りにも有名である。

ところで，わが国のリハビリテーションに関連する本格的な施策は「国際障害者年」(1981) の影響のもと，1982 (昭和 57) 年に，「障害者対策に関する長期計画」の策定である。この長期計画に基づいて障害者対策が推進されることとなった。そして，1993 (平成 5) 年度から 10 年間にわたる障害者基本計画として，「障害者対策に関する新長期計画」が策定されることとなった。そして，同年 12 月に「心身障害者対策基本法」が「障害者基本法」に改正された。さらに，1995 (平成 7) 年 12 月には，障害のある人々が地域で生活を送ることができる社会の建設をめざした「障害者プラン—ノーマライゼーション 7 か年戦略—」が発表された。また，従来の「障害者基本法 」の期限を迎えて，2002 (平成 14 年) 12 月に新たなる障害者基本計画，すなわち(2)で既述した「新障害者基本計画」が閣議決定された。この計画の基本概念はリハビリテーションとノーマライゼーションの理念の継承による「共生社会」の実現をめざすものとなっている。また，この計画を推進するために「重点施策実施 5 か年計画」(新障害者プラン) が同年同月に障害者推進本部によって決定された。現在，新障害者プランにおいて，わが国のリハビリテーションとノーマライゼーションの理念が統合化されることによって継承されてきており，今後も継続されることとなっている。高齢化社会の進展と疾病構造の変化に伴って，リハビリテーションの果たす役割が重要となっている。なかでも認知高齢者の認知機能障害に対するリハビリテーション・ケアのあり方が注目されている。2004 (平成 16) 年には，「高齢者リハビリテーション研究会」(2004) の報告書のなかで，「脳卒中モデル」，「廃用症候群モデル」，「認知症モデル」の 3 分類のモデルが新しく高齢者リハビリテーションとして提示された。

(3) 障害者の自立と社会参加

「知的障害者福祉法」において，この法律は，「知的障害者の自立と社会経済活動への参加を促進するため，知的障害者を援助するとともに必要な保護を行い，もつて知的障害者の福祉を図ることを目的とする」(第 1 条) とし，「自立」

と「社会経済活動への参加」を目的として掲げている。また，「精神保健及び精神障害者福祉に関する法律」でも「この法律は，精神障害者の医療及び保護を行い（中略），その社会復帰の促進及びその自立と社会経済活動への参加の促進のために必要な援助を行い，並びにその発生の予防その他国民の精神的健康の保持及び増進に努めることによつて，精神障害者の福祉の増進及び国民の精神保健の向上を図ることを目的とする」（第1条）においても，「自立」と「社会経済活動への参加」を掲げている。そして，「身体障害者福祉法」でも，「この法律は，身体障害者の自立と社会経済活動への参加を促進するため，身体障害者を援助し，及び必要に応じて保護し，もつて身体障害者の福祉の増進を図ることを目的とする。」と，その目的に「自立」と「社会経済活動への参加」を掲げている。このように，障害者関係法における各法において，障害者の自立と社会経済参加を掲げている。これは，わが国の障害者施策の基本理念と施策を示している「障害者基本法」においても同様である。すなわち，精神障害者・知的障害者・身体障害者にとって，自立と社会経済活動への参加は，障害者の基本的人権（平等権，自由権的基本権，社会権的基本権）の保障である。ここで自立と社会経済的参加の関係について述べる。障害者が経済的自立を図る手段として，雇用の確保（就労）が必要となる。障害者の雇用形態としては，①一般就労，②福祉的就労，③在宅就労がある。一般雇用とは，民間企業や地方公共団体において障害者が雇用されることをいうが，その雇用は「障害者の雇用の促進等に関する法律」（1960，改正2006）に基づいて促進されている。その雇用形態は一般企業雇用，モデル工場，福祉工場等となっている。また，福祉的就労とは，一般企業や国，地方公共団体に就労することが困難な重度の障害者に対して，社会福祉施設が提供する就労形態である。因みに，その雇用形態は福祉工場，授産施設（知的障害者授産施設，身体障害者授産施設，重度身体障害者授産施設，精神障害者授産施設），通所作業所（福祉作業所，地域福祉センター）等がある。最後に，在宅就労として，自営あるいは内職がある。

障害者にとって就労は経済的，精神的，社会的に自立を意味し，そのことが生活基盤の確保となり社会参加を促進することになる。

ところで，近年，健常児と障害児を連続した教育システムとしてとらえるインクルージョン（inclusion）の思想が，障害者の就労支援に導入されるようになった。すなわち，障害の種別の枠にとらわれない，障害者の能力に合わせた就労という形態をとった個人のニーズに適した就労支援が障害者の自立と社会参加に影響を可能にすることになる。

成清美治「障害者福祉」（第1章）成清美治・伊藤葉子・青木聖久編著『新版・障害者福祉』学文社　2008を大幅に加筆・修正したものである。

［参考文献］

調一興・野村歡『障害者の生活と福祉』光生館　1991

一番ヶ瀬康子・佐藤進編著『障害者の福祉と人権』光生館　1987

ヴォルフェンスベルガー著／中園康夫・清水貞夫編訳『ノーマリゼーション―社会福祉サービスの本質』学苑社　1992

ベンクト・ニィリエ著／ハンソン友子訳『再考・ノーマライゼーションの原理』現代書館　2008

第10章　地域福祉とケアサービス

1．介護予防対策の経緯

介護保険制度の実施は社会福祉基礎構造改革の基本的理念である措置（選別）から契約（選択）を体現化したものであるが，その目的は，これまでの老人福祉制度（福祉分野）あるいは老人保健制度（医療分野）において個々に実施されてきた介護サービスを統合することであり，保健・医療・福祉の連携（各制度間の連携と各専門職間の連携）と協働化を推進することである。これによって，地域における高齢者保健・医療・福祉サービスの一本化が推進されると同時に介護のあり方が「私的介護」（家庭内介護）から「公的介護」（社会的介護）にシフトされることとなった。

介護保険制度を促進するための介護サービス基盤整備に関する諸政策として，ゴールドプラン，新・ゴールドプラン，そして，1999（平成11）年12月に大蔵，厚生，自治（現，財務，厚生労働，総務）の各大臣の合意のもとで，「今後5か年間の高齢者保健福祉施策の方向」（ゴールドプラン21）が策定された。このプランは，新ゴールドプランの終了と介護保険制度の創設という状況のもとで介護基盤の整備，介護予防，生活支援等という役割を担って登場した。

具体的施策としては，① 介護サービス基盤の整備，② 痴呆症（認知症）高齢者支援対策の推進，③ 元気高齢者づくり対策の推進，④ 地域生活支援対策の整備，⑤ 利用者保護と信頼できる介護サービスの育成，⑥ 高齢者の保健福祉を支える社会的基盤の確立等が挙げられている。次に，生活支援型施設の整備として，① ケアハウスの定員規模の緩和，② 高齢者福祉センター（生活支援ハウス）の国庫補助の拡充，③ 養護老人ホーム定員規模の緩和等がある。このような介護サービス基盤の整備は介護保険制度のもとでの介護サービスを促進・補完するものであるが，同時に地域社会における介護基盤の整備のあり方にも密接に関係している。ここで，これまでの介護保険制度の介護予防対策について検証することにする。まず，介護保険制度と介護予防の関係についてであるが，「介護保険法」第62条に「市町村は，要介護被保険者又は居宅要支援被保険者（以下「要介護被保険者等」という。）に対し，第2節の保険給付のほか，条例で定めるところにより，市町村特別給付を行うことができる」とある。これは，介護保険制度の対象でないサービス（配食サービス，移送サービス等）を意味するが，各市町村が介護予防に力を入れることにより，保険財政を安定化させる効果があることを示唆している。また，「介護保険法」第175条には介護方法の指導，予防に必要な事業，市町村直営介護サービス事業運営のための事業，利用者負担に対する資金貸付事業等が定めてある。これらの事業は保健福祉事業として，介護予防の視点から，各市町村が要支援・要介護者以外にも実施することができるようになっている。この2点が介護保険制度と介護予防の関連性であるが，次に老人保健法と介護予防の関係をみることにする。老人保健法のもとでの，老人保健事業（医療以外）の内容は，① 健康手帳の交付，② 健康教育，③ 健康診査，④ 機能訓練，⑤ 訪問看護等の実施等に基づいて介護予防対策を実施している。ところで，介護予防対策の目的は介護を必要とする人々をつくらないことであるが，そのためには「健康」であることが大前提となる。健康増進をめざして2000（平成12）〜2010（平成22）年度の10年間にわたって，国民の健康づくり対策を実施してきたのが，「健康日本21」である。また，介護予防・生活支援事業（平成15年度に介護予防・地域支え合い事業に名称変更，なお，平成18年度に地域支援事業が創設されたため，この事業は同年に廃止された）として，① 市町村事業（生活支援事業，介護予防事業，家族介護支援事業），② 都道府県・指定都市事業，③ 老人クラブ活動始業等が実施されてきた。この事業の目的は高齢者の要介護状態を防止するため市町村を中心に高齢者の介護予防・生活支援対策を行うことである。以上のように介

図表 10-1　介護予防事業の変化

【介護保険法の改正・施行前】

老人保健事業（医療保険）（1983年度施行）	**介護予防・地域支え合い事業**（2000年度創設・注）	**在宅介護支援センター運営事業**（2000年度創設）
実施主体：市町村（保健センターや保健所） 対　　象：40歳以上の住民 内　　容：健康診査，健康手帳の交付，健康教育・相談，機能訓練，訪問指導等 財　　源：国，都道府県，市町村が各1/3	実施主体：社会福祉協議会や在宅介護支援センター 対　　象：介護保険対象外の要援護高齢者，独り暮し高齢者，家族介護者ら 内　　容：配食サービス，転倒予防，閉じこもり予防，筋力向上トレーニング，生きがい活動支援等 財　　源：国1/2，都道府県・市町村各1/4	実施主体：市町村（社会福祉法人，医療法人等に委託可能） 内　　容：在宅介護の総合的相談や介護予防等 「地域型」は介護予防事業等を実施 「基幹型」（人口10万人に1カ所めどに設置）は地域ケアの総合的な調整

このうち65歳以上

2006年4月以降

地域支援事業（地域包括支援センターで実施）

1．介護予防事業

介護予防特定高齢者施策

①65歳以上の全住民を対象に健康診査（スクリーニング）

②要支援･要介護になる可能性がある高齢者を対象に運動器機能の向上，栄養改善，閉じこもり予防等（その地域の65歳以上の5％程度）

介護予防一般高齢者施策

介護予防の普及・啓発，ボランティアらの予防活動等

2．包括的支援事業

①要支援・要介護を防ぐ介護予防事業マネジメント

②総合相談・支援事業・権利擁護事業

③包括的・継続的マネジメント事業（ケアマネの支援やそのネットワーク作り等）

3．任意事業

家族介護支援事業や介護給付費適正化事業

財源　介護予防事業では

第1号保険料（19％）第2号保険料（31％）と公費（国25％，都道府県，市町村は各12.5％）で折半

包括的支援事業・任意事業では

第1号保険料（19％）と公費（国40.5％，都道府県20.25％，市町村20.25％）

注）「介護予防・地域支え合い事業」は03年度からの名称，02年度までは「介護予防・生活支援事業」。

（出所：宮武　剛『介護保険の再出発』保健同人社　2006　p.112）

護基盤の整備とこれまでの介護予防の経緯について明らかにしてきたが，これらの諸施策・事業は各自治体に対して介護のあり方を示唆し，地域住民を対象にした「介護の予防」を担ってきた。しかし，介護予防に関する諸サービスが介護の予防に対して効果的であったかどうかについては疑問が残る。つまり，総体的に介護予防あるいは重度化の防止効果は上がっていないという報告があるからである。それは，厚生労働省の「介護給付費実態調査結果」(2004年12月17日) である。この報告によると，2003年度の1年間の継続受給者の要介護状態区分の変化別割合は，すべての区分において，重度化傾向となっている。なかでも，「要支援」は31.8%が重度化している。また，要介護1も18%が重度化している。この両者のうち在宅サービスを利用している2分の1が訪問介護サービスを受けており，そのうち，生活援助 (旧家事援助) だけを利用している者は要支援で86.1%，要介護1で68.9%となっている。この現象について，厚生労働省は高齢者自身が身体を動かす機会を減少させているため，生活機能が退化し，結果的に重度化していると指摘している。本来，生活援助は主として軽度である要支援・要介護1が利用するが，とくに要支援者にとって，本来このサービスには重度化の防止するだけでなく，介護予防の視点も含まれているのである。今後の課題として，① 利用者のニーズに適したケアマネジメントの作成，② 利用者自身の介護サービスに対する依存性，③ 適切な福祉用具の貸与，④ 訪問介護の問題―過剰な生活援助をしない，⑤ 通所サービスの問題―個人的ケアの実施等を指摘することができる。なお，介護保険法の改正・施行前の介護予防事業の変化は図表10-1の通りである。

2．地域介護―介護から介護＋予防へ

「介護保険法等の一部を改正する法律」(2005) で明らかになったように今後の地域における介護サービスのあり方は，従来の「介護」のみ視点ではなく，「介護＋予防」(介護予防) の視点を取り入れたものとなった。ところで，介護予防の定義であるが「介護予防とは，ただ，介護保険の給付対象になるのを防

止する目的だけではなく，これまで，人々が保持してきた日常生活における生活諸機能の衰退・低下を防ぐことにより，健康で生きがいのある生活を継続・維持し，新たな人生設計を創造することができること」とすることができる。

さて，2000（平成12）年6月7日「社会福祉の増進のための社会福祉事業法等の一部を改正する等の法律」（平成12年法律第111号）が公布された。この法律の成立によって「社会福祉事業法」が「社会福祉法」に題名が改正されると同時に内容も一部変更されることとなった。同法の改正の要点は，(1)利用者の立場に立った社会福祉制度の構築，(2)サービスの質の向上，(3)社会福祉事業の充実・活性化，(4)地域福祉の推進等となっている。

なかでも，地域福祉に関しては旧「社会事業法」の第3条の2「地域福祉等への配慮」が，「地域福祉の推進」に変更され，より積極的に地域福祉を推進することが謳われている。また，その主体が国，地方公共団体，社会福祉法人が地域住民，社会福祉事業経営者，社会福祉に関する活動者に変化している。これは国の地方分権化推進策のもとで，地域社会における地域住民主体の市町村福祉計画の策定が義務づけられるようになったのであるが，地域福祉の推進に対する具体的施策として，第107条「市町村地域福祉計画」が定められた。ここでは，市町村の住民の意見を充分尊重し，地域福祉を推進するため，①地域における福祉サービスの適切な利用の推進に関する事項，②地域における社会福祉を目的とする事業の健全な発達に関する事項，③地域福祉に関する活動への住民の参加の促進に関する事項が明示してある。

そして，都道府県が市町村の地域福祉を支援するため第108条「都道府県地域福祉支援計画」が定められている。ここでは，①市町村地域福祉の推進を支援するための基本的方針に関する事項，②社会福祉を目的とする事業に従事する者の確保又は資質の向上に関する事項，③福祉サービスの適切な利用の推進及び社会福祉を目的とする事業の健全な発達のための基盤整備に関する事項を明らかにしている。これらの計画はいずれも平成15年4月に施行されたが，地域福祉計画が行政計画として法的根拠をもつこととなったと同時に今後，地域住民の意見を充分反映した計画が策定されることとなった。現在，各自治体でモデル地域福祉計画が策定されている。この計画には老人保健福祉計画・介護保険事業計画・障害者福祉計画・子育て支援計画等がある。

これらの事業のうち介護の在り方に直接関係するのが，「市町村介護保険事業計画」である。この計画において市町村は，① 各年度における介護サービス量の種類ごとの見込み，② 介護サービス見込み量の確保のための方策，③ 事業者間の連携の確保など，介護サービスの円滑な提供をはかるための事業，④ その他の保険給付の円滑な実施のための必要な事項を内容とする介護保険事業計画を作成することとなっている。なお，市町村間の介護サービス基盤の調和を図るため，各都道府県に「都道府県介護保険事業支援計画」の策定が義務付けられている。この市町村介護保険計画は市町村老人保健福祉計画と一体的に作成することも可能である。つまり，老人保健事業計画作成にあたって，介護保険事業計画を内包しながら，介護予防対策や健康づくり，生きがいといった介護保険給付以外の視点を取り入れて，包括して作成するのである。以上のように，これからの地域における介護サービスは介護予防という視点から取り組む必要性がある。

次に，改正介護保険法と地域との関係性についてみることにする。介護保険法の改正の最大の狙いは，従来の介護から予防重視型システムへの転換である。改正介護保険法のもとでの対高齢者の予防システムはスクリーニングを通して，① 要支援・要介護者と，② 非該当者に分類され，前者に関しては要介護認定の結果，従来の介護給付の該当者である要介護者（1～5区分）と新予防給付の対象である要支援1～2（現行の要支援者＋現行の要介護1の一部の者）に分類する。また，非該当者（要支援・要介護になる恐れのある者）に対しては，市町村による地域支援事業のもとでの介護予防対策が講じられることになった。

そのうち，新予防給付と地域支援事業に該当する高齢者に対して，社会福祉士，保健師，主任ケアマネジャー等によって業務が実施される地域包括支援センターにおいて高齢者を支援する介護予防マネジメントが策定される。市町村の実施する地域支援事業は被保険者が要介護状態等になることを予防するだけではなく，要介護状態となった場合においても，できるだけ自立した生活を営むことが可能になるよう支援する。同センターが地域における介護予防の拠点となる（図表10-2，10-3参照）。

ここで，介護予防の前提となる軽度者の状態像を「65歳以上の死因と要介護の原疾患」の関係でみると，死因のトップは悪性新生物で，つづいて心疾患，脳血管，肺炎の順となっている。これに対して要介護の原因のトップは脳血管疾患，つづいて，高齢による衰弱，転倒・骨折・関節疾患となっており，死亡原因疾患と生活機能低下の原因とは異なっているのがわかる（厚生労働省「国

図表10-2　地域包括支援センター（地域包括ケアシステム）のイメージ

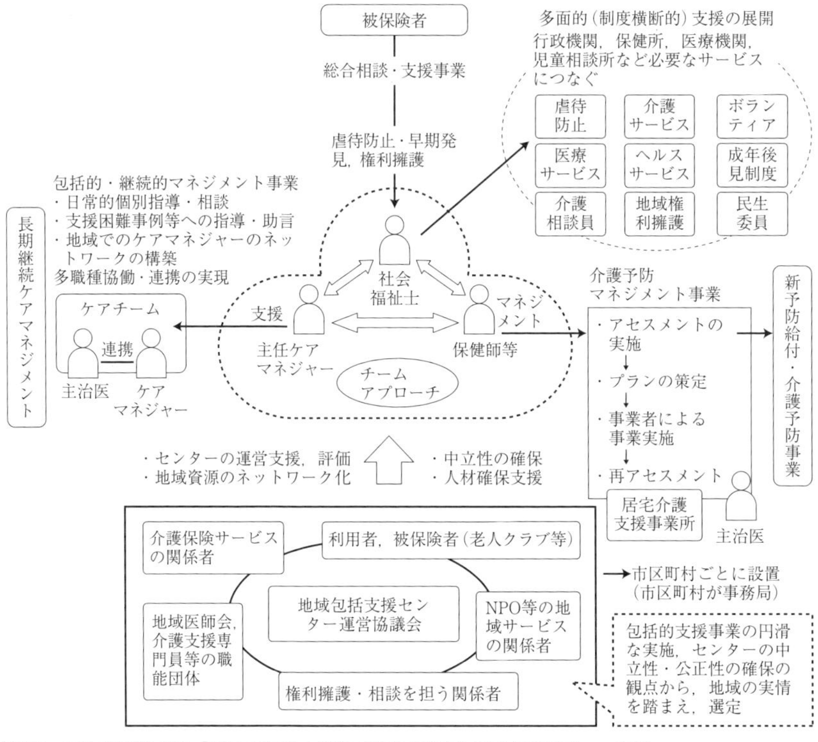

（出所：厚生統計協会編『国民の福祉の動向（2008年版）』厚生統計協会　p.137）

図表 10-3　地域包括支援センターの設置・体制と基本機能

■地域包括支援センターの設置と運営体制

地域包括支援センターは，公正・中立な立場から，①総合相談支援，②虐待の早期発見・防止などの権利擁護，③包括的・継続的ケアマネジメント支援，④介護予防ケアマネジメントという4つの機能を担う，地域の中核機関である。

運営主体	市町村，在宅介護支援センターの運営法人（社会福祉法人，医療法人等）その他の市町村から委託を受けた法人
エリア	市町村ごとに担当エリアを設定。小規模市町村の場合，共同設置も可能
職員体制	保健師（または地域ケアに経験のある看護師），主任ケアマネジャー，社会福祉士の3つの専門職種またはこれらに準ずる者（65歳以上の高齢者3,000～6,000人ごとに，3人の専門職種を配置）

（地域包括支援センター設置運営は，市町村が事務局となり，地域のサービス事業者，関係団体，被保険者の代表などにより構成される「地域包括支援センター運営協議会」が関与する。）

■地域包括支援センターの基本機能

1共通的支援基盤構築	地域に，総合的，重層的なサービスネットワークを構築する
2総合相談支援・権利擁護	高齢者の相談を総合的に受け止めるとともに，訪問して実態を把握し，必要なサービスにつなぐ。虐待の防止など高齢者の権利擁護に努める
3包括的・継続的ケアマネジメント支援	高齢者に対し包括的かつ継続的なサービスが提供されるよう，地域の多様な社会資源を活用したケアマネジメント体制の構築を支援する
4介護予防ケアマネジメント	介護予防事業，新たな予防給付が効果的かつ効率的に提供されるよう，適切なケアマネジメントを行う

（出所：厚生統計協会編『国民の福祉の動向（2008年版）』厚生統計協会　p.138）

民生活基礎調査」2001）。このことから，介護予防は高齢者の状態像に対応したアプローチが必要となる。すなわち，軽度者（要支援1・2）は廃用症候群（骨関節疾患等を原因とし，徐々に生活機能が低下する）による筋肉の萎縮，関節炎，むくみ，腰背痛等が原因で機能障害を引き起こすケースが多くみられる。この廃用症候群を治療するためには早期からリハビリテーションを計画的に提供することが効果的である。軽度者の介護予防の視点は，生活機能低下の防止のための立ち上がり，起き上がり，歩行，入浴等の身体的介護や，日常生活における炊事，洗濯，掃除，金銭管理等の身の回りの介護が必要となる。このことが介護予防に繋がるのであるが，注視すべきこととして，利用者の自立・自助を妨げる「過剰介護」は控えるべきである。

また，虚弱高齢者は要介護の予備軍であるので，基本的に要支援，要介護高齢者にならないようにするのが介護予防の原則である。そのためには，第１段階として生活習慣病予防・介護予防健診を実施することが重要となる。この段階で生活機能低下予防策を講じるのであるが，具体的には栄養状態，運動器，口腔機能に関する予防・健診となる。この結果は予防健診手帳に記録される。次に第２段階として，①「要介護のリスクが否定できない高齢者」に対しては，ポピュレーション・アプローチの考え方に基づく事業を実施する。具体的には該当者に対して定期的に生活機能状態をフォローするためのメニューとして健康教育―骨折転倒予防教室，運動指導事業，アクティビィティ・認知症介護教室等がある。また，②「既に生活機能が低下し始めている高齢者」に対してはハイリスク・アプローチの考え方に基づく事業がある。その相談窓口として2005（平成17）年に創設された「地域包括支援センター」が対応することになっている。具体的なメニューとして，機能訓練的メニュー―IADL 訓練事業，高齢者筋力向上トレーニング事業，高齢者食生活改善事業等―を中心に実施されている。

ここで介護保険制度以外の介護予防の柱である，老人保健事業についてふれることにする。「老人保健事業の見直しに関する検討会」（座長＝辻一郎）が「老人保健事業の見直しに関する検討会中間報告」（2004年10月）（以後，「中間報告」）を発表した。この報告書の主旨は，2005（平成17）年の介護保険制度の改革，2006（平成18）年度の医療制度改革に伴って老人保健法に基づいて実施されてきた医療以外の保健事業は「健康増進法」（2000）等に引き継がれることになった。また，医療に関しては，「高齢者の医療の確保に関する法律」（2006）の制定により，2008年４月より，高齢者に対する医療給付（後期高齢者医療制度，前期高齢者医療財政調整）と市町村等医療保険者による生活習慣病健診（公費助

図表 10-4　保健事業の実施状況

	昭和58年度('83)	平成4('92)	7('95)	12('00)	17('05)	18('06)
健康手帳の交付						
年度末医療受給資格者数（千人）	7,686	10,727	12,189	15,047	13,908	13,233
新規交付数[1]（千人）	6,378	3,466	3,126	3,384	1,773	2,022
健康教育[2]						
開催延回数（千回）	108	313	341	·	·	·
参加延人員（千人）	3,614	11,274	12,290	·	·	·
個別健康教育						
指導開始人員（千人）	·	·	·	14	23	19
指導終了人員（千人）	·	·	·	11	19	15
集団健康教育						
開催延回数（千回）	·	·	·	306	296	195
参加延人員（千人）	·	·	·	9,188	7,739	4,181
健康相談[3]						
開催延回数（千回）	275	470	519	528	471	319
参加延人員（千人）	5,466	8,813	8,831	7,436	5,881	2,944
健康診査						
基本健康診査受診者数（千人）	6,168	9,368	9,909	11,533	13,038	13,087
受診率（%）	20.7	33.9	36.5	41.1	43.8	42.4
胃がん検診受診者数（千人）	2,205	4,152	4,264	4,207	4,345	4,228
受診率（%）	7.2	13.2	13.8	13.0	12.4	12.1
子宮がん検診受診者数（千人）	2,638	3,992	3,843	3,578	3,439	3,320
受診率（%）	10.0	15.4	15.1	13.8	18.9	18.6
肺がん検診受診者数（千人）	…	5,870	6,703	7,268	7,537	7,387
受診率（%）	…	18.3	21.4	22.6	22.3	22.4
乳がん検診受診者数（千人）	…	2,853	3,126	3,094	2,267	1,632
受診率（%）	…	10.7	12.0	11.7	17.6	12.9
大腸がん検診受診者数（千人）	…	2,539	4,349	5,481	6,631	6,824
受診率（%）	…	7.7	13.0	15.8	18.1	18.6
総合健康診査数（千人）	…	19	11	·	·	·
歯周疾患検診受診者数（人）	·	·	·	46,015	171,855	186,387
骨粗鬆症検診受診者数（人）	·	·	·	67,046	268,606	295,434
機能訓練						
実施施設数（カ所）	776	4,103	5,222	9,809	8,084	1,232
被指導延人員（千人）	581	1,875	2,386	2,481	1,945	191
訪問指導						
被指導実人員（千人）	517	899	957	1,088	742	334

資料　厚生労働省「地域保健・老人保健事業報告」

注　1）医療受給者証の新規交付数と健康手帳交付数の合計である。
　　2）一般健康教育と重点健康教育の合計である。
　　3）平成7年度までは，一般健康相談と重点健康相談の合計である。平成12年度からは，重点健康相談・介護家族健康相談・総合健康相談の合計である。
　　4）対象が40歳以上の者から，平成18年度は40～64歳までの者となった。

（出所：厚生統計協会編『国民福祉の動向（2008年版）』厚生統計協会　p.127）

成）・保健指導の義務化が継承されることとなった。また，老人保健事業に介護予防の視点が取り入れられた。すなわち，本事業の目的がこれまで担ってきた生活習慣病対策＋介護予防に重点がおかれることとなった。これまで，この事業は老人保健法に基づいて国，都道府県及び市町村が地域保健活の計画を定め，その計画に基づいて医療以外の保健事業が20年以上にわたって事業が展開され，一定の評価を収めることができた。とくに「健康手帳の交付」は予防活動の推進という観点から，大きな意味があった。

しかし，今後，超高齢社会が到来することが予測されるなかでこれまで要介護予備軍に対する取り組みが不足していたこと，他制度との連携が不十分であったことを踏まえて今後，介護予防に積極的に取り組むことになった。その中心が地域支援事業である。

周知の通り，この事業は介護保険法の改正に伴って新たに設けられたのであるが，この事業の概要は，①介護予防事業ア，介護予防特定高齢者施策として，・特定高齢者把握事業（特定高齢者の決定）・通所型介護予防事業（運動器の機能向上，栄養改善。口腔機能の向上等に効果のあるプログラムの実施）・訪問型介護予防事業（閉じこもり，認知症，うつ病等のおそれがある特定高齢者を対象に必要な相談・指導等の実施）・介護予防特定高齢者施策評価事業（施策の事業評価の実施）イ，介護予防一般高齢者施策として，・介護予防の普及・啓発事業（パンフレット作成・配布や介護予防手帳の配布等），ボランティアらの予防活動等）。②包括的支援事業（㋐介護予防ケアマネジメント事業，㋑総合相談・支援事業，㋒権利擁護事業，㋓包括的・継続的マネジメント事業）。③任意事業（㋐介護給付適正化事業，㋑家族支援事業，㋒その他の事業）となっている（図表10-5参照）。なお，財源については，介護予防事業は第1号被保険者保険料，第2号被保険者保険料と公費で折半することになっている。また，包括的支援事業や任意事業は第1号被保険者保険料と公費で賄うことになっている。

図表 10-5　地域支援事業への移行等関連図

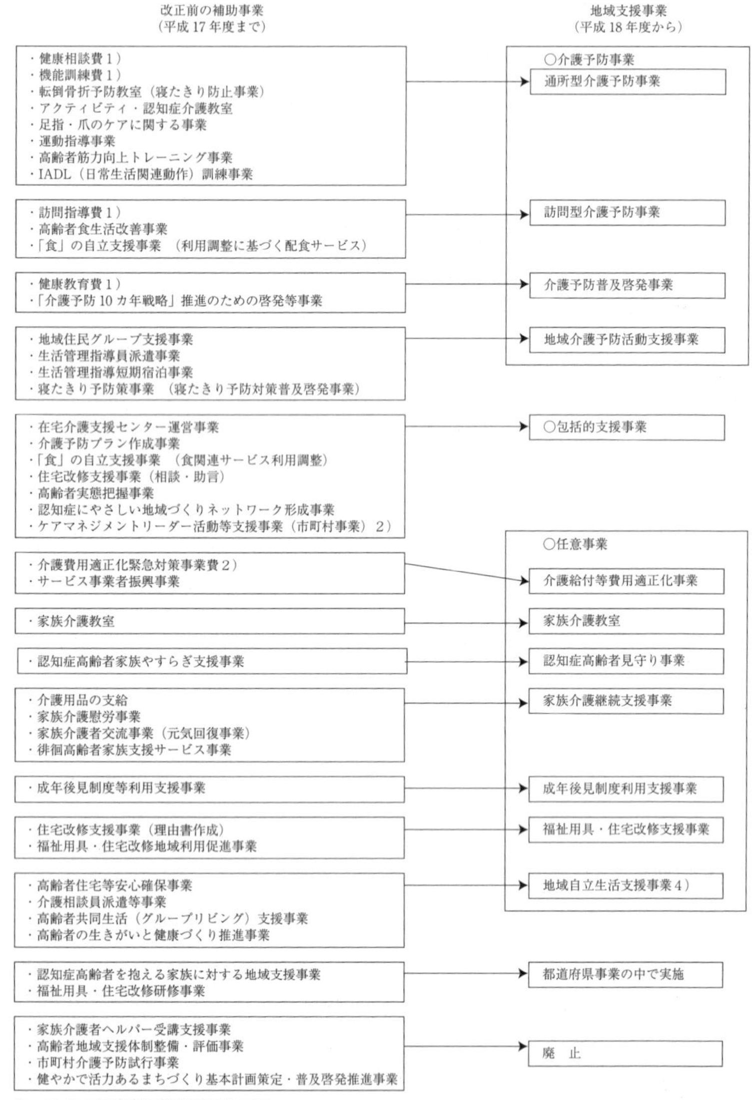

注　1）改正前は保健事業費等負担金である。
　　2）改正前は介護保険事業費補助金である。
　　3）1）2）以外は，改正前は在宅福祉事業費補助金である。
　　4）栄養改善が必要な高齢者に対する配食サービスを活用した地域の見守りネットワークの構築事業を含んでいる。

（出所：厚生統計協会編『国民福祉の動向（2007 年版）』厚生統計協会　p.115）

3．今後の介護予防サービスの課題

ここまで，介護予防対策の経緯と介護保険法改正に伴う地域介護―介護から介護＋予防の具体的内容について明らかにしてきた。そこで，今後の課題として俎上に挙げるとするならば，それは介護予防における「個人・生活者リスク」の存在ではないであろうか。この個人生活者のリスクについて栗林敦子は，①経済的リスク，②精神的リスク，③身体的リスク，④知識・情報リスク，⑤物理的環境リスク(1)（図表 10-6 参照）等を挙げているが，介護予防に関してはすべての項目が関与する。すなわち，①税・保険料・自己負担，介護労

図表 10-6　個人・生活者リスクの種類と内容

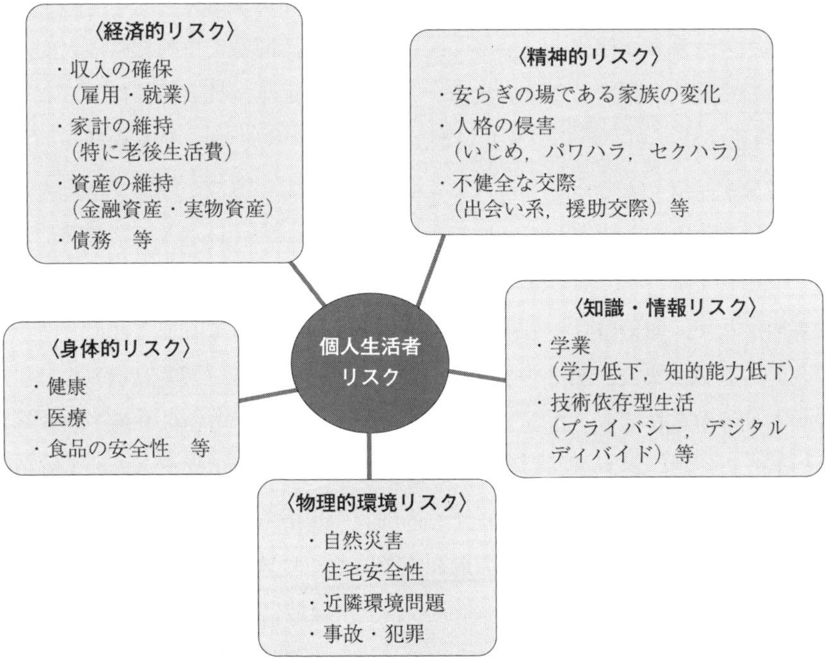

個人生活者リスク

〈経済的リスク〉
・収入の確保（雇用・就業）
・家計の維持（特に老後生活費）
・資産の維持（金融資産・実物資産）
・債務　等

〈精神的リスク〉
・安らぎの場である家族の変化
・人格の侵害（いじめ，パワハラ，セクハラ）
・不健全な交際（出会い系，援助交際）等

〈身体的リスク〉
・健康
・医療
・食品の安全性　等

〈知識・情報リスク〉
・学業（学力低下，知的能力低下）
・技術依存型生活（プライバシー，デジタルディバイド）等

〈物理的環境リスク〉
・自然災害
住宅安全性
・近隣環境問題
・事故・犯罪

（出所：栗林敦子「リスク社会における「自助努力」「自己責任」―リスク意識と消費の成熟化からみた生活保障サービスの方向性―」『ニッセイ基礎研所報』2004　Vol.134』）

働力，② 高齢者虐待，家族関係，③ 疾病・転倒事故，食の安全，④ 各高齢者等の居宅間の緊急連絡網，⑤ 住宅のバリアフリー，近隣環境，交通網，犯罪等が考えられる。これらの個人・生活者リスク対策として，有効的手段として，地域ネットワークの整備・充実が必要である。その核となるのが市町村社会福祉協議会であり，NPO，ボランティア等の人的資源である。このような個人・生活者リスクを軽減するには，個人の「自立」(＝自助努力)「自己決定」(＝自己責任) が前提であり，プラス公的，私的介護予防サービスの充実・拡大である。このことが個人・生活者のリスク拡散につながるのである。

ここで問題となるのは，日本人の社会保障・社会福祉に対するリスク意識の希薄性である。わが国の社会福祉思想は，戦前，戦後を通じて，パターナリズム (父権主義) のもとで，行われてきた。すなわち，行政主導型 (依存型福祉) である。このため国民の意識のなかに福祉は行政に依存することが平易で無難であるという意識が醸成されてきた。このことは，同時に権利意識の欠如，義務意識の希薄化を招来したといえる。このため，近年，社会福祉における「自立」「自己決定」がいわれて久しいが，国民がこのキーワードを意識し，日常生活のなかに取り入れることに対して立ち往生しているのが現状である。この背景には，第1の要因として，すでに第1章2，(1)の「日本人の精神構造の特徴」でふれたように，これまでのわれわれの精神構造の発達過程の特徴，第2の要因として，明治時代から現在までの中央集権体制による地方経済・文化等の疲弊・衰退，また，第3の要因として，民主主義社会 (契約社会) としての経験不足等が存在する。こうした問題が介護サービスあるいは介護予防サービスのあり方に暗い影を落としている。つまり，地方経済・文化の疲弊・衰退は地域社会で生活する住民，なかんずく高齢者の生活基盤—福祉サービス—を脆弱化することにつながる。高齢者の介護予防サービスの充実は介護保険制度が地域 (在宅サービス) にシフトしている以上，地域における高齢者に対して安心・安全な生活環境を提供することが介護予防を推進する第1条件である。そのためには，① 地方分権化—福祉財源と権限の地方移譲—の促進による地域住民が参加計画する福祉サービス（＝介護予防サービス）の作成と，② 地域住民の自立意識の向上が介護予防サービスの利用において，個人のリスク認識を高めると同時に日常生活における「リスクの分散化（＝介護予防）」を推進することが可能となる。

［注］

（1）　栗林敦子「リスク社会における『自助努力』『自己責任』―リスク意識と消費の成熟化からみた生活保障サービスの方向性―」『ニッセイ基礎研所報』2004　Vol.34

第 11 章　ドイツの介護保険制度に影響を与えたオランダの特別医療費補償制度（AWBZ）

1．オランダの医療保険制度と介護

⑴　オランダの医療保険制度

ドイツの介護保険創設において，オランダの特別医療費補償法を参考にしたといわれている。そのオランダの介護は医療保険制度に包括される形でスタートした。この項では同国の「介護保険」の概要について述べることにする。

オランダの社会保障制度の行政組織は図表 11-1 のように保健・福祉・スポーツ省（主として現物給付）と社会・雇用省（主として現金給付）に別れている。

ところで，現在，オランダのメディカル・ケア（医療）は公的あるいは私的保険事業によって提供されている。そのメディカル・ケアは 3 つのカテゴリーに分類される。第 1 の分類がオランダ国民の全員（オランダ国内に居住している人々，オランダ国内には居住していないがオランダの企業等に雇用されている人々，オランダに所得税を納めている人々，「法」によって保護されている人々，国内の未成年者等となっている）が加入する「特別医療費補償法」（特別医療費保険）である。これは，AWBZ に基づいて法的基盤が整備されている。つまり，この法律のもとでは，ドイツや日本のように医療保険と介護保険が分離独立して法的に整備されているのではなく，「介護」（＝介護サービス）が医療保険に包括されているところにその特徴がある。しかも，そのサービスはケ

図表 11-1　オランダの社会保障制度の体系

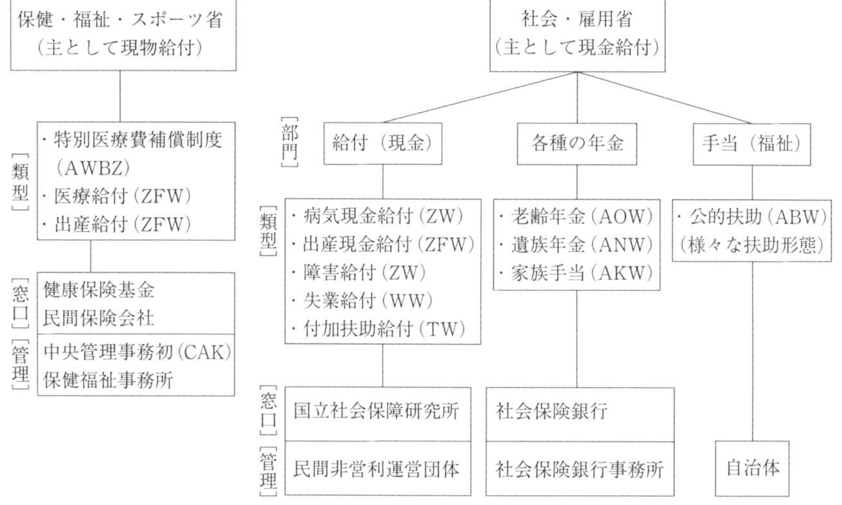

（出所：成清美治『新ケアワーク論』学文社　2003　p.193）

アの視点から広範囲に及んでいる。第 2 の分類は，「健康保険法」（Health Insurance Act）である。この保険はオランダ居住者または納税者が加入する強制保険で，業務は同法に基づいてオランダの保険会社が行う。第 3 の分類は補足的保険（Supplementary Health Insurance）で，「健康保険法」に含まれない内容が民間保険制度によって補償されるようになっている。たとえば，特別な歯科治療，眼鏡，高額の医療施設の利用，代替医薬品の使用等となっている。

このようにオランダのメディカル・ケアは 3 つの部門に分類されているが，その特徴の第 1 は，介護が医療保険に包括されていることである。第 2 は，同国の医療保険が病気や出産のみならず労働災害や業務上の疾病にも適用されるという点で，国際的にみても希有な存在である。これは 1967 年に導入されたのであるが，これによってそれまでの労働障害や業務上の疾病に関するそれぞれの法律が廃止されることになった。

現在のオランダの健康保険制度は次のようになっている。① AWBZ によって法的に整備された「特別医療費補償法」で長期医療・介護保険（長期の疾病・重い疾病・重度の障害に対するメディカル・ケア）となっている。これに対して，②治療に対する保険（短期のメディカル・ケアとして，それぞれの加入者の健康維持を目的とした「健康保険」）である。そして，③健康保険法の対象外のケアを受ける補足的民間保険（費用補完）となっている。

同国の健康保険制度の特徴は，医療と介護の連携である。この点に関して，ドイツの介護保険制度も日本の介護保険制度も不十分であると断言できる。すなわち，オランダ健康保険制度は，短期（原則365日以内のサービスに対処）と長期（原則365日以上のサービスに対処）の医療保険に区別し，短期は治療，長期では医療・介護とその役割を分担している。このことによって，短期治療と長期医療・介護が連携することにより，患者の健康を予防，治療，介護の面で効果的に管理している。具体的には，日本と異なって，治療を要する患者はGP（家庭医は現在，7,600人となっている）に出向き治療を受け，必要があれば専門医に紹介するというシステムをとっている。そのため，GPは担当するすべての患者のカルテ，病歴，投薬歴を管理している。なお，治療サービスとして，①医療サービス（Medical care），②パラメディカルのサービス（Paramedical care），③出産サービス（Maternity care），④医薬品（Pharmaceutical care），⑤医療機器（Medical care），⑥口腔サービス（Mouth care），⑦入院・入所サービス（Accommodation），⑧患者の移送サービス（Transport care）等がある(1)。また，「社会支援法」（Social Support Act）も成立し2007年から施行されている。同法は，これまでの社会福祉法，特別医療費補償法の一部を統合し，家族介護者やボランティアを支援する新しい法律であり家族介護者やボランティアを支援する(2)。保健・医療・福祉の統合化をより一層推進することとなった。

図表 11-2　社会支援法

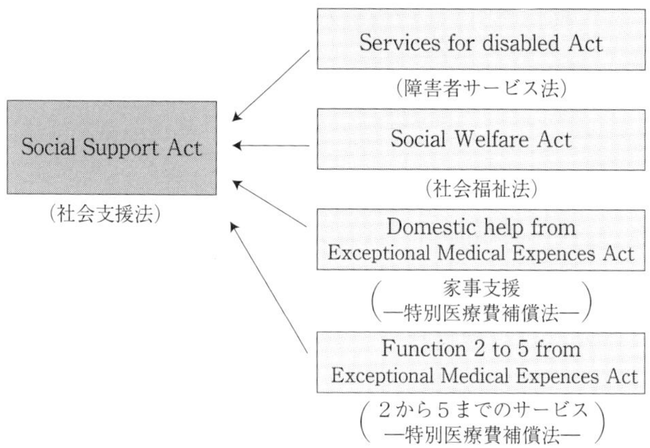

（出所：オランダ保健・福祉・スポーツ省）

図表 11-3　オランダの健康保険制度の動向

[2006年1月1日以前]

- ①特別医療費補償法（特別医療費保険）
- ②健康保険法
  - 被用者のための強制保険（一定の所得以下）
  - 一定所得以上の被用者・自営業者が加入（任意保険）
  - 公務員が加入する公務員保険
- ③補完的民間保険

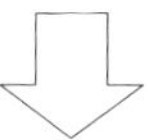

[2006年1月1日以降]

- ①特別医療費補償法（特別医療費保険）：長期医療・介護保険で全国民が対象
- ②健康保険法：オランダに居住する者または納税者が加入する強制保険で業務は同法に基づいてオランダの保険会社が行う。
- ③補足的民間保険：民間の保険で，特別な歯科治療，メガネ，高額の医療施設の利用，代替薬品等の使用ができる。

(2) 特別医療費補償法

1) 制定の背景と目的

オランダの全国民の医療介護費を対象とした，「特別医療費補償法（AWBZ）」は1967年12月14日に制定された（1967年公示・法律第655号）。そして，翌年の1月1日より段階的に実施されることとなった。ここで，この法律が制定されるに至った背景について述べる。この法律導入のきっかけとなったのは，1962年の当時の社会国民保健相が国民の医療費全体を負担する保険事業として，この医療保険法案（The Health Insurance Bill）を提示したのが契機となった。1966年に医療保険基金審議会（The Health Insurance Funds Council）が設立され他の団体とともに協議が引き続き行われた。その結果，過大な医療費負担についての費用提供に対する国民皆保険を条件に法案が議会に提出されることとなった。その背景を要約すると，全国民が重病あるいは長期的疾患によって多くのリスクを負うのを軽減するため，これらのリスクに国または他の組織よりの援助なしでは国民が生活を維持するのが困難であるため，とすることができる。

この「特別医療費補償法」は1968年より施行されたが当初の給付は3種類（① 発病後1年を経過した患者の病院ならびに精神病院での専門医による看護と治療，② 介護ホームへの収容，③ 精神障害者のための施設への収容）(3) のみの給付であった。しかし，その後，新しい事業（「給付の拡大」）の導入・展開が図られてきた。1980年代には「健康保険法」によって補償されていた精神医学ケアや援助等が除外され，「特別医療費補償法（AWBZ）」の給付に導入されることとなった。そして，1990年代の初期において給付の拡大がより一層図られ，薬剤サービス，遺伝試験センターでのサービス，リハビリテーション，聴覚センターでの処遇に至るまで給付に含まれることとなった。ところで，この制度導入の主たる目的は保険の基礎的基盤を形成するところにあった。そのために，1994年に3党連立内閣として成立したコック（Kok）内閣はこれまでの保険の基本的概念を放棄することとした。その理由は拡散する社会に対処するための政治的見解が何もなかったことによる。つまり，既存の概念を放棄しやすい状況にあったのである。そして，3つのカテゴリーに保険が分類された。なかでも高齢化社会を控えてケアに対する補償が重視された。つまり，この制度の究極の狙いはすべてのオランダ国民に手の届く範囲でケアの補償をするシステムの構築にあったのである。なお，この制度の主たる財源は「保険原理」に基づく被保険者の保険料によるが，一部の支払不能者に対しては「税」（保険料）が免除されることとなっている（しかしながら，彼等は事業計画から排除されることはない）。

2）同制度の有資格者並びに登録と管理・契約システム

まず，この制度に該当する有資格者についてであるが，国家的保険事業である「特別医療費補償法（AWBZ）」が保護する対象は原則としてオランダに居住する人々である。また，オランダに在住するすべての人々は国籍と関係なく，同制度が適用される。そして，適用される年齢層は子どもから高齢者までとなっている。これは，日本の介護保険制度が対象を原則65歳以上としているのとは対照的で，ドイツの介護保険同様，対象は全年齢層となっている。

次に登録であるが，原則として一般的な疾病・障害に関しては各人が個別に登録している健康保険（被用者保険，民間保険，公務員保険等）が優先的に適用される。しかし，何らかの理由（長期・重病等の場合等）で各健康保険によって補償されない場合，特別医療費補償法が適用される。なお，登録は各健康保険に加入することが前提条件で有効期限は1年間となっている（もし，有効期限が満期になる前に登録しなければ，その時点から登録が抹消されることになる）。同法に基づくサービスは保険業者が管理・運営しているが，サービスの交付や終結は法律の規定のもとで各民間保険業者が決定することになる。また，法律の実施に伴う管理業務領域とすべての支払いは中央管理事務所（CAK）によって管理運営されている。そして，管理業務の一部は保健福祉事務所によって行われている。すなわち，各地の保健福祉事務所は法的条件を満たすすべての団体を代表して「特別医療費補償法（AWBZ）」のもとでその業務を遂行している。また，各々の保健福祉事務所は各保険業者からデータを受け取り，月毎に各地域における事業体の登録の管理を行っている。最後に契約システムであるが，これは各保険会社とケア提供業者との契約システムに基づいている。ケアサービス体系は現金あるいは現物の給付となっており，医療・保健サービスの一環として一定の割合と期間に応じて提供される。保険会社（または，保健管理事務所）はケア提供会社と契約を締結する。その財源については健康保険基金と協定が結ばれている。なお，保険自身の財源は保険料（被用者の場合は雇用主負担あり，非被用者の場合は自己負担のみ）＋自己負担＋国庫補助となっており，15歳未満の被保険者は拠出義務はなしとなっている。

3）ケアサービスの内容

オランダは少子・高齢社会のもとで，国民医療費の対GDPは上昇傾向にあり，特別医療費補償制度も財政的に逼迫しており，医療制度改革を迫られていた。そこで同国は医療保険制度改革（2006年1月実施）を断行するに至ったが，そ

図表 11-4　特別医療費補償法（Exceptional Medical Expenses Act）の改正

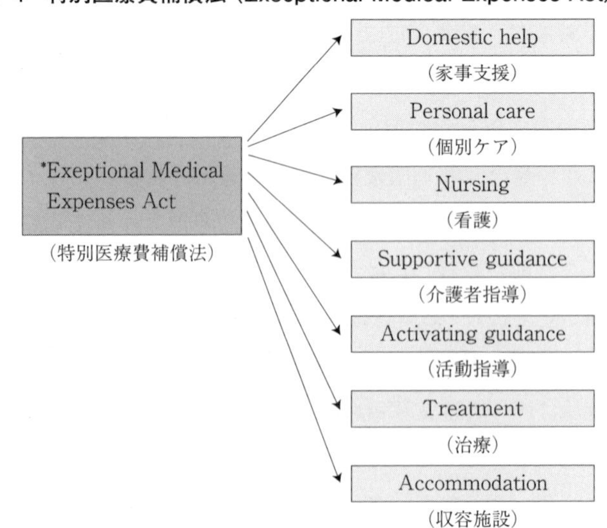

（出所：オランダ保健・福祉・スポーツ省）

の内容は次の通りである。① 健康保険の一本化，② 新たな健康保険は民間の保険会社が管理運営する，③ 介護給付の対象を重度の要介護者に限定し，軽度の要介護者の給付は各自治体が新たな事業として行う，④ 従来のケアサービス（特別養護老人ホーム，老人ホーム，在宅ケア）を今回の改正により，ア 家事支援（domestic help），イ 個人的ケア（personal care），ウ 看護（nursing），エ その他の支援指導（supportive guidance），オ 活動のための指導（activating guidance），カ 治療（treatment），キ 施設（accommodation）とした。

4）特別医療費補償制度における財源・医療費・契約システム

ここでは，特別医療費補償制度における財源，医療費，契約システムについて述べる。第1に，同制度のもとでの財源問題であるが，それは保険料（掛け金）と自己負担金それに国庫補助によって賄われている。保険料には，① 所得比例保険料（所得に一定比率を掛け，雇用者と被保険者がそれぞれ負担する），② 定額保険料がある。その保険料は同国の少子・高齢化現象もあって，特別医療補償法（AWBZ）と健康保険法（ZFW）ともに年々増加傾向にある。なお，保険料は下記の通りとなっている。

財源：保健料＋事業主負担＋国庫負担＋自己負担（サービスに対する自己負担）

第2の問題として，同制度の総医療費についてみることにする（図表11-5参照）。

図表 11-5　オランダの医療保険制度の費用

（単位：100万ユーロ）

	2003年	2004年
AWBZ（特別医療費補償法）	20,156	21,197
ZFW（被用者保険）	16,778	16,830
私的保険	8,618	9,438
合計	45,552	47,465

資料：VEKTIS 2005 Table 1-1
（出所：大森正博「オランダにおける医療と介護の機能分担と連係」『海外社会保障研究』No.156 Autumn　2006　p.76　一部修正）

この図表11-5から明らかなように2003年と2004年を比較した場合，AWBZ，ZFWならびに私的保険においてもわずかであるが，その費用は着実に上昇している。この背景には同国の高齢化に伴う国民の「特別医療費補償法(AWBZ)」に対する需要が考えられるが，このまま医療費の上昇が続けば，各保険料に転化することは明らかである。2006年の医療保険制度改革の狙いは，①健康保険制度の財政基盤とサービスの効率化を図るため，制度の一本化（疾病金庫と民間保険の統合化），②特別医療費補償制度の財政基盤の安定化とサービス体系の再編成である。なお，この背景には民間の資本の導入による国家

図表11-6　デッカー・シモンズの改革前後の医療・介護システムの比較

	改　革　前	改　革　後
短期医療保険の保険料	所得比例	所得比例＋自己負担（1989）
特別医療費保険の保険料	所得比例	所得比例＋自己負担（1992）
短期医療保険の制度統合	3つ	私的保険会社が疾病基金保険サービスに参入 疾病保険会社の地域独占解除（1992）
短期・特別医療費保険の制度統合	分離	特別医療費保険のサービス拡大ホームヘルプ，精神病院での入院医療精神科，視覚障害センター（1989） 薬剤サービス（1992）
保険の費用償還方法	事後的費用償還	疾病基金保険についてリスク調整型人頭払い方式（1993）
支払い方式		
サービスの価格	中央統制	上限規制（1992）
GP	人頭払い方式	改革？（Bisheuval Proposal）
専門医（Specialist）	出来高払い	改革？（Bisheuval Proposal）
病院	予算方式	不変
保険者と供給者の契約	供給者全員と契約する義務	短期・特別医療費保険について解除（1992）
医療計画	存在	GPの開業規制解除（1992）
消費者の保険者選択の自由	私的保険のみ	疾病保険会社について2年に1回変更（1993）

（出所：仲村優一・一番ケ瀬康子編集委員会代表『世界の社会福祉―ドイツ・オランダ』2000　旬報社　p.348）

財政の軽減化があることは明白である。

ここで，オランダの医療改革の推移についてみることにする。オランダ政府はこれまで医療費削減政策として1988年の「デッカープラン」，1990年の「シモンズプラン」(＝サイモンズ計画) を講じてきた。これらのプラン導入によって，① 保険会社間の競争原理の導入，② サービス提供者間の競争，③ 保険会社は最も効率的なサービス提供機関と契約できる，④ 保険会社，サービス供給者，消費者等が効率的に行動することによって利益を得ることになり，医療・介護制度全体が効率的に機能することが期待されている(4)。この背景には，特別医療費補償制度が1968年より開始されて以来，給付の拡大，新しい事業の展開，既存医療の概念の放棄による基盤整備等が医療費の高騰に拍車を掛けたことは否めない事実である。なお，両プランの一連の改革は図表11-6の通りである。

このような，一連のデッカープラン，シモンズプランによって，同プランの目的である国民の健康を医療・介護保障制度（短期医療＋長期医療＋介護サービス）の充足・見地から定めた「基礎保険」の目標は達成できたといえるであろう。

以後，医療費の削減を促進するため中央政府によるコントロール（縦型支配）から競争原理のより一層の導入に基づく民間保険者とサービス提供業者との連携強化による在宅サービスの効率化，充足化の理念のもとで，オランダ政府が推進・実施したのが，2006年の医療制度の改革である。

最後に，第3の契約システムの内容についてふれる。短期医療保険である被用者保険，私的保険，公務員保険におけるサービスは各保険会社と各ケア提供業者が契約を締結している。一方，長期医療保険である特別医療費補償法（AWBZ）のもとでは被保険者とケア提供者の給付は，現金あるいは現物の両給付制度が採用されている。このような状況下でケア提供者は保険業者が設定した料金・諸条件を了承したうえで保険業者と契約を結ぶことになる。ただし，この契約を結ぶ保険業者ならびにケア提供者はその前に健康保険審議会（Health

Insurance Found Council）の審議・承認を得なければならないことになっている。また，料金は医療料金法（Health Care Charge Act）のもとで医療料金審議会（Central Council for Health Care Charges）の承認を必要とする。

また，特別医療費補償法のもとで業務を遂行する保険業者の業務の継続は健康保険審議会に委ねられている。健康保険審議会の業務は，①保険業者の監督機能に加えて，②保健・福祉・スポーツ省大臣に情報の提供とアドバイス（保健計画や法令の規則等について），③保険業者に対する経営に関する指導や被保険者の登録・統計の収集，職員のサービス状況に対する指導の権限等となっている。なお，健康保険審議会の監督責任は，保健・福祉・スポーツ大臣である。

なお，AWBZから給付を受けるためには，「ケア判定センター」（Care Indication Determination Center（CIZ））からの認定が必要である[5]。

2．オランダの福祉思想と特別医療費補償制度の課題

(1)　オランダの福祉思想の特徴

オランダはヨーロッパにおける海洋並びに陸上交通の中継地としての地理的利点を活用し，「小国」であるがゆえに国土を開発しながら今日まで貿易立国として繁栄してきた。同国は16世紀まで宗主国であるスペインに支配されていた。しかし，宗教弾圧（カトリックによるオランダプロテスタントに対する宗教弾圧）を機会にオランダはスペイン軍と戦い，各都市の市民隊（＝「市民社会軍」）により，奇跡的に同軍を撤退させることができた。このきっかけとなったのが，最後まで市民が立てこもりスペイン軍を打ち破った「ライデン開放」（1573-1574）である。

こうした経緯ののち，同国はスペインの支配から離脱し，国家として独立した。のちにチューリップの栽培や海外貿易で莫大な利益を得たオランダは経済

的繁栄のもとで文化・芸術，思想等が開花することになり，成熟した市民社会（市民意識）を基盤として17世紀において，商人社会を発展させることによって，ヨーロッパで確固たる地位を築くのである。商人ギルドを中心とした社会は相互扶助を前提とした自由で公平で連帯を基盤としたものであった。現在残されている同国の17世紀の絵画の特徴は，ヨーロッパの覇権国家であったフランスやドイツあるいはイギリスの多くの絵画にみられる支配者の「個人」の肖像画とは異なり，市民中心の「集団」肖像画にみられる。このことは，高価な画代を分担する（＝「割り勘」）ということも考えられるが，一方では相互扶助あるいは社会連帯を市民自身が体現化しているのである。こうした，商人ギルドを中心とした市民社会は自由・公平な理念のもとで生まれたものであるが，そのルーツはオランダの思想・哲学にある。一般的にオランダ国民は，「理知的・理性的であるが，抽象的であるより具体的であることを好む」といわれている。この根拠は，同国の思想家に拠るところが大きい。

なかでも同国の精神的祖であり，オランダの文化や思想に影響を与えたのがルネサンスの人文学者エラスムス（Erasmus Desiderius）である。彼は主著『痴愚神礼賛（*Encrmium Moriae*）』のなかでキリスト信仰は愚行であるが，実際は最高の知恵であるという逆説的な手法により，人間の痴愚神礼賛なる行為に対してユーモアを交えて批判をした。すなわち，当時の理知的でない非合理性や欺瞞に満ちた宗教者や支配者を痛烈に批判したのである。このように，教会の堕落を批判したエラスムスであるが，免罪符問題をきっかけにローマ教会を批判し宗教改革を断行したルター（Luther, Martin）の改革に対して，キリストの純化に賛同はするが，その運動があまりにも急進性で教会の分裂を招くため人文主義者（ヒューマニスト）としての立場から中庸の立場を取ることとなった。

次に，オランダの思想・文化に影響を与えた賢人として，哲学者スピノザ（Spinoza de Baruch）を挙げる。彼は，フランスの哲学者・数学者で二元論（宇宙の根本原理を精神と物質とする考え方）のデカルト（Descartes René）を批判して，一元論（神＝自然）を唱えた。彼はデカルトの流れを汲みつつそれを批判・発展させることにより，近代合理主義を確立した。彼は主著『倫理学』のなかで神は宇宙で無限なる唯一絶対の実体であるとし，万物は神の性質そのものであるとして，一元論を確立したのである。すなわち，神が万物のすべてであることによって有限で自由のない人間も神の無限が人間を自由に導くのであるとした。

今日のオランダの思想・文化に影響を及ぼした最後の賢人は近代自然法学と国際法の基礎を確立し，自由と平和を重んじたグロティウス（Grotius Hugo）は主著『戦争と平和の法』のなかで，法とは神の法に従属し，神の意志によるものという中世の自然法を否定し，宗教的影響から独立した人間の本性に基づく不変なものを基本原理とするとした。彼の考え方は，ロック（Locke John）やホッブス（Hobbes Thomas）と並んで法とは中世の自然法と神から独立し，人間の本性に基づくものであるという近代の自然法の根本原則を導いたのである。すなわち，自然法は人間の本性に基づくものであるから，そこには，必然的に自由・安全・生命の保障，安全，契約の神聖性が伴うものである。以上，オランダの思想・文化に多大なる影響を与えた3人の賢人について紹介したが，こうした思想的背景のもとで，ヨーロッパの大国の狭間にありながら，17世紀には「株式会社」オランダは，貿易立国として，世界の覇者となり黄金期を迎えたのである。この前提には絶妙なバランス感覚の獲得と市民生活を基盤とした文化・教育の成熟並びに市民意識の醸成があったことは相違ないのである。その根底には同国の「自由」と「寛容」と「中庸」の精神的風土が存在していたことがある。つまり，地理的にあるいは伝統的に多民族・多極国家であるがゆえに，寛容で穏健な思想が「多極共存社会」のなかで他者の自由と権利を容認する「福祉社会」を構築し，現在も世界においてオランダの存在を意義づけているのである。また，その福祉思想には他のヨーロッパ諸国と同様，ヒューマニズム思想とキリスト教的慈善思想が介在していることは否めない事実である。

(2)　オランダの医療制度—特別医療費補償制度の課題

オランダの介護サービスは，1967年12月14日に制定された「特別医療費補償法（AWBZ）」に基づいて行われてきた。しかしながら，オランダの総医療費における高齢者ケアの給付費は年々増加傾向をつづけ，国家財政を圧迫するようになった（図表10-5参照）。なかでも特別医療費補償制度の費用は高齢化もあって総額ならびに全体的な割合も増加傾向にある。こうした状況下で2002年の総選挙後の連立政権による規制緩和，競争原理の促進もあり，健康保険制度における疾病金庫と民間保険の統合を含む市場志向改革を2006年に実施するに至った(6)。この内容については，すでに1.の(2)で既述した通りである。同国の特別医療費補償制度は，わが国の介護保険制度と比較して，被保険者の年齢枠がなく，給付範囲が広いのが特徴であるが，何といっても医療と介護給付が連続性（医療保険制度のなかに介護が組み込まれている）のなかで行われていることが特筆に値する。しかしながら，財政的逼迫からケアサービスシステムにおける競争原理の導入が図られ効率化を促進している。同国は歴史的に「市民社会」をいち早く確立した国であり，思想的には自由・寛容・平等・中庸を標榜する国である。ゆえに成熟した市民社会において国民と政府が一体となって，相互扶助を理念とした各社会保険制度が整備されてきた。2006年1月実施の医療保険制度の改革に伴う特別医療費補償制度の改正は，社会支援法との絡みで在宅ケアを「特別医療費補償法（AWBZ）」と私的介護提供者やボランティア（専門サービスと家族の連携）との連携を強め，家族介護を見直す傾向にある。このことは，オランダの「高齢者の自立支援」とどの程度リンクするのか注視すべきことである。わが国同様オランダの介護サービスは社会保険を中心に担っているが，財政的逼迫のなかで公的支援を確保しながら，地域における高齢者介護を巡って，専門サービス＋家族介護の組み合わせを国・地方自治体・住民が三位一体となって，いかに効率的に実施されるかが今後の課題となるであろう。オランダは歴史的に市民中心の社会を構築してきた。その理念は，自由・平等・合理主義を理念とした貿易立国である。医療・介護においても競争原理を導入しているが，規制のもとでの競争を原則としている。すなわち，倫理性を前提とした競争である。これまで，画期的な医療・介護制度の改革が行われてきたが，今後も，明確な政策理念を掲げた医療保険制度の改革が世界から注目されているのである。

［注］

（1） 大森正「オランダにおける医療と介護の機能分担と連携」『海外社会保障研究』No.156　AUTUMN　2006　p.80

（2） 成清美治「オランダ」糸川嘉則総編集，交野好子・成清美治・西尾祐吾編『看護・介護・福祉の百科事典』朝倉書店　2008　pp.456-457

（3） 足立正樹編著『各国の介護保障』法律文化社　1998　p.49

（4） 仲村優一・一番ヶ瀬康子編集委員会代表『世界の社会福祉―ドイツ，オランダ』旬報社　2000　pp.344-345

（5） 佐藤主光「医療保険制度改革と管理競争：オランダの経験に学ぶ」『会計検査院研究』No.36　2007 年 9 月

（6） 同上　p.49

第12章　日本の介護保険制度に影響を与えたドイツ介護保険制度

1．ドイツ介護保険法の制定の背景とわが国の介護保険制度成立への影響

ドイツに介護保険制度が創設されたのは1995年で，同年の4月1日より在宅給付が，翌年の7月1日より施設給付が開始された。同国は介護保険制度創設に至るまで，約20年を費やしたが，最初に保険方式ありきではなく，官・民を巻き込んだ方式に関する幾多の論議がなされた。結果として，同国は，租税方式（国家財政の圧迫）や民間保険方式（運用上の問題）ではなく，伝統的な社会保険方式を採用した。わが国もドイツと同様，高齢化社会を迎えて経済的，社会的見地から介護サービス，なかでも在宅介護サービスの整備が迫られていた。そこで，財政システムはドイツにならって社会保険方式，ケアマネジメントシステムはイギリス方式，アセスメントはアメリカのMDS方式，地方分権化は北欧（スウェーデン，デンマーク）を参考にした介護保険法が，1977年12月に成立，2000年4月よりスタートした。

ところで，ドイツとわが国の両国は介護保険法制定時，共に高齢化社会にあり，社会的介護サービスの提供が必要な状況下にあった。わが国は介護保険制定にあたってドイツ方式（社会保険方式）をモデルとしたが，その影響を考えると次のようなになる。①社会保険方式の導入は，これまでの措置制度と異なって，被保険者の権利意識を高揚させる，②社会保険方式は介護費用に対する財政基盤を確保することができる，③介護保険の導入により，これまで限定されていた介護サービスの対象が国民全般に拡大化されることになる，

図表 12-1　世界の高齢化の推移　（単位：%）

	65歳以上人口割合						80歳以上人口割合					
	1950	1975	2000	2005	2025	2050	1950	1975	2000	2005	2025	2050
世界	5.2	5.7	6.9	7.4	10.5	16.1	0.5	0.8	1.2	1.3	2.0	4.3
先進地域	7.9	10.7	14.3	15.3	20.8	25.9	1.0	1.8	3.1	3.7	5.4	9.4
発展途上地域	3.9	3.9	5.1	5.5	8.6	14.6	0.3	0.4	0.7	0.8	1.4	3.6
アフリカ	3.2	3.1	3.3	3.4	4.2	6.7	0.3	0.3	0.4	0.4	0.6	1.0
ラテンアメリカ	3.7	4.3	5.6	6.1	10.1	18.4	0.4	0.6	1.0	1.2	2.1	5.2
北部アメリカ	8.2	10.3	12.4	12.4	18.0	21.1	1.1	2.1	3.2	3.6	4.2	7.5
アジア	4.1	4.2	5.9	6.4	10.2	17.5	0.3	0.5	0.8	1.0	1.8	4.5
ヨーロッパ	8.2	11.4	14.7	15.9	21.0	27.6	1.1	1.8	2.9	3.5	5.3	9.6
オセアニア	7.3	7.3	9.7	10.0	14.8	19.3	1.0	1.2	2.2	2.6	3.5	6.5
日本（参考）	4.9	7.9	17.2	19.7	29.1	35.9	0.4	1.1	3.8	4.8	10.6	15.3

注：先進地域は北部アメリカ，日本，ヨーロッパ，オーストラリア，ニュージーランド。発展途上地域は先進地域以外の地域。ラテンアメリカはカリブ海諸国，中央アメリカおよび南アメリカを含む。
出典：UN, 'World Population Prospects: The 2004 Revision'（中位推計）データを筆者が集計して作成。
（出所：仲村優一・一番ヶ瀬康子・右田紀久恵監修『エンサイクロペディア社会福祉学』中央法規 2007　p.999）

④介護保険法の導入と同時に民間業者の参入を認めることとなり，結果的に介護サービスの多元化を図ることができる，⑤介護保険制度導入により，在宅介護のコストを削減することができる，⑥介護保険制度の実施と同時にドイツにならって，成年後見制度を禁治産制度に代わって導入することによって，認知症あるいは重度の障害者の権利擁護につながる。このようにドイツの介護保険制度はわが国の介護保険法制定にあたって影響を与えたのである。

介護問題は年金・医療問題と同様，高齢者，障害者等が「自立」した暮らしを送るためには避けることができない課題である。ドイツ介護保険制度創設の目的は，医療費，社会扶助費に占める介護費用の削減と超高齢社会を控えた在宅介護サービスの拡充にある。そのため実施団体は「競争原理」が導入されたなかでいかに「効率的」サービスを実施するかが命題となったのである。

介護保険制度が実施された1995年にはドイツの高齢化率は15.5%（同年日本は14.6%）となっており，先進諸国においてもスウェーデン，イギリスに次いで高い高齢化率を示し，すでにドイツは高齢社会に突入していたのである。

ここで，高齢化に関する国際的動向をみると，1956（昭和31）年に国際連合経済社会理事会報告書において高齢化率7％以上に対して「高齢化した（aged）」（老年の国）と初めて表現される。つづいて，1982（昭和57）年の国際連合第33回総会において「高齢化に関する国際行動計画」（International Plan of Action on Aging）が採択，決議されその取り組みが国際的に開始されることとなった。このなかで，原則として，人権・文化の尊重，世代間の連帯・相互扶助等が提唱されている。1991年の第46回国連総会では，「自立」（independence），「参加」（participation），「ケア」（care），「自己実現」（self-fulfillment），「尊厳」（dignity）の5つを原則とした「高齢者に関する宣言」（Proclamation on Aging）が採択され，各国の高齢者対策に実際に具体化されることが奨励された。そして，翌年の第47回国連総会では「高齢化に関する宣言」（Proclamation on Aging）が採択され，1999（平成11）年を「国際高齢者年」（毎年10月1日）（International Year of Older Persons）とすることが決定され，同年の10月1日より世界各国でさまざまな取り組みが開始された。ドイツにおいてもその取り組みは，在宅看護，介護サービスを受けることによって，入院の回避，入院期間の短縮につながるとして医療費抑制政策の一環として介護サービスの導入を図るため医療構造改革法（GRG）が1988年に成立し，翌年の1989年に実施された。

この法律の実施により，これまで社会扶助による介護サービスに疾病保険による在宅における重度要介護者に対する介護サービスや家事援助が開始され，医療と介護の両領域において実施されることとなった。しかしながら，介護に対する需要は人口の高齢化もあって増加することとなった。なかでも社会扶助に対する地方自治体の負担増は各自治体の財政を逼迫させる結果となった。

ドイツ介護保険法（Pfleg-Versicherungsgesetz Vom26. Mai1994, BGBI. I　1994, S.1014）成立の背景の要因を挙げると次のようになる。①高齢化社会の到来による介護ニーズの拡大化，②社会扶助（公的扶助）支出増大による各州財政の逼迫化，③介護サービスが疾病保険と社会扶助に分離しておりサービスの統合化が図られていなかった，④ 従来の福祉サービスにおける競争原理の導入等である[1]。そして，同国の保険制度の目的は要介護者あるいは家族に対する介護サービスの社会的提供であるが，その支援はあくまでも「部分的支援」であり，「在宅介護優先」となっている。この点に関しては，わが国の介護保険制度も同様となっている。

2．ドイツ介護保険の概要

ドイツ介護保険法の一般原則は以下のようになっている。① 自己決定の原則，② 在宅介護優先の原則，③ 予防とリハビリテーションの原則，④ 自己責任の原則，⑤ 介護保険組合の啓蒙・相談活動の原則，⑥ 各州・各市町村の共同責任の原則等となっている。すなわち，介護保険法は要介護者の介護ニーズに対する社会的介護サービスであるが，自己決定を尊重し，保健原理を原則とした在宅介護サービス重視の社会保険制度である。その概要は以下の通りである。すなわち，介護保険の運営は8つの疾病金庫（地域疾病金庫，職員補充疾病金庫，企業疾病金庫，同業疾病金庫，連邦鉱山従業者組合，農業疾病金庫，労働者補充金庫，海員疾病金庫）等の金庫によって行われている。そして，要介護の認定は原則 MDK（メディカルサービス）に所属する医師・介護専門職（看護

図表 12-2　ドイツ介護保険制度の概要

項　目	内　　容
原　則	① 介護保険は疾病保険に従属する，② 被保険者は協力と自己責任を負う
運　営	運営は，8つの疾病保険が行う
被保険者	① 公的健康保険の加入義務者，② 民間健康保険の加入義務者 ③ 家族保険の被保険者，④ 継続保険が可能な者
財　源	財源は保険料であるが，原則労使折半とする。ただし，年金生活者は本人と年金側で折半する。また，失業者の場合は全額雇用事務所が支払う
介護給付	① 在宅給付は 1995 年 4 月 1 日から，② 施設給付は 1996 年 7 月 1 日開始となっている。なお，給付に関しては現金給付と現物給付に分かれており，被保険者はどちらかを選択することができる。また，両者の組み合わせも可能である。

図表 12-3　ドイツ介護保険の給付

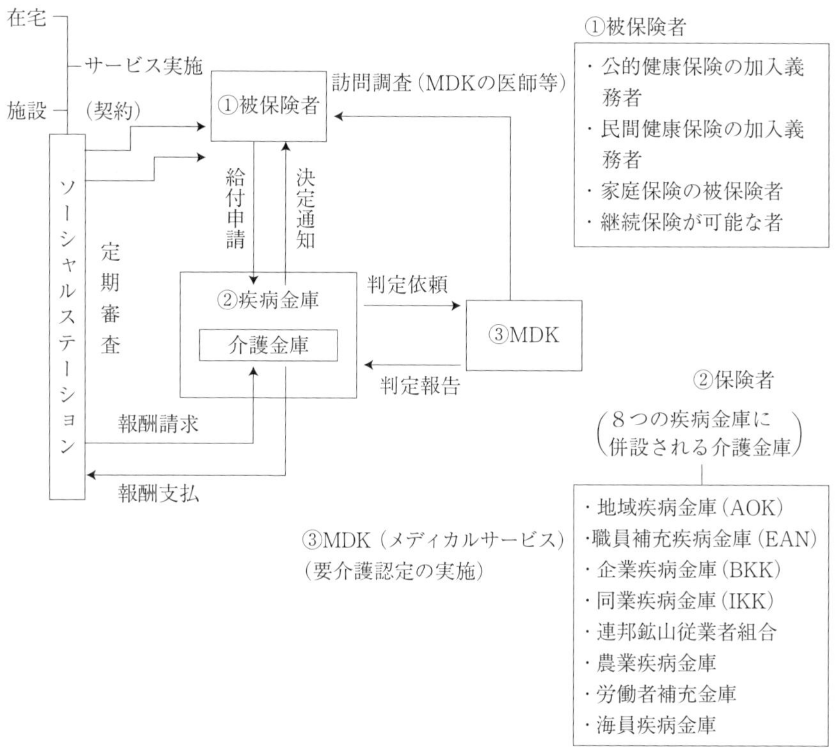

（出所：成清美治『新・ケアワーク論』学文社　2003　p.224）

師）によって判定が下されることになっている。なお，介護保険の財源は保険料と連邦政府の補助金，その他の収入となっているが，原則保険料で賄うことになっている(2)。

一般的にドイツの介護保険の申請は被保険者が自分の所属する疾病金庫に給付申請をするが，その申請書に関してまず，書類審査・資格審査の有無を決める。それに基づいて給付該当者にたいして，MDK（Medizinischer Dienst der Krankenversicherung：医療サービス機構）に所属する医師等が，申請者（要介護者）の居宅等を訪問し，要介護調査の結果を作成し，被保険者に通知する（通知は申請してから平均6週間である）（図表12-2，3参照）。

3．給付状況，財源・財政，介護サービスの受給状況

ここで，ドイツ介護保険制度実施後の給付状況についてみることにするが，まず，全般的な動向についてふれておきたい。既述したように，同国の介護保険制度は1995年4月1日より在宅給付が，翌年の7月1日より施設給付が開始された。まず，給付であるが，介護サービスのスタート時は，要介護度1（在宅：750現物マルク・現金400マルク，施設：2000マルク），要介護度2（在宅：1800マルク・現金800マルク，施設：2500マルク），要介護度3（在宅：現物2800マルク・現金1300マルク，施設：2800マルク）であった。介護保険実施当初，在宅サービスに対する不安も手伝って，現金給付が給付対象者の80％を占め，現物給付は20％に過ぎなかった。

このように現金給付が多数の割合を占めた理由として，① 専門的介護サービスの質・量ともに一定化していなかったため，国は家族介護に対する対価（代償）とし，現金支払を認めたので，要介護者・家族は現金給付を選択した，② 家族介護の場合，介護中の事故に対して公的障害保険が適用される，③ 家族等が要介護高齢者の介護期間中も年金の被保険者加入期間として認められた

図表12-4　ドイツの介護保険給付の概要

（2006.1現在　単位：ユーロ）

	要介護度1	要介護度2	要介護度3	要介護度3（重度）
在宅ケア				
現物給付上限（月額）	384	921	1,432	1,918
現金給付（月額）	205	410	665	—
部分ケア（デイケア，ナイトケア）	384	921	1,432	—
完全入所ケア（月額）	1,023	1,279	1,432	1,688

Vierter Bericht ueber die Entwicklung der Pflegeversicherung.
（出所：萩原康生他編集代表『世界の社会福祉年鑑2008』旬報社　2008　p.177）

等を挙げることができる。

現在の介護保険給付は図表12-4の通りとなっている。この図表12-4によると，2006年1月現在，在宅ケアの要介護度1の給付は，現物給付：384ユーロ，現金給付：205ユーロ，要介護度2は，現物給付：921ユーロ，現金給付：410ユーロ，要介護度3は，現物給付：1,432ユーロ，現金給付：665ユーロとなっている。また，要介護度3（重度）の場合は，現物給付のみで1,918ユーロとなっている。完全入所ケアは要介護度1：1,023ユーロ，要介護度2：1,279ユーロ，要介護度3：1,432ユーロ，要介護度3（重度）の場合は，1,688ユーロとなっている。その他，部分ケア（デイケア，ナイトケア）の給付もある。

次に，ドイツ介護保険の財源・財政状況であるが，給付開始の1995〜1998年度の4年間の介護保険財政は制度開始後，3カ月間は保険料を徴収するが給付をしなかったこともあって，黒字財政が続いた（積立金）。しかし，1999年度以降高齢化の進展に伴う要介護者の増加，要介護者の高齢化，重度化もあって，赤字財政に転落し，以降赤字が続いた。しかしながら，2006年度になって久しぶりに黒字に転化した。その理由として支出の増加が比較的緩やかであることが考えられる。だが，今後ますます人口の高齢化が進展することが予測されていることもあって，2008年の介護保険法の改革では保険料率の引き上

図表12-5　ドイツ介護保険の財政状況

（単位：10億ユーロ）

	1995	1996	1997	1998	1999	2000	2001	2002	2003	2004	2005	2006
収入	8.41	12.04	15.94	16.00	16.32	16.55	16.81	16.98	16.86	16.87	17.49	18.36
支出	4.97	10.86	15.14	15.88	16.35	16.67	16.87	17.36	17.56	17.69	17.86	18.03
現金給付	3.14	4.44	4.32	4.28	4.24	4.18	4.11	4.18	4.11	4.08	4.05	4.02
在宅現物給付	0.69	1.54	1.77	1.99	2.13	2.23	2.29	2.37	2.38	2.37	2.40	2.42
完全入所	0.00	2.69	6.41	6.84	47.18	7.48	7.75	8.00	8.20	8.35	8.52	8.67
収支	3.44	1.18	0.80	0.13	−0.03	−0.13	−0.06	−0.38	−0.69	−0.82	−0.36	0.45
中期ストック	2.87	4.05	4.86	4.99	4.95	4.82	4.76	4.93	3.42	3.42	3.05	3.50

出所：Vierter Bericht ueber die Entwicklung der Pflegeversicherung. ドイツ連邦保健省。
（出所：萩原好生他編集代表『世界の社会福祉年鑑2008』旬報社　2008　p.179）

げを行った。

最後に，介護サービスの給付状況であるが，ドイツ介護保険の下での命題は「介護の質の確保」であった。かつて，同国の介護サービスの現場において痛ましい事件が起こっている。その1つはドイツの某州において1998年の1年間に火葬場で焼かれる遺体1万222体（そのうち高齢者が8割を占める）を大学の法医学研究所の医師が調査したところ，11％に床ずれがあり，そのうちの5分の1は床ずれが体の深部まで到達していたと報告されている（1999年6月13日付『朝日新聞』）。その2は，フランクフルトの高齢者介護の現場で，要介護者に対する虐待や面倒を看ず放置するケースが相次いでいると報道した（1999年12月17日『読売新聞ニュース速報』）。

こうした状況を改善するため，2001年9月に「介護の質の確保法（Pflege-Qualitatssicherungsgesetz）」制定，翌年の1月から施行，また，同年12月に「介護給付補完法（Pflegeleistungs-Erganzungsgesetz）」が制定，翌年1月から実施された。前者は在宅や施設における介護サービスの質的向上を目的とすると同時に，サービス提供者の自己責任と受給者保護を目的としている。また，後者は認知高齢者，精神障害者等に対する補完的給付サービスの支援を目的とし

図表 12-6　ドイツの在宅サービスと完全入所サービスの受給者数

（2006.12.31）

公的介護保険の在宅サービス受給者			
合計　130万9,751人			
	（内訳）	要介護度1	767,978人（58.6％）
		要介護度2	418,617人（32.0％）
		要介護度3	123,156人（9.4％）
公的介護保険の完全入所サービス受給者			
合計　65万8,754人			
	（内訳）	要介護度1	264,492人（40.2％）
		要介護度2	128,968人（19.6％）

Zahlen und Fakten zur Pflegeversicherung 03/08，ドイツ連邦保健省。
（出所：萩原康生他編集代表『世界の社会福祉年鑑 2008』旬報社　2008　p.178）

図表 12-7　わが国の要介護別のサービス利用状況（受給者数）

（単位：千人）

	計	要支援1	要支援2	経過的要介護	要介護1	要介護2	要介護3	要介護4	要介護5
在宅サービス	2,619.9 (72.3)	313.4 (99.8)	335.8 (99.6)	31.7 (99.7)	637.7 (88.1)	528.6 (78.0)	375.4 (61.8)	239.2 (46.7)	158.1 (37.9)
地域密着型サービス	175.6 (4.8)	0.6 (0.2)	1.4 (0.4)	0.1 (0.3)	36.0 (5.0)	46.5 (6.9)	49.8 (8.2)	29.0 (5.7)	12.2 (2.9)
施設サービス	825.9 (22.8)	— —	— —	— —	50.5 (7.0)	102.5 (15.1)	182.1 (30.0)	243.8 (47.6)	247.0 (59.2)

資料：厚生労働省「介護給付費実態調査月報（平成19年4月審査分）」
（注）（　）内は総数に占める割合（単位：%）
（出所：内閣府編『高齢者白書（平成20年版）』2008，p.35）

ている。

そして，2002年1月には「ホーム法（Heimgesetz）」が成立，翌年の8月から実施された。この法律制定の目的は，老人ホーム入所者の人権（虐待，介護放棄）を防止するため契約内容の規制，給付と対価の均衡（同第4条），行政庁による規制監督措置（同第9条以下），入所者の参加権（同第5条）等によって，入所者の人権と財産を保護することである。さらに，2003年に連邦保健・社会保障省と家族・高齢者・女性・青少年省が共同で，関係団体の代表，州や市町村の代表，学者，実務者等による「介護円卓会議（Runder Tisch Pflege）」を設置し，要介護者の生活改善を行うことにした(3)。なお，在宅サービスと完全入所サービスの受給者数は（2006年12月31日現在）は図表12-6の通りであるが，在宅，完全入所サービスともに総計数は，ほぼ同数となっている。全体的にみると在宅サービス受給者が両年ともに完全入所サービス受給者数の約2倍（内訳在宅：67対完全入所：33）となっている。この数値について同年のわが国の動向をみると図表12-7の通りで，その割合は，居宅サービス72.3%，施設サービス22.8%となっており，単純に比較はできないが，わが国の介護サービス利用状況が在宅サービスによりシフトされていることがわかる（ただし，この場合，わが国の入所希望待機者が多く，施設の絶対数が足りなく仕方なしに在宅サービスを受給している要介護者がいることも考慮する必要がある)。

4．ドイツ介護保険法の改正

わが国の介護保険法の改正は2005年に行われたが，ドイツ介護保険制度は，1995年に制定されて以降，改正をすることはなかった。しかし，2008年に介護発展法(Pflege-Weiterentwicklungsgesetz)として，同年3月14日に成立した。今回の改正の主要な狙いは，同国の高齢社会を見据えた介護保険料の引き上げにある。ドイツの介護保険料は，2008年7月1日より，0.25%引き上げられ，子どもを養育中の人については1.95%，子どもを養育していない人は2.2%の引き上げとなった。今回の保険料の引き上げが可能となったのは，雇用保険料率の引き下げがあったからだといわれている(4)。

しかし，保険料が引き上げられた結果，介護給付額が引き上げられることとなった。たとえば，在宅の現物給付が要介護度1の場合，2008年以前の384ユーロでから2008年以降は420ユーロとなった。また，在宅の現金給付が要介護度1の場合，2008年以前の205ユーロから2008年以降は215ユーロになった。そして，入所サービスの場合も要介護度1は，据え置きであるが，要介護度2，3の給付額は，2008年から，それぞれ引き上げられた。今回の改正の主要点は以下の通りとなる。①認知症高齢者のケアの改善のため施設入所の認知症高齢者に対して，ケアアシスタント(Betreuungsassistenz)を導入する，②ケースマネジメント(Fallmanagement)の導入，③介護拠点センター(Pflegestuetzpunkte)を設置する，④介護拠点センターには，介護相談員(Pflegeberater)を配置し，介護に関する相談を受け付ける，⑤ケースマネジメントは，介護相談員が行う等となっている(5)。今回のドイツの介護発展法をみる限り，わが国が介護保険制度を導入する場合，ドイツの介護保険制度を参考にしたが，今回のドイツ介護保険の改正は逆にわが国の介護保険制度に類似してきたように思われる。

5．ドイツ介護保険制度の今後の課題

ドイツ介護保険が成立に至る背景として，高齢化社会の進展に伴う要介護者の増加と介護サービスに対する各州の財政的負担問題がある。介護保険法が施行されるまでドイツの介護費用の負担は，原則として疾病保険と社会扶助が担ってきた。前者に関しては，1988年11月25日に「医療構造改革法案」(Enturf eines Gesetzes zur Strukurr-eform im Gesundheitswesen) の成立によって，疾病保険の給付のなかに在宅介護給付（被保険者は現物給付か現金給付のどちらかのサービスを選択する）が導入された。一方，後者に関しては社会扶助の特別扶助として介護扶助が行われてきた。しかし，年々この費用が増加した。このことが各州財政を圧迫することになったのである。なかでも当時老人福祉施設に入所する場合，公立・民間に関わらずその費用は個人負担であったが，その費用が高額（月額5000～6000DM）であったため，入所者の多くは途中から社会扶助の対象となり，その補填に各州は悩まされたのである。

こうした状況下でドイツの介護保険法が成立したのであるが，その財源方式は周知の通り社会保険方式を採用した。また，それまでのドイツのケア（介護）の質はすでに3．で述べた通り，介護マンパワー等さまざまな問題を抱えていた。

このように，要介護者の急増，社会扶助費における介護扶助費の上昇，介護の社会的リスクの予防，要介護負担の不均衡の是正，家庭内介護力の低下に対する補充，介護供給体制の整備等を目的として，同国の介護保険制度が構築されたことをもう一度確認しておくことが必要である。

今後の同国の介護保険制度の課題であるが，それはわが国同様，(1) 保険財政の安定化，(2) ケアサービスの質的向上，(3) ケアサービス基盤の整備，(4) 医療と介護の連携に絞ることができる。

まず，保険財政の安定化であるがすでに述べたように，2008年の改正にて，同年7月1日より介護保険料率を0.25％引き上げた。このことは，被保険者に

とって痛手であるが，その代替として在宅と入所サービスの給付金額を段階的に引き上げることにした。この点に関しては，2005年に介護保険法を改正したわが国においても，それ以降の各サービス提供者（サービス事業者）の運営実態の動向を鑑みて，2009年4月以降より，介護事業者に支払う介護報酬を３％引き上げることにした。ドイツの介護保険制度の財源は，わが国と異なって，原則被保険者の保険料で賄うこととなっている。このことは，常時，保険財政の健全化を図る努力を怠ることが許されないのである。その意味で，今回の介護保険の改正に伴う保険料率の引き上げは，これまで赤字財政であったため，連邦政府の拠出を求めたが，当面，保険財政の健全化につながることから有効な手段といえる。しかしながら，今後ますます要介護者が高齢化し，重度化するなかで，入所サービス利用者が増加することが予測されるので，在宅ケアサービスをより充実し，居宅での生活が安心できるよう24時間ケアを実施できる体制を整備することが重要である。

つづいて，ケアサービスの質的向上であるが，この問題は，ケアサービスを実施するすべての国において共通の課題である。現在，世界の社会保障の財源方式を大別すると，① 租税方式を採用している北欧諸国（スウェーデン，デンマーク，フィンランド等）と，② 社会保険方式を採用するヨーロッパ諸国（フランス，ドイツ，オランダ等）と，③ 租税・保険型を併用する国々（イギリス，ニュージーランド等），それに，④ 市場原理型を採用するアメリカとに区別することができる。どの方式を採用するかは，その国の文化・歴史・思想によって異なるが，社会保障・社会福祉の現状を総合的に判断し，評価した場合，最も社会福祉サービス（ケアサービス）が整っているのは北欧諸国である。これらの国々の共通項を挙げると，福祉の充実だけでなく，女性の社会的地位の高さ，高水準の教育制度，国民１人当たりのGDPの高さ，環境問題に対する取り組み等の進展等となる。

こうした高福祉高負担の福祉国家建設に至った理由として，ア，北欧諸国は自然環境が厳しく，生活防衛として社会保障・社会福祉基盤を整備する必要があった，イ，社会保障の財政基盤の安定化，福祉サービスの普遍化を推進するためには，その財源として租税方式が適切であった，ウ，ヨーロッパ諸国のように，キリスト教が社会福祉の発展に寄与する歴史的経緯がなかった，エ，全住民を対象とする平等・普遍的福祉サービスを整備・拡充するためには，福祉国家体制が適していた等を考えることができる。そのため，北欧諸国ではケアサービスは一部を除いて公的なものが主体であり，社会福祉政策の一環として行われている。これに対してオランダ，ドイツ，日本等のケアサービスは，相互扶助思想を基底とした社会保険方式であり，その特徴は経済的負担の分散・拡散である。保険の財政基盤を被保険者の拠出（自助の原理）によって運用するため，「拠出原理」と成員同士が助け合う「社会的扶養原理」という背反する矛盾を抱えている。

この両者を結合するのが強制的拠出を原則とする公的保険の仕組みである。介護保険制度は「保険財政の健全化」と「ケアサービスの質の確保」という2つの命題を抱えたものとなっている（ただし，北欧諸国においても，税の負担問題とケアサービスの質の確保という問題が常在している）。そのため，「ケアの質」のあり方を論じるとき，常に保険財政の健全化を考慮することになる。すなわち，保険の仕組み（＝保険財政）のなかでサービスの質を論ずる必要がある。そのため，被保険者の保険料率は健全財政に直接関係すると同時に，サービスのあり方を左右するのである。

ドイツのケアサービスの質は，「介護発展法」(2008) の成立に伴って，ケースマネジメントが導入されることにより，利用者のニーズに接近したサービスの提供が可能となった。しかしながら，直接ケアを行うのはケアワーカーであるが，わが国同様，この職種の社会的評価と待遇の低さは，北欧も例外でなく，その養成に苦慮しているのが現状である。ドイツにおいても，そのケアワーカーの養成は国レベルでなく各州単位であるところに，「質の均一化」「質の向上」において限界性を招来しているのである。

そして，ケアサービス基盤の整備であるが，2008年の介護保険制度の改正にて，在宅サービスの強化として，介護拠点センター（わが国における地域包括支援センターと類似）が導入されたのはすでに4節で述べた通りである。このセンターは介護相談員によって，要介護状態にある被保険者のあらゆる生活相談に対応することになっている。なかでもサービスに対するケースマネジメントの導入により，被保険者のニーズに対して適切に対応することが期待されている。このことが，結果的にサービスの効率化，迅速化につながることになる。ドイツの介護保険制度はわが国の同制度と異なって，ケアサービスの対象年齢（＝0歳から），対象者（高齢者，障害児・者）が異なっており，より広範囲な対象となっている。そのため，今回のケースマネジメントの導入は，より効果的で迅速なケアサービスの適用が期待されているところである。これらの条件をクリアするためには，ケアサービス基盤のより一層の整備が必要となる。

最後に医療と介護の連携であるが，オランダの特別医療費補償制度（介護保険制度）は，医療と介護の連携（短期（治療）は健康保険で給付⇒長期（介護）は特別医療費補償制度で給付する）の上に成り立っている。しかし，ドイツの場合は，介護保険は疾病保険に従属する形で成立している。すなわち，オランダのように医療＝介護の関係ではなく，医療（介護）の関係である。そのため，医療と介護の給付はまったく別建てになっている。元来，ケアサービスを要する状態に至る原因は病気（たとえば，認知症，脳血管疾患，心臓疾患，骨折等）

図表 12-8　オランダ，ドイツ，日本のケアサービスの比較

	在宅サービス	施設サービス	制　度
オランダ	在宅ケア協会中心	市町村，社会福祉法人 医療法人等	AWBZ （1968）
ドイツ	ソーシャルステーション	福祉6団体が中心 カリタス，労働福祉団 ユダヤ人中央福祉所 パリタティッシェ福祉事業団 ディアコニー事業，赤十字	介護保険法 （1994）
日本	市町村，社会福祉法人 民間企業等	市町村，社会福祉法人 医療法人等	介護保険法 （1997）

であり，それが長期化することによってケアを要する状態に至るのである。よって，今後，同国の疾病保険と介護保険がどのように保障（保険）の面で連携できるかが，被保険者にとって重要であり，介護保険制度の課題（わが国も同様）となるであろう。

[注]

（1）日本ケアワーク研修所監修『医療介護とは何か』成清美治「ドイツの医療介護」金原出版　2004　p.225

（2）成清美治『新・ケアワーク論』学文社　2003　pp.105～106

（3）土田武史「介護保険の展開と新政権の構想」『海外社会保障研究』第155号　国立社会保障・人口問題研究所　2006　p.27

（4）萩原康生他編集代表『世界の社会福祉年鑑 2008』旬報社　2008　p.170

（5）同上　pp.171～172

おわりに

本書では，前著3冊を継承・発展させることを意図して，ケアワークの概念（理論と実践方法）について論じることを試みた。このスタイルは前著3冊においても同様である。

1987（昭和62）年に「社会福祉士及び介護福祉士法」が成立し，国家資格を有する介護福祉士（ケアワーカー）が誕生した。しかしながら，今日に至っても介護福祉士としての社会的評価が定まってはいない。そのひとつの要因として，人手不足の根拠となっている雇用条件を指摘することができる。すなわち，専門職としての社会的地位の低さを物語っているのである。

これらの問題を解決する方法として，介護福祉士の質的向上と雇用条件の改善を挙げることができる。まず，質的問題（専門性，業務内容，養成等）についてであるが，専門職である以上，自立性が担保されていなければならない。しかし介護福祉士の場合，社会福祉士同様，ケアサービスの遂行上における医療行為（血圧測定，痰の吸引，点眼，爪切り，経管栄養，じょく瘡の処置等）に関しては，医師，歯科医師並びに看護師等の医療職の指示を仰がなければならないのである。ただし，在宅で生活しているALS（筋委縮側索硬化症）の患者に対してケアワーカーの痰の吸引が認められている。

しかし，現実問題として，特別養護老人ホーム等において，看護師の配属のない夜間勤務体制において，ケアワーカーが介護現場で緊急に医療行為をせざるを得ない場面が起こっている。著者がかつて，ドイツの老人福祉施設を訪問した時，施設長から「同施設では老人介護士が一定の研修を受けた場合，看護師に代わって，筋肉注射や服薬管理をすることができる」ということを聞いて驚いたことを覚えている。ドイツの現状も鑑みて，一定の研修のもと緊急を要する場合は，ケアワーカーにも基礎的な医療に関する行為を認めるべきであると著者は考えている（この件に関して，厚生労働省は「特別養護老人ホームにおける看護職員と介護職員の連携によるケアの在り方に関する検討会」(2009年2月)を立ち上げ，介護職員による一部の医療行為に対して容認することを視野に入れて検討することになった。こうしたことがケアワーカーの専門性の確立につながるのである。また，2007(平成19)年に「社会福祉士法及び介護福祉士法」が改正された。このなかで，養成課程の大幅な見直しが行われた。見直しのポイントは，国家試験の導入，カリキュラムの変更等である。これによって，より一層，質的向上を図ることが可能となる。ただ，今回の改正により新しい介護福祉士養成カリュキュラムにおいて，従来以上に各領域の専門化・細分化が図られた。そして，カリキュラム全体が，①人間と社会，②介護，③こころとからだのしくみの三本柱に体系化されることとなった。そのなかでも対人援助の基礎であるコミュニケーション技術が重視されることとなった。反面，介護福祉士が社会福祉専門職であることを鑑みた場合，社会福祉職の共通基盤(社会福祉関連科目)を各養成機関がどのように教育内容に組み入れるかが課題となるであろう。

次に，雇用条件の改善であるが，この問題は「コムスンショック」以降，介護福祉士の業務内容と処遇が明らかとなった。それまで，若い世代のなかに，「介護はやりがいのある仕事」という概念が漠然と形成されていた。しかしながら，この事件以降，3K(きつい，きたない，きけん)にもかかわらず，他職種と比較して，低賃金であり，将来の生活設計が描くことが困難な職場・職種であることがマスコミ等を通じて広まってしまった。介護職員の労働条件に関しては，やはり以前に視察で訪れたスウェーデンの老人福祉施設で介護職員の労働条件の一例として「一週間夜勤をした場合，翌一週間は休みである」ということを聞き，あまりにも日本の介護職員の労働条件と異なることに驚愕したのを覚えている。こうした状況を懸念して，政府は介護職の賃金を引き上げることも視野に入れて，介護サービス事業者に支払う介護報酬を3％引き上げることを決定した(2009年4月より)。しかし，一方では，インドネシアから介護福祉士の候補生として入国を認め，現在，全国各地の老人福祉施設の職員として配属されている。

すなわち，一方では，介護報酬の改正を行い，施設経営内容の改善と介護労働者の賃金引き上げにより，介護労働者の雇用創出を図ると同時に，他方では，介護労働力の補充を目的として，海外から低賃金労働者として介護労働者を導入するという矛盾した政策を講じている。わが国ではこれまで，教育・医療・福祉関係の労働者は過重労働にもかかわらず，非生産的という理由で賃金は低水準に据え置かれてきた。しかしながら，これらの職種は，国家の人材育成，健康維持，生活課題等の社会・生活基盤を担う人々である。経済のグローバル化のもとで，わが国も経済の「構造改革」に伴って，社会保障・社会福祉の構造改革を推進してきた。すなわち，社会福祉における市場原理・競争原理の導入である。このことは，社会福祉に効率性・効果性をもたらしつつあるが，反面，基本的人権である生存権を脅かしている。例）1，税金（所得税，住民税）や社会保険料（国民健康保険料，介護保険料）の引き上げや医療費の負担等によって，高齢者や障害者世帯の家計が弱体化している。また，社会保障・社会福祉制度のセーフティネット（安全網）としての機能が充分働かなくなっている。例）2，経済のグローバル化のなかで，非正規雇用者の雇用形態（社会保険の未加入）が常態化しているが，失業した場合セーフティネット（雇用→社会保険→生活保護）にかかることなく，一気に社会の底辺に落下する労働者が増えている。ケアは，人間の基本的生存権の問題であり，人生の総決算ともいえる。ある意味では，人生の最後の暮らしをどのように送るかあるいは保障するかは，個人の問題である以上，国家のありかたの問題である。すなわち，わが国が「小さな政府」を標榜するかあるいは「大きな政府」を標榜するかは，国家観の問題である。

厚生労働者は2011年までに介護療養病床を廃止・転換する計画を発表した。その代替案として，介護療養型老人老健施設（新設），従来の老人保健施設，特別養護老人福祉施設等を受け入れ先として考えているが，翻弄されるのは，行き場のない当事者とその家族である。人生の終末期を迎える高齢者にとって，安心・安全な生活を送ることは，人間の基本的人権の問題である。介護は人間の生存権を保障するものである。

こうした状況を打破するためには，弱者が安心して暮らす社会的システムの構築が必要となる。

そのためには，過度な競争原理を社会福祉分野に導入することを考え直すべきではないだろうか。なぜならば，医療や教育分野は，人間の人権・尊厳を大事にする領域であるため非生産的，非効率的側面があり，「競争原理」や「市場原理」一辺倒では目標は成就できないのである。それでは，代替案はなにかというと，人間の尊厳を大切にし，地域住民の連帯，参加，協同を原理とする共生社会の構築である。そのためには，中央集権型政治から，地域住民主権型への転換が必要であろう。そのことが，地域住民のニーズに基づいた人間の生存権（尊厳）を大切にするケアサービスアにつながるのである。

最後に，「福祉のあり方は，その国の民主主義，文化・生活水準のバロメーターである」を文末に記して終わりたい。

2009 年 5 月

著　者

索　引

あ　行

か　行

さ　行

た　行

な　行

は　行

ま　行

や　行

ら　行

［著者紹介］

成清　美治
兵庫県生まれ
1985年　龍谷大学大学院文学研究科修士課程修了
略　歴　森永製菓株式会社，名古屋第２赤十字病院（MSW），神戸女子大学教授，神戸市看護大学教授，福井県立大学大学院教授等を経て，現在，神戸親和女子大学教授（社会福祉学博士）

介護に関する著書
『ケアワークを考える』（単著）八千代出版　1996
『介護福祉概論』（共編著）学文社　1997
『介護福祉入門』（共著）有斐閣　1999
『ケアワーク論―介護保険制度との関連性のなかで』（単著）学文社　1999
『介護福祉学入門』（共著）中央法規　2000
『新・介護福祉概論』（共編著）学文社　2003
『新・ケアワーク論』（単著）学文社　2003
『介護福祉学習事典』（共著）医歯薬出版　2003
『医療介護とはなにか』（共著）金原出版　2004
『介護予防実践論』（共編著）中央法規　2006
『長寿社会を拓く』（共著）ミネルヴァ書房　2006
『看護・介護・福祉の百科事典』（共編著（介護編））朝倉書店　2008
『高齢者に対する支援と介護保険制度』学文社　2009　等

ケアワーク入門

2009年８月10日　第１版第１刷発行

著　者　成清　美治

発行者　田中　千津子
発行所　株式会社　学文社
〒153-0064　東京都目黒区下目黒3-6-1
電話　03（3715）1501（代）
FAX　03（3715）2012
振替　00130-9-98842
http://www.gakubunsha.com

印刷所　新灯印刷

乱丁・落丁の場合は本社でお取替えします。
定価は売上カード，カバーに表示。

ISBN978-4-7620-1967-8